우직한
대한민국이
되려은 하면

●일러두기

이 책에 실린 글의 출전은 말미에 모두 밝혔으며, 책을 내는 시점에 맞게 원전의 일부 내용을 변경하였음.

문화비평집

무식한 대한민국이 되지 않으려면

2015년 6월 1일 **1판 1쇄 인쇄**
2015년 6월 8일 **1판 1쇄 펴냄**

지은이 김기태
펴낸이 구모니카
편집 박성연
마케팅 신진섭
디자인 김해연
펴낸곳 꿈꿀권리
등록 제7-292호 2005년 1월 13일
주소 서울시 마포구 서교동 393-5 1002호
전화 02-323-4610
팩스 02-323-4601
E-mail nikaoh@hanmail.net

ISBN 978-89-92947-80-0 03010

※ 정가는 뒤표지에 있습니다. 잘못된 책은 바꾸어 드립니다.
※ 이 도서의 국립중앙도서관 출판예정도서목록(CIP)은 서지정보유통지원시스템
　홈페이지(http://seoji.nl.go.kr)와 국가자료공동목록시스템(http://www.nl.go.kr/kolisnet)에서
　이용하실 수 있습니다.(CIP제어번호: CIP2015013928)

문화비평집

무식한 대한민국이 되지 않으려면

김기태

꿈꿀권리

무엇이 대한민국을 무식하게 만드는가?

공자(孔子) 어록으로 알려진 『논어(論語)』의 첫 장인 '학이(學而)' 편 첫 문장은 "학이시습지(學而時習之) 불역열호(不亦說乎)"로 시작된다. 여기서 파생된 단어가 바로 '배우고 익힌다'는 뜻의 '학습'이다. 특히 '습'이라는 글자는 "부리가 하얀(白) 어린 새가 끊임없이 날갯짓(羽)을 연습함으로써 끝내 스스로 날아오를 수 있게 된다"는 의미를 담고 있다. 오늘날 우리가 '복습'한다는 말을 쓰곤 하는데, 바로 그 뜻과 맞닿아 있는 셈이다. 물론 신영복 선생 같은 이는 저서 『강의』에서 이 글자를 복습이 아닌 '실천'의 의미로 해석해야 한다고 했는데, 그렇더라도 근본적인 뜻에서 멀어지는 건 아니라고 본다. 알면서도 실천하지 않는 것은 결국 쓸모없는 짓이기 때문이다.

공자는 또 '위편삼절(韋編三絕)'이라는 말을 남겼다. "책을 묶은 가죽끈이 세 번이나 끊어질 정도로 많이 읽었다"는 뜻의 이 말은 『주역(周易)』을 읽는 일이 그만큼 어려운 것이라는 공자의 경험에서 생겨났지만, '독서백편의자현(讀書百遍義自現)'이라는 말과 함께 책 읽기의 고단함 혹은 그 방법을 일러주는 경구로 새겨지고 있다. 그런데 이 말들이 생겨난 시절의 책은 오늘날 흔히 볼 수 있는 종이책이 아닌 이른바 '죽간(竹簡)'이었다. 대나무를 쪼개 엮어 만든 형태로 '책(冊)'이라는 단어를 파생시킨 매체였으며, '위편삼절'이라는 말은 죽간을 엮었던 가죽끈이 세 번씩이나 끊어질 정도로 열심히 읽었다는 뜻을 담고 있는 것이다.

요컨대 옛날부터 사람들은 책을 학습 수단으로 요긴하게 이용해 왔다는 방증이 바로 공자 말씀에 고스란히 담겨 있는 셈이다. 하지만 당시 죽간을 만드는 일이며 거기에 필사하는 일까지 얼마나 힘들었을 것이며, 그것을 둘둘 말아놓았다가 틈이 나는 대로 펼쳐놓고 읽기란 또 얼마나 번거로웠을까. 게다가 가죽끈이 세 번이나 끊어져 나가도록 읽었다니!

그런데 온갖 첨단매체가 난무하는 오늘날, 우리는 과연 '위편삼절'은커녕 '주마간산(走馬看山)' 식이라도 책을 보기는 하는 걸까. 특히 학습의 뜻을 온몸으로 느끼고 이 세상 진리를 깨닫고자 몸부림쳐야 할 청소년과 대학생에게 '책'은 어떤 존재일까. 우리 학생들의 독해력 혹은 문해력(文解力) 수준에 대한 심각한 고민을 더 이상 방치했다가는 머지않아 말 그대로 '무식한' 대한민국이라는 오명을 짊어져야 할지도 모를 일이기에 두려울 따름이다.

지난 겨울방학 내내, 필자는 그동안 15년 가까이 읽었거나 읽지 않았더라도 연구실 구석구석 쌓아두기만 했던 책들을 정리하느라 분주한 시간을 보내야 했다. 처음엔 웬만하면 이리저리 임자를 찾아 처분할 요량으로 시작한 일이었는데, 막상 책들을 일일이 마주 대하면서 어루만지다 보니 묘한 오기가 발동하는 것을 느꼈다. 한 권 한 권 나름대로 특성을 간직한 녀석들을 무작정 내다 버릴 게 아니라 '오래된 미래'의 징후로 잘 보관하는 것도 어쩌면 그동안 소장하고 있었던 나의 책무가 아닐까 싶었던 것이다.

그래서 3천여 권의 책을 학교도서관과 지역도서관에 기증하고 나머지는 일목요연하게 정리해 나갔다. 그렇게 연구실 가득 점령군이 되어버린 수만 권 책들과의 한판 승부를 벌이고 나니 서운한 마음 너머로 겨울방학이 허무하게 끝나고 말았지만, 단순히 책들의 무덤이 아닌 우리 학생들과 책들의 즐거운 만남이 이루어지는 학습 공간으로 내 연구실이 새로이 탈바꿈했다는 보람이라도 얻었으니 다행이라고 해야 할지도 모르겠다.

요즘 도서정가제와 디지털 세상이 맞물리는 바람에 서점가에서는 책이 안 팔린다고 아우성이다. 스마트폰에 빼앗겨버린 동심을, 청소년과 대학생들의 호기심을, 그리고 어른들의 무관심을 책으로 불러 모을 수만 있다면 우리 대한민국의 미래는 전도양양하리라는 믿음이 하루빨리 퍼졌으면 좋겠다. 결국 우리가 책을 읽지 않는 한, 독서를 멀리하는 사람들이 많은 나라가 되고 마는 한 대한민국은 무식해질 수밖에 없을 것이다.

2014년 7월 25일자 《머니투데이》는 책 안 읽는 우리 사회를 가리켜 '무식한 대한민국'으로 일갈하면서 경남과학기술대 박종훈 교수의 다음과 같은 말을 인용하고 있다.

"책 안 읽는 개인의 문제가 아니다. 우리나라 교육과 기업이 스펙과 스킬만 요구하고 있기 때문이다. 문제의식을 갖춘 인재, 질문하는 인재를 요구하지 않기 때문이다. 오히려 문제의식 없는 인간을 요구하고 있기 때문이다."

아울러 작가이자 사회학자인 정수복 씨의 다음과 같은 말도 인용한다.

"학교는 책을 읽고 질문하는 문화를 만들어야 한다. 의무적으로라도 수업 시간 중 일부를 읽고 질문하는 시간으로 만들어야 한다. 그리고 기업은 객관식 시험을 없애야 한다. 얼마나 깊은 생각을 하고 있는지 논술로 평가해야 한다. 그것이 결국 기업의 경쟁력이다."

그리고 기자는 "대한민국의 교육과 기업이 지금의 '무식을 권장하는 시대'를 초래하고 있다면, 그 해결의 첫 단추도 어쨌든 교육과 기업이 풀어야 하지 않겠는가. 10년 뒤 대한민국의 재앙을 막기 위해서라도 말이다."라고 기사를 마무리한다. 전적으로 공감한다. 이제라도 책으로 다시 일어서는 대한민국의 미래를 위해서 책과 책을 만드는 사람들에게 박수를 보낼 일이다.

2015년 이른 봄
세명대 인문학관 연구실에서
김기태

차례

2부
세상사에 간섭하기

3부
저작권, 어찌하오리까?

에필로그 _

제1부

이런 생각
저런 생각

나의 독서일기
– 책 든 손 귀하고 읽는 눈 빛난다

우리 학교 도서관 옆에는 "책 든 손 귀하고 읽는 눈 빛난다"라는 글 귀가 새겨진 비석이 아름답게 서 있습니다. 그 출전을 알지는 못하지 만 도서관과는 참으로 잘 어울리는 구절이다 싶어 이번 책의 제목으 로 삼아보았습니다. (중략) 남들은 일부러 시간을 내서 책을 읽어야 하지만, 저는 책을 일삼아 읽다가 책을 베개 삼아 잠들어도 좋은 나 날을 평생 보장받았으니 아마도 세상에서 가장 행복한 사람이 아닐 까 싶습니다.

서평집을 표방하며 내놓았던 졸저 『책 든 손 귀하고 읽는 눈 빛난다』(도서 출판 박이정, 2004)의 서문 일부를 옮겨놓고 보니 오랜 시간 이동에도 불구하고 그때 그 마음이 조금도 변하지 않았음을 확인하게 된다. 그럼에도 '나의 독 서 일기'라는 형식이 부담스러운 건 분명히 내가 읽은 것들의 질적 흐름이 논리정연하지 못하기 때문이리라. 이내 다치바나 다카시처럼 "나는 이런 책 을 읽어 왔다"고 자신 있게 내세울 수준이 되지 못할 바에야 청탁에 응하지 말았어야 한다는 후회가 밀려든다. 이 글을 대하게 될 이 분야 선수(?)들의 눈초리 또한 부담스럽기는 마찬가지. 그러다가 갑자기 코앞에 닥친 마감 시 간이 못 견디게 부담스러워지면서 마지막 마침표를 찍기 위한 나의 몸부림 은 절정으로 치닫기 시작했다.

베스트셀러, 향기의 이름 혹은 악취의 이름

좋은 의미에서든 나쁜 의미에서든 사람들마다 반드시 기억하고 싶은 날은 있게 마련이다. 1996년 12월 5일은 내 삶의 빛깔을 한층 진지하게 바꾸어 준, 그래서 잊을 수 없는 날로 내 기억 속에 새겨져 있다. 1980년대 후반, 대학 졸업과 함께 그야말로 '먹고살기 위해' 뛰어든 출판계에서—당시 내가 다녔던 국문과는 '굶는과'로 인식되곤 했었다—여러 출판사를 거치는 동안 어깨너머로 간신히 배우던 편집기술에 갈증을 느낀 나머지 대학원 석사과정으로의 진학을 결심했던 날도, 마침내 석사 학위를 거머쥐자마자 대학 강단에 섰던 그날도 흐릿한 기억으로만 남아 있는 나에게 1996년 12월 5일은 정말 특별한 날이었다.

그날 오전에 나는 경희대학교 대학원으로부터 신문방송학과 박사과정 입학시험에 합격했다는 전갈을 받았다. 대단한 경쟁률도 그랬지만 애초에 진짜로 합격하리라는 기대보다는 시험 유형을 파악해 보려는 탐색전 성격이 강했던 응시였기에 내가 받은 기분 좋은 충격은 이만저만한 게 아니었다. 본격적인 학자로서의 힘겨운 여정이 시작된 것이다. 그리고 같은 날 오후에 나는 출판문화회관 강당에서 '제2회 한국출판평론상'을 수상했다. 수상작은 당시 베스트셀러의 유형과 그것이 미친 영향을 점검한 평론 "베스트셀러, 향기의 이름 혹은 악취의 이름". 전년도 공모에서 수상자가 없었기에 이날의 수상은 실질적으로 첫 번째 한국출판평론상 시상이라는, 의미가 남다른 행사였다. 곧, 내가 공식적으로 '출판평론가'로 등단한 날 또한 바로 1996년 12월 5일이었던 것이다.

그날부터 내 이름 뒤에는 '출판평론가'라는 호칭이 덧붙기 시작했다. 원고료 내지는 출연료를 받고 출판에 관한 글을 쓰거나 새 책을 소개하는 일이 하나둘 늘어나기 시작했다. 당시 한국출판학회 사무국장으로 재직 중이던 나는 여유 있는 학회 업무와 더불어 박사과정 학업은 물론 전국을 무대로 이른바 '보따리 장사'로 비유되는 '시간강사' 노릇에다가 '자유기고가'로서의 왕성한 활동까지 일인다역을 소화해 내고 있었다. 책을 읽는 일 또한 중요한 업무 중 하나였음은 물론이다. 그야말로 발품에 글품, 그리고 머리품까지 팔아야 했던 그 시절을 정리해 준 사건은 바로 내 최초의 출판평론집『책』(도서출판 이채, 1999)을 발간한 일이었다. 당시 '도서출판 이채'를 창업한 지 얼마 되지 않았던 한혜경 사장의 용단 덕분이기는 했지만 "베스트셀러, 향기의 이름 혹은 악취의 이름"을 부제로 달고 나온 '책'이란 제목의 책은 그때까지 정신없이 달려왔던 내 삶의 결정체였다.

돌이켜보면 유치하거나 위험천만한 진단과 평설로 가득 찬 책이었지만 스스로의 안목으로 우리 출판계를 들여다보고 연구했던 과정의 결과물이라는 점에서 나에게는 매우 유익한 사건이 아닐 수 없었다. 나는 당시 서문에서 "나의 교수 활동이나 연구 성과를 돌이켜보건대 참으로 게을렀으며, 때로는 자만의 그늘에서 때로는 현실과의 타협이라는 미명 아래 스스로 날카로움을 저버렸던 순간이 너무 많았다. 이제 그 나태함에 경종을 울리는 의미에서 이 책을 세상에 내놓기로 했다."라고 썼거니와, 스스로의 약속을 지키기 위한 나의 새로운 노력은 가일층 힘을 얻기 시작했다.

좋은 책과 좋은 문학작품은 다르다

첫 번째 출판평론집을 발간하고 나서 내게는 보다 전문적으로 좋은 책을 소개할 기회가 주어졌다. 오선홍 시인이 발행인으로서 파격적인 디자인과 컬러감각으로 전문가와 독자들의 관심을 불러일으키며 문예지와 서평지의 경계를 넘나들던 월간《베스트셀러》에서 매달 2권의 새 책을 소개하는 코너 "김기태가 권하는 이 달의 책"을 집필했던 것. 당시 내 원고를 담당했던 편집기자가 훗날 '무국적 이종(異種) 소설가'로 이름을 날리게 될 작가 박민규였다는 사실은 색다른 경험의 극치로 남아있다. 동시에 나는 새로운 디지털 미디어 시대를 표방하며 사이버 공간에 둥지를 튼《디지틀 조선일보》에서 매주 '김기태의 신간여행'을 연재하게 되었다. 결국 고통스럽게만 여겨졌던 '책 읽기'는 서서히 나의 취미가 아닌 직업으로 둔갑하기 시작했던 것이다.

당시 내가 공식 지면을 통해 소개했던 책들은 대부분 문학류였다. 읽기 쉽다는 점에서, 그리고 학부 전공에서의 훈련 덕분에 작가의 메시지를 찾아내거나 작품을 해석하는 일 또한 쉽다는 점에서 나의 선택은 제한적일 수밖에 없었는지도 모른다. 1999년 5월호로 기억되는데, 월간《베스트셀러》에서 내가 제일 먼저 소개한 책은 은희경의 두 번째 소설집『행복한 사람은 시계를 보지 않는다』(창작과비평사, 1999.4.)와 일본작가 '무라카미 류'의 소설『달콤한 악마가 내 안으로 들어왔다』(양억관 옮김, 작가정신, 1999.4.)였다. 그때 두 책을 소개하는 글 서두에 나는 "좋은 책이란 어떤 것일까? 수도 없이 고민해 온 문제이지만 그 정체는 여전히 묘연하다. 주체하기 힘든 책에 대한 호기심으로 책 만드는 일에 매달린 이후 새로운 책을 만나는 날들이 쌓일수록 판단력은 혼미해지는 것 같아 불안하다. 아니, 행복하다. 벽면을 점령해 가는 책들의 진군행렬을 보고 있노라면 그 순간만은 정말 행복하다. 불안하면서도 행복한 이중성의 나날. 그러면서도 늘 책과 더불어 사는 일상으로부터의 일탈을 꿈꾸는 나는 도대체 누구인가?"라고 썼다.

그 연장선상에서 지금도 변함없는 나의 지론은 "좋은 책과 좋은 문학작품은 다르다"는 사실이다. 문학은 그것이 지닌 내용상의 질적 수준만으로 얼마든지 좋고 나쁨을 평가할 수 있지만, 책은 그 내용 못지않게 외형적 요소들, 예컨대 판형, 지질, 편집디자인, 색도, 표지를 포함한 제본 양식 등이 내용과 일정한 조화를 이루지 않는 한 '좋다'고 할 수 없기 때문이다. 그런 점에서 당시 나는 고민한 끝에 우리 작가 은희경과 일본작가 무라카미 류의 소설집을 선택했던 것이다. "치밀한 구성이 돋보이는 은희경은 특유의 문학적 감성을 7편의 중·단편에 담아 '사랑'이라는 의미망의 폭을 넓혔고, 다방면에 걸쳐 왕성한 활동을 벌이고 있는 무라카미 류는 그의 여행 경험 속에서 맛본 갖가지 진귀한 요리들을 소재 삼아 남녀 사이에 있을 법한 성적 담론을 짧은 소설 형식으로 이어가고 있다."는 것이 나의 판단이었다. 그렇게 나와 월간《베스트셀러》,《디지틀 조선일보》와의 인연은 2001년도까지 이어졌다.

1999년 10월, 박사 학위 논문이 어느 정도 틀을 잡아갈 무렵 나는 다시 편집자가 되기로 결심했다. 마침 새로운 기획거리를 찾고 있던 출판사 '삼진기획'과 뜻이 맞아떨어져 기획이사라는 직책을 맡게 되었다. 그리고 거기서 만든 초대형 베스트셀러가 바로 이철환의 『연탄길』(2000)이었다. 저자 이철환 씨와의 첫 만남, 그리고 출판사를 찾아 떠돌아야 했던 최초 '연탄길' 원고의 기구한 운명 등에 대해서는 따로 이야기하는 게 좋겠다. 어쨌든 평론가나 학자가 아닌 편집자로서 보낸 1년여의 시간 동안 만난 다양한 필자들과의 추억은 이후 내 삶의 새로운 자양분이 되었다.

한편, 군대에 있을 때 틈만 나면 괴롭히던 선임이 "거꾸로 매달려 있어도 국방부 시계는 돌아간다"고 읊조리던 말의 의미를 얼마 지나지 않아 나 역시 실감했는데, 교육부 시계도 마찬가지였다. 2000년 2월, "뉴 미디어의 기술 진전과 저작권 보호에 관한 연구"라는 논문이 심사에서 통과됨으로써 드디어 나는 박사가 되었다. 그리고 나에게는 출판평론가라는 타이틀에다 '저작권 전문가'라는 수식어가 하나 더 붙게 되었다. 석사논문에 이어 박사논문 역시 '저작권'을 주제로 한 것이었고, 점차 저작권 관련 연구에 빠져듦으로써 학자로서의 고유영역이 자연스레 정립되었던 것이다. 그래도 책 읽기는 여전히 나의 주된 관심분야이자 업무영역이었다.

두 번째 출판평론집을 준비하던 2000년 겨울의 어느 날, 나는 면접을 보기 위해 먼 길을 떠난다. 난생처음 가본 그곳은 설경이 무척 아름답게 다가왔던 충청북도 제천의 세명대학교. 2001년 1학기부터 재직할 신임교원 초빙공고가 났는데 세부전공 중에 뜻밖에도 '출판학'이 있었고, 응모 결과 나에게 최종 면접을 보라는 통보가 왔던 것이다. 그리고 2001년 3월부터 세명대학교 미디어창작학과는 나의 새로운 일터가 되었다. 드디어 꿈에도 그리던 대학 전임교수가 된 것이다. 그 무렵 선보인 나의 두 번째 출판평론집이 바로 『텍스트·커뮤니티 그리고 출판』(삼진기획, 2001)이었다. 치열하기는 했지만 설익은 연구자로서, 그리고 왕성하기는 했지만 예리하지 못한 평론가로서 활동했던 2년여의 결실을 모아놓은 책이었다. 특히, 그동안 읽고 느꼈던 80여 권의 책에 대한 나의 단상을 평론집 속에 담을 수 있었던 것은 가슴 뿌듯한 일이었다.

의병의 고장에서 '기적의 도서관'을 꿈꾸다

세명대학교에서의 생활은 매우 즐거웠다. 우선 전국을 무대로 떠돌아야 했던 '보따리 장사'로서의 생활이 마침내 끝났을 뿐만 아니라, '연구실'이라는 이름으로 주어진 나만의 공간이 무척 유용했기 때문이다. 광고학 전공의 광주대학교 최윤식 교수가 언젠가 나에게 "만나고 싶은 사람만 만나고 싶다. 읽고 싶은 책만 읽고 싶다. 쓰고 싶은 글만 쓰고 싶다."는 소망을 피력하며 쓴웃음을 지은 적이 있었는데, 나야말로 드디어 그런 소망을 향한 첫 단추를 끼울 수 있게 되었다는 것, 그리고 어디에 내놔도 손색없는 널찍한 연구실을 오직 나만의 공간으로 꾸밀 수 있다는 사실만으로도 나는 무척 들떠 있었다. 당시 내가 소장하고 있던 책 1만여 권을 정리하는 데만 석 달 정도 걸렸는데, 그때 일일이 쓰다듬어 본 책들의 다소곳한 표정은 얼마나 나를 흥분시켰는지 모른다. 이미 내가 읽었거나 앞으로 내가 읽을 책이라는 점에서 그 책들은 나의 포로나 다름없었으니까.

어떻게 지나갔는지 모를 정도로 한 해를 보내고 비로소 주변을 돌아볼 여유가 생겼을 때 나는 '독서와 생활'이라는 교양과목을 개설했다. 전공과 학년에 상관없이 수강할 수 있는 과목의 특성 때문이었는지 개설 첫 학기부터 다양한 학생들이 몰려들었다. 수업은 텍스트를 따로 정해서 진행하는 방식이 아니라 먼저 내가 읽은 책들을 중심으로 느낌을 말하고 나면 학생들이 자유롭게 자기가 읽은 책에 대해 이야기하는 방식으로 이루어졌다. 책을 읽는 일에 대한 부담이 무엇인지 잘 아는 터라 강제성을 띠지 않으려고 조심하면서도 읽은 책만큼은 직접 가져와서 보여주며 발표할 것을 주문했다. 그런대로 반응이 좋아서 '독서와 생활'은 다음 학기부터 2개 강좌로 늘어났다. (아쉽게도 지금은 온라인 강좌로 진행되기 때문에 수강생은 훨씬 많아졌지만 학생들과 직접 만나지는 못하고 있다.)

2002년 월드컵의 열기가 식을 무렵, 대단한 열기 속에 전국을 떠들썩하게 했던 MBC 프로그램 '느낌표'의 인기 코너 "책! 책! 책을 읽읍시다!"에서는 특정 지역을 선정해서 이른바 '기적의 도서관'을 지어주는 캠페인이 진행되고 있었다. 지역주민들의 성원과 지방자치단체의 호응이 조화를 이루어야만 신청할 수 있는 사업이었다. 내가 머물고 있던 충북 제천에서도 기적의 도서관을 유치하자는 운동이 점차 힘을 얻기 시작하더니 2003년 3월에는 급기야 '기적의 도서관 유치를 위한 범시민추진위원회'가 조직되었다. 제천을 무대로 활동하는 시민사회단체의 대표와 문화예술인들이 모여 결성한 그 모임에서 나는 얼떨결에 '부위원장'이라는 감투를 쓰게 되었는데, 당시 위원장을 맡은 분이 판화가로 유명한 '이철수' 선생이었기에 못 이기는 척 받아들였는지도 모르겠다.

그때부터 4월 26일에 기적의 도서관 건립지역으로 확정될 때까지 2개월 동안 유치위원들과 더불어 독서의 중요성을 알리는 일에 앞장섰던 기억은 결코 잊을 수 없을 것이다. 의병의 고장답게 서명운동과 책 모으기 운동 등에서 제천시민들이 보여준 단결력은 대단했다. 인구 14만여 명에 불과한 중소도시임에도 충청북도 제3의 도시라는 위상을 지키기 위해, 척박하기 그지없는 문화환경을 언제까지나 방치할 수는 없다는 시민들의 위기의식이 월드컵 거리응원의 열기만큼이나 뜨겁게 지역을 달구었던 것이다. 그때 설립된 기적의 도서관은 이제 지역의 명물로서 인근 지방의 어린이들에게 꿈과 희망을 주는, 책과 문화체험의 동산으로 자리 잡아 가고 있다. 그리고 제천시와 수탁기관인 책읽는사회만들기 재단의 위촉으로 운영위원장을 맡아 몇 년째 어린이도서관 발전을 위해 힘을 보태는 중이다.

'책마을 사랑방'에서의 진솔한 책 읽기

독서 일기를 지향해야 함에도 이 글이 마치 나의 연대기라도 되는 양 자꾸만 신변잡기로 흐르는 듯하다. 어차피 넓게 보면 '나의 책 이야기'라고 해도 무방하지 않을까 싶어, 그리고 이 글을 청탁한 《기획회의》 편집자가 "집필 방식은 필자에게 맡기겠다"고 한 만큼 이대로 밀고 나갈 수밖에…….

그렇게 한참 기적의 도서관 유치운동을 벌이던 중 나는 국군방송 라디오에서 2003년 봄철 프로그램 개편과 함께 신설된 '책마을 사랑방'의 진행을 맡게 되었다. 매주 일요일 오후 4시부터 5시까지 한 시간 동안 전국으로 방송되는, 제목 그대로 책에 관한 내용으로만 채워진 프로그램이었다. 비록 국군 장병들을 주 청취자로 하는 방송이었지만 전파의 경계가 없는 만큼 일반인 청취자들의 반응도 적지 않았다. 연출자, 작가, 리포터 등과 협의한 끝에 매주 의미 있는 책 한 권을 선정해서 저자를 직접 스튜디오로 불러 대담의 시간을 갖는 한편, 성우들이 책 일부를 드라마 형식으로 낭독해 주는 코너, 출판사 탐방, 여행 중인 장병들과 직접 만나 책 이야기를 나누는 코너, 신간 안내 코너 등으로 꾸며나갔다. 그리고 출판사의 협찬을 받아 독서퀴즈를 내서 정답을 보내온 청취자 중 당첨자에게 문화상품권 등 상품을 주는 방식도 채택했다. '책마을 사랑방'은 그렇게 그해 가을까지 30회가 방송되었다.

그때 스튜디오에서 만난 저자들과 출판일꾼들, 그리고 책 읽기에 빠진 국군장병들의 모습에서 나는 우리 출판문화의 현실과 미래를 동시에 볼 수 있었다. 언제나 불황기에 있는 출판계의 현실을 타파하기 위해 자기가 만든 책을 조금이라도 더 알리려는 편집자들의 열의와 함께 그 무엇보다 독서야 말로 인생에서 중요한 일이라는 믿음의 소유자들을 두루 만날 수 있었기 때문이다. '책마을 사랑방'을 마친 이후에도 나는 국군방송의 간판 프로그램 '국민과 함께 국군과 함께'에서 매주 "좋은 책을 들려 드립니다"라는 코너를 맡아 여전히 내가 좋아하는 책을 소개할 수 있었다.

국군방송 이외에도 나는 충주MBC 라디오와 텔레비전에서 "김기태의 문화읽기", "김기태의 책마을 사랑방", "MBC 칼럼" 등을 진행하면서 책 속에 펼쳐진 세상을 알리는 일에 바쁜 나날을 보냈다. 그러다 보니 매주 읽어야 할 책은 늘어만 갔고, 점차 책 읽는 일이 불가피한 의무이자 부담으로 다가오기 시작했다. 부실한 책 읽기의 위험성이 증대될 그 무렵, 나는 기왕에 읽은 책에 대한 느낌부터 제대로 정리해서 '서평집'을 내기로 마음먹었다. 방송에서는 새 책을 소개하는 것보다 오래된 책들 중에서 아직도 그 의미가 생생한 책들을 소개하는 시간을 편성하면서까지 서평집 준비에 매달렸다. 2003년 겨울을 고스란히 바친 끝에 2004년 3월에 드디어 고개를 내민 책이 바로 『책 든 손 귀하고 읽는 눈 빛난다』였다. "책마을 사랑방으로 간 김기태 교수의 진솔한 책 읽기-좋은 책 211종과의 만남"이라는 부제에서 알 수 있듯이 『텍스트·커뮤니티 그리고 출판』 이후 2001년 봄부터 2003년 겨울까지 읽은 책들을 망라했을 뿐만 아니라, 순수 서평만으로 590쪽에 이르는 방대한 책을 엮어냈다는 사실이 무척 대견스러웠다.

공교롭게도 이 책에서 맨 마지막에 소개한 책은 『쓸모없는 것의 가치』(샘 크레인 지음, 강정 옮김, 화니북스, 2003.5.)였다. 동양학 전공의 미국 대학교수 '샘 크레인'이 장애아로 태어난 그의 첫아이 '에이단'을 키우며 느낀 바를 담담한 필치로 써 내려간 책인데, 아이의 장애가 점점 심해지면서 현대 의학의 한계에 부딪힌 저자는 병실에서 놀랍게도 '도덕경'을 읽으며 좀 더 긍정적인 그 무엇을 찾아내려고 애쓴다. 마침내 그의 시선이 머문 곳에는 다음과 같은 구절이 있었다.

> "천하는 신비로운 그릇이다. 마음먹은 대로 다루어지지 않는 어떤 것이다. 개선하려고 하면 실패할 것이고, 잡으려고 하면 잃을 것이다."

샘 크레인은 이 구절을 통해 신체적으로 장애가 있고 보지도 걷지도 일어나 앉지도 못할 뿐 아니라 일찍 죽을 수도 있는 자식이지만, 이런 차이가 건강한 아이들과 본질적으로 다르다는 것을 의미하지는 않는다는 것을 깨닫는다. 에이단 역시 이 세계의 한 부분이므로 에이단의 삶의 가치를 격하시키는 의사들의 판단은 그릇된 것이라는 결론에 이른다. 그리고 "쓸모없는 것의 가치"를 깨달은 에이단의 가족은 행복하다. 마지막 순간까지도 그들은 하루하루 최선의 삶을 꾸려가며 자연의 도를 따라 살아갈 것이기에 더욱 행복해질는지도 모르겠다.

책 읽는 사람이 세상을 이끄는 그날이 올 때까지

비록 당장에는 쓸모없는 것처럼 여겨지는 행위가 바로 책 읽는 일임을 새삼스럽게 절감하는 요즈음이다. 그럼에도 책 읽기를 멈추지 못하는 까닭은 언젠가 읽었던 책들이 쌓이고 쌓여서 내 삶의 토대가 되고 있음을 믿기 때문이다. 유난히도 무덥고 지루했던 2006년 여름에 한 번, 그리고 세월호 사건으로 온 나라가 비탄에 빠졌음에도 마른장마로 인해 무더위가 한층 더 기승을 부렸던 2014년 여름에 또 한 번 나는 몇 날 며칠 동안 연구실 서가를 정리하는 일에 매달렸다. 미처 느끼지 못한 사이에 내 몸 구석구석을 비대하게 만든 지방 덩어리처럼 10여 평 남짓한 서가에는 틈이 있는 곳마다 제자리를 잡지 못한 책들이 벌초할 때를 놓친 무덤처럼 무더기로 쌓여 있었다. 한때 넓게만 여겨졌던 연구실 공간이 갑자기 답답해진 느낌이 들 정도였다. 가능한 대로 비슷한 장르끼리 모으는 방식으로 서가 정리를 마치고 났을 때면 어김없이 방학은 끄트머리에 와 있었다.

정신을 차리고 둘러보니 출판동네 일꾼들이나 저자들이 흔쾌한 심정으로 보내준 책들, 그리고 행여 이때가 아니면 내 것이 될 수 없을 것 같아 부랴부랴 사 모았던 책들이 연구실 공간을 빼곡히 채우고 있다. 어림잡아 3만여 권이 넘는 이 책들을 나는 도대체 어떻게 할 것인가? 읽은 책보다는 앞으로 읽을 책이 더 많은 이 공간에서 나는 문득 배가 불러옴을 느낀다. 그렇다. 바라보기만 해도 배부름을 느끼게 해주는 저 책들의 정체를 나는 사랑한다. 때론 무언가를 과장하거나 왜곡하는 책들도 있지만, 이 세상의 모든 책들은 그 자체로 이미 가치가 있다. 그리고 "세상의 모든 것을 있는 그대로 존중하라"는 가르침이야말로 책들이 주는 공통의 가치가 아닐 수 없다. 끝으로, 『책 든 손 귀하고 읽는 눈 빛난다』를 펴낼 때 다짐했던 말로 이 글을 마무리하고자 한다.

책 한 권을 세상에 내놓는 일이 얼마나 힘든 일인지 너무나 잘 알기에 그동안 힘들게 만든 책들을 아낌없이 보내준 저자 여러분, 그리고 출판동네 일꾼 여러분께 먼저 감사를 드립니다. 앞으로도 더욱 열심히 읽고 더욱 폭넓게 좋은 책들을 소개하는 것으로 많은 분들의 성원에 보답해 나가겠습니다. 책 읽는 사람이 세상을 이끄는 그날이 올 때까지 좋은 책 널리 알리는 일을 멈추지 않겠습니다.

역사 교과서 문제,
어떻게 볼 것인가?

———

이명박정부 출범 이후 근·현대사 역사 교과서를 둘러싼 논란이 거세지고 있다.

국방부의 역사 교과서 개정 의견서로 시작된 논란은 교육과학기술부가 다른 부처뿐만 아니라 상공회의소·교과서포럼 등 여러 단체에 개정의견을 부탁했다는 것이 알려지면서 보수진영이 앞다투어 참여하는 양상으로 확대되고 있다. 특히 지난 3월, 대안 교과서를 펴내 물의를 빚었던 교과서포럼은 금성출판사의 2008년도 역사 교과서가 "반제국주의 민족사관 또는 제3세계 혁명론의 역사관에 입각"해 있으며 "1945년 이후의 미국은 제국주의 국가이고, 1948년 이후의 대한민국을 미국에 종속된 사회로 규정하면서 60년간 대한민국이 성취한 경제발전과 민주주의를 부정적으로 평가"하고 있고 "북한 현대사에 대해서는 중립적이고 관대하게 서술하는 한편 북한 체제의 야만적 반인권성에는 침묵하고 있다"고 주장했다. 나아가 교과서포럼은 "요컨대 동 교과서는 반국가적 통일운동 교재로서의 특질을 강하게 띠고 있다"고 목소리를 높이고 있다.

보수단체가 이른바 "좌편향"을 지적하며 수정을 요구하고 나선 금성출판사의 근·현대사 교과서가 처음 도마 위에 오른 것은 지난 2004년 10월 당시 교육인적자원부(현 교육과학기술부)에 대한 국정감사장에서 당시 한나라당 모 의원이 "특정 출판사 교과서가 반미·친북·반재벌로 일관하고 있다"며 문제를 제기한 때부터였다. 2005년에는 뉴라이트 계열의 보수단체인 '교과서포럼'이 동일한 문제를 제기해 치열한 공방이 벌어졌고 이후 똑같은 논란이 지속되다가 2008년 이명박 정부가 들어서면서 정부부처와 정치권까지 가세하여 교과서 수정을 요구하고 있는 것이다.

한국 근·현대사 교과서의 이념문제가 논란이 된 배경으로는 해당 과목이 지난 2003년부터 국정교과서 체제에서 검정교과서로 바뀐 것을 들 수 있다. 다양한 시대적 변화와 수요를 반영하기 위해 역사 교과서 체제가 국정에서 검정으로 바뀌었고 그 결과 다양한 교과서가 등장한 것은 어쩌면 당연한 일이다. 현재 고교 2~3학년이 사용 중인 한국 근·현대사 교과서는 금성교과서 이외에도 대한교과서, 법문사, 천재교육, 중앙교육진흥연구소, 두산 등 모두 6개 출판사에서 펴낸 것이다.

그러나 작금에 불붙고 있는 역사 교과서 좌편향 논란은 "잃어버린 10년" 운운하는 보수 정치권이 앞장서고 있는 이념논쟁이라는 점에서 우려를 떨칠 수 없다. 아울러 집필자에 따라 다양한 시각이 가능하고 학교 입장에서는 교과서를 선택할 수 있는 상황에서 교과서를 과연 이념논쟁의 대상으로 삼아야 하는지 반문하지 않을 수 없다. 설사 문제가 있더라도 역사 교과서에 대한 1차적인 판단은 역사학계에 맡겨야 하고 정권교체와 권력자의 이념에 따라 교과서를 논쟁의 대상으로 삼는 것 자체가 어불성설이기 때문이다.

2011년부터는 역사 교과서뿐만 아니라 국어 및 도덕 교과서까지도 모두 검정체제로 바뀌게 된다. 그렇다면 교과서를 둘러싼 이념논쟁은 더욱 확대될 가능성이 높다. 대내외적으로 위기의식이 고조되고 있는 가운데 국론이 극단적인 분열상황으로 치달을지도 모른다는 우려가 증폭되고 있는 상황이다. 실익이 거의 없는 소모전에 불과한 교과서 이념논쟁을 차단하기 위해서는 관련학자와 정부관계자, 그리고 학부모 등의 지혜를 모으려는 범국민적인 노력이 필요하며, 현행 교과서 검정체제를 좀 더 공정하게 보완해야 한다. 곧 국사편찬위원회 같은 전문감수기관의 감수절차를 거친다면 일방적인 주장 혹은 불만의 여지를 줄일 수 있을 것이다.

어쨌든 분명한 사실은 "교과서는 정치적 흥정의 산물"이 아니라는 점이다. 21세기 정보화 사회에 부응하기 위해서라도 교과서의 다양성과 창의성은 더욱 강조되어야 마땅하다. 이러한 시대적 흐름에도 불구하고, 학계가 아닌 정부 및 이념지향적 일부 단체의 주도로 특정 교과서의 내용을 고치겠다는 발상은 위험천만한 것이 아닐 수 없다. 자칫 잘못하면 백년대계를 모색해야 할 우리 교육이 정치에 종속됨으로써 권력투쟁의 도구로 전락하는 결과를 가져올 수 있다는 점을 잊어서는 안 될 것이다.

우리 독서문화,
무엇이 문제인가?

우리 전통의 독서법은 이른바 '독서백편의자현(讀書百遍義自見)'이라는 말로 요약된다. 실제로 조선시대 규장각 초대 검서관을 지낸 이덕무(李德懋) 같은 이는 스스로를 '책에 미친 바보'라는 의미의 간서치(看書痴)라고 불렀거니와, 이러한 독서풍습은 전통적인 사대부들 사이에서 전수되어 온 일반적인 독서방법과 일맥상통하는 것이었다. 그러나 새로운 매체의 지속적인 등장과 함께 서서히 붕괴되기 시작한 전통적인 독서법은 급격한 변화 양상을 보이고 있는 21세기 매체환경 속에서 더 이상 독자들을 사로잡지 못하고 있다.

문자를 손으로 써서 직접 전달하거나 사용했던 필사 매체시대에서부터 그 의미가 정착되기 시작했을 것으로 보이는 독서는 오랜 세월 동안 종이 위에 활자를 이용해 정보를 기록하고 전달했던 인쇄매체시대를 거치면서 인류문화 생성의 가장 강력한 원동력으로 기능해 왔다. 그러나 음성이나 영상으로 정보를 신속하게 전달하는 전기 · 전파매체시대를 거치며 위기를 맞이하게 되었고, 급기야 정보통신매체시대를 맞이하여 그 위상이 크게 흔들리기 시작한 것으로 보인다.

오늘날 그나마 독서의 중요성이 강조되고 있는 학교 교육에 있어 '교수 · 학습 활동의 주된 수단'이라고 할 수 있는 교과서를 통해 설정된 교수 · 학습 내용의 범위는 '말하기, 듣기, 읽기, 쓰기'의 4대 기초학습영역으로 간추려진다. 그리고 이러한 우리 학교 교육의 학습영역은 계산하기, 문제해결하

기, 인간관계맺기 등의 영역으로 확대되면서 고스란히 전 국민 독서의 당위
성으로 이어졌다. 특히, 초·중등학교 교육에 절대적인 영향을 미치는 대학
입시의 양태에 따라 학생들의 독서행위 또한 크게 영향을 받아 왔다. 대학
별 논술고사의 영향으로 국내외 고전과 베스트셀러가 더욱 많이 읽히는가
하면, 대학입시에서 논술의 비중이 낮아지는 경우에는 학생들의 독서행위
또한 약화되는 경향을 보여 왔다. 실제로 제8차 교육과정이 시작되는 2007
학년도부터는 내신성적에 '교과별 독서활동'이 기록되며, 일선학교에서는
이미 독서지도를 강화하기 시작했다. 이에 전문가들은 독서활동평가를 잘
받기 위해서는 동서양의 고전은 물론 각 교과목별로 연관성이 높은 책을 꾸
준히 읽어 깊이 있는 사고력과 창의력을 기르는 것이 중요하다고 조언하고
있다. 학교현장에서 늘 강조되어 왔던 독서교육이 대학입시개선안과 맞물
려 폭발적인 위력을 갖게 된 것이다.

그러나 "입시에 종속된 독서교육은 실패로 끝날 가능성이 높은 데다 기존
에 쌓아놓은 독서교육의 토대마저 무너뜨릴 수 있다"는 우려도 커지고 있
다. 아울러 교육 당국이 주도적으로 추천도서 목록을 만드는 일은 교사와
학생들에게 그 책을 꼭 읽어야 한다는 강박관념을 심어줌으로써 독서의 획
일화와 강제성을 부추기는 위험한 일이라는 지적도 나오고 있다. 일부 교사
들마저도 "어떤 책이 학생들에게 좋은 책인지 판단이 안 서는 상태에서 일
선 교사들이 추천도서 목록을 맹신하는 현상이 생기는 것은 너무나 당연한
일"이라며 "좋은 책 목록은 교사와 학생들이 책을 함께 읽으면서 수시로 만
들어져야 한다"고 밝히고 있다. 따라서 일선 학교에서는 요즈음 수준별 독
서활동을 위한 독서력(reading ability) 측정도구의 개발이 시급한 과제로 떠오
르고 있다.

학교 교육과 함께 국민독서행위에 영향을 미치는 또 하나의 존재는 바로
매스미디어이다. 지난 일천 년 동안 인류에게 가장 큰 영향력을 미친 사람
과 발명품을 선정하는 작업에서 독일 구텐베르크(Johannes Gutenberg)와 그의
인쇄기가 첫 번째를 장식한 것은 어쩌면 당연한 결과였는지도 모른다. 덕분
에 구어(口語) 문화가 급속히 몰락하고 문자(文字) 문화가 팽창되었음을 우리

는 분명히 알고 있다. 그러나 이후 등장한 텔레비전을 비롯한 전자매체의 영향으로 이성적이기보다는 감성적이고, 시각적이기보다는 촉각적이며, 파편적이기보다는 통합적인 성격을 지닌 수용자를 양산해 내고 있다.

이처럼 각기 다른 매체의 특성에도 불구하고 서로의 장점을 주고받으려는 노력이 바로 매스미디어에서의 독서운동이 아닐까 싶다. 실제로, 1990년대 이후 라디오, 텔레비전 등의 방송에서 책을 소개하는 프로그램들이 늘어나고, 신문과 잡지에서도 비슷한 지면을 잇달아 개설하면서 독서를 위한 지표 역할을 꾸준히 전개해 왔다. 물론 좋은 책을 소개하는 효과보다는 팔리는 책을 더욱 더 잘 팔리게 하는 효과를 부추긴다는 비판도 많았지만, 각종 매스미디어에서 펼쳤거나 현재 진행 중인 독서 캠페인이 국민독서운동에 미친 영향은 매우 큰 것이었다. 특히, 인기 연예인들이 텔레비전에 나와 소개하는 책들은 예외 없이 대형 베스트셀러가 됨으로써 출판업계에서는 텔레비전 프로그램에 들어맞는 책을 기획하기 위해 심혈을 기울임으로써 여러 가지 부작용을 낳기도 했다. 그 결과 가장 큰 영향력을 발휘했던 프로그램이 폐지되기도 했으며, 공영방송에서는 대중적인 모습으로 프로그램의 제작 방향을 대폭 바꾸기도 했다.

이에 대한 비판의 목소리도 매우 높다. 중앙 일간지를 비롯한 방송 및 잡지에서는 적어도 일주일에 한 번은 몇몇 대형서점 종합집계 등의 단서 아래 분야별 혹은 종합 베스트셀러 목록을 발표하고 있다. 이른바 공식적인 광고이자 홍보가 이루어지는 것이다. 그리고 이러한 발표는 독자들로 하여금 어느 틈엔가 베스트셀러에 오른 도서를 신뢰하게 만들고, 자연스럽게 도서 구매로 이끄는 탁월한 효과를 발휘하기도 한다. 더 나아가 베스트셀러 (bestseller)는 곧 좋은 책(best book)일 것이라는, 그래서 읽지 않으면 안 될 것 같다는 심리작용까지 부추겨 해당 도서의 판매 부수 신장에 적지 않은 영향을 미치는 것으로 보인다. 결국 "과연 베스트셀러는 모두 좋은 책인가?" 하는 회의로부터 매스미디어에 대한 비판이 제기되는 것이다.

우리 독서문화를 침몰시키는 또 하나의 병폐는 인터넷에서 비롯된다. 이른바 세계 최대의 정보통신 강국으로 성장한 한국에서 컴퓨터와 인터넷은 이제 청소년은 물론 전 국민의 필수품으로 자리 잡았다. 특히, 하루 여가의 대부분을 인터넷에 몰입하는 청소년들에게 독서란 어떤 의미를 가지는지, 그리고 인터넷을 통한 커뮤니케이션과 이로 인한 세대 간의 차이점은 어떠한지 알아보려는 연구가 계속 이루어지고 있다.

이처럼 인터넷이 상용화하면서 청소년들 사이에 습관처럼 생성된 현상이 바로 쿼터리즘(Quarterism)이다. 쿼터리즘이란, 한 가지 일에 15분도 몰두하지 못한다는 뜻에서 인내심을 잃어버린 청소년의 사고·행동양식을 일컫는 말로, 4분의 1을 뜻하는 영어단어 '쿼터'에서 나왔다. 최근의 청소년들은 자극에는 즉각 반응하지만 금세 관심이 바뀌는 감각적 찰나주의에 물들어 있으며, 순간적 적응력을 요구하는 고속정보통신과 영상 매체의 급격한 팽창이 한 가지 일에 진지하게 접근하고 집중하는 능력을 잃게 하는 원인으로 지적되고 있다. 곧, 인터넷이 그 주범인 셈이다. 이런 상황에서 장시간에 걸친 사고와 인내심을 요구하는 독서행위가 청소년들에게 유용한 것으로 인식되기란 어려운 일이다. 따라서 근본적인 매체 교육과 더불어 독서의 불가피성을 가르치려는 노력이 다방면에 걸쳐 이루어지지 않는다면 독서행위는 더 이상 유용한 그 무엇으로 남을 수 없는 위기선상에 놓여 있다.

우리는 대통령 선거가 있을 때마다 대선주자들 모두 한결같이 문화예산의 확충과 도서관 등 출판문화 인프라를 조성하겠다고 약속했지만, 얼마 지나지 않아 공염불이 되고 말았음을 뼈아프게 기억하고 있다. 나아가 출판계를 비롯한 우리 업계와 도서관에도 책임이 없는 것은 아니다. 신문만 펼치면 가장 많은 광고 지면을 차지하고 있는 것이 출판광고임에도, 영세기업이 없는 분야가 없는 것이 우리 기업의 현실임에도, 출판업계는 유독 스스로의 '영세성'을 부르짖어 왔다. 전체적인 역량을 집결시켜도 부족한 터에 개별 기업의 영세성만을 들어 전체가 하나로 모이려는 노력을 게을리했던 것은 아닌지 반성해 보아야 한다.

책 읽는 사람이 이끄는 사회, 그날은 반드시 온다는 믿음으로 오늘도 나는 기꺼이 책장을 넘긴다.

책 읽는 사회 만들기

사람은 태어나서 자라는 동안 언제쯤 자기 직업에 대한 포부를 확정하게 되는 걸까. 아마도 초등학교, 중·고등학교, 대학교를 거치는 동안 자기적성이나 가치관, 시대상황 등이 복합적으로 작용하면서 수시로 변하는 것이 직업에 대한 포부가 아닐까. 그런데 그토록 많은 직업 중에서 유독 장래포부의 대상에서 제외되다시피 한 것들이 있다. 책을 만드는 일도 그중 하나다.

사람이라면 누구든지 숫자나 글자를 깨치기 시작할 무렵부터 인생을 마감할 때까지 수시로 만나는 것이 책이다. 대통령도, 장관도, 법관도, 의사도, 교사도, 학생도 책을 통해 학습하고 숱한 간접경험을 쌓는다. 그래서 출판의 기능을 "문화가치로서의 지식과 정보를 창조하고 전승하며 보존하는 일"이라고 하는 것이리라. 그럼에도 그토록 중요한 역할을 하는 책이 어떻게 해서 이 세상에 태어나는지, 그리고 책을 만드는 사람이 얼마나 중요한지에 대해서는 관심을 갖지 않는다. 그렇게 많은 대학과 전공 중에 '출판'이란 두 글자가 선명하게 새겨진 것을 찾아볼 수 없다는 현실, 그리고 각 분야에서 그토록 '책 읽기의 중요성'을 강조함에도 정작 책 만드는 사람들에 대한 예우를 찾아볼 수 없는 사회 분위기는 모순의 극치가 아닐 수 없다.

자녀들더러 TV 그만 보고 책 좀 읽으라고 다그치는 부모들도 훗날 다른 집 아이는 방송사에 취업했는데 자기 자녀가 출판사에 들어간다고 하면 과연 기꺼워할까. 비단 책 만드는 일에만 그런 것은 아니다. 만드는 사람 따로 있고 즐기는 사람 따로 있다는 편견은 우리 사회 깊숙한 곳까지 뿌리내리고 있는지도 모르겠다. 맛있는 음식을 찾아 값비싼 비용을 흔쾌히 지불하는 가장이 자기 자녀에게 요리사가 될 것을 권하지 않으며, 좋은 쌀 유기농 채소 운운하면서 식탁에 오를 밥과 반찬을 걱정하는 주부도 자기 자녀에게 훌륭한 농부가 될 것을 권하지 않는다. 남의 아이들이 자라서 그런 일을 할망정 자기 자식만큼은 훨씬 고상한 인물이어야 한다는 것이니, 이 얼마나 이기적인 생각인가?

나 역시 그런 비판으로부터 벗어나고픈 생각은 추호도 없다. 지금은 비록 출판편집자를 거쳐 대학에서 책 읽는 일과 책 만드는 일을 가르치는 직업에 종사하지만, 과거에는 장래포부로 여기기는 고사하고 막상 이 방면으로 진출하는 단계에서도 많은 망설임을 겪었던 것이 사실이기 때문이다. 하지만 그것을 내 탓이라고만 여기지는 않는다. 우리 사회의 전반적인 풍토가 책 만드는 직업을 신성하게 여긴다거나 고도의 전문직으로 인정해줌으로써 일찍부터 관심을 갖고 준비할 수 있는 여건을 허락하지 않아서 생긴 일이기 때문이다.

다행히도 나는 늦게나마 나의 길을 찾았고, 또한 나와 같은 길을 가려고 마음먹은 젊은이들을 가르치는 일에 종사하고 있다. 그들이 혼란스러워하지 않도록 사려 깊게 가르치려고 애쓰는 한편, 간혹 그들이 다른 직업과의 비교 끝에 상대적 빈곤감을 느낄 때면 흔들리는 그들을 다잡기 위해 함께 고민에 빠지기도 한다. 그런 끝에 그들이 마침내 출판계로 진출하여 자기 손으로 만든 첫 작품을 들고 찾아와 티 없이 맑은 웃음으로 기뻐할 때, 나의 보람은 비로소 극대화된다.

그동안 나의 유혹(?)에 빠져 장밋빛으로 포장된 희망을 그러안고 책 만드는 일에 뛰어든 젊은이들이 많지만, 여전히 우리 출판계의 앞날은 걱정스럽다. 아직도 책 만드는 일이란 게 이 땅의 청소년들이 장래포부로 여기기엔 부족한 분야라고 여겨지기 때문이다. 그러므로 책 읽는 사회를 만들기 위해서라도 책 만드는 이들에게 남다른 보람을 선사해 주는 사회 분위기가 필요하다. 결국 좋은 책은 좋은 독자 이전에 좋은 저자와 편집자의 손을 거쳐야 하는 것이기 때문이다.

강의실의 아고라는
어디에 있는가?

—

　우리 학교에서는 재학생들의 취업대비 역량강화 프로그램 중 하나로 '교수취업특별강좌'를 연중 실시하고 있다. 분야별 전문가로 구성된 학내 교수진이 진행하는 이 프로그램에서 필자가 맡은 과목은 "성공적인 커뮤니케이션을 위한 스피치 기법". 학점과는 관계없지만 취업을 열망하는 학생들의 열기에 힘입어 매번 성황을 이루고 있는 중이다. 그리고 그 결과로 인해 '토론동아리'가 생겨나고, 이를 취업을 위한 필수코스인 '면접'에 적용하여 열심히 전공별 주제토론에 참여하는 학생들을 보면 보람은 더욱 커진다. 하지만 이처럼 토론의 중요성을 깨닫고 스스로 말문을 여는 학생들이 그리 많지 않다는 데 심각한 문제가 있다.

　물론 대학생들만 그런 것은 아니다. 국회의원 선거 또는 지방자치단체장 선거 때마다 단골 사회자 또는 패널로 선거방송토론에 참여했던 경험에 비추어보면 정치인을 지망하는 이들 역시 토론문화와는 거리가 멀어보였다. 유권자들이 두 눈을 부릅뜨고 지켜보는 생방송 토론임에도 사회자의 질문이나 상대방이 문제 제기한 내용에 상관없이 오직 자기들 하고 싶은 말로만 일관하던 모습과 함께 당선 이후 뉴스에 등장하는 그들의 행보가 오버랩될 때마다 한숨이 절로 나오곤 했으니 말이다.

　그렇다면 우리는 왜 토론과정을 무시하거나 두려워하는 걸까? 아마도 최대의 주범은 학교가 아닐까 싶다. 유치원에서부터 초 · 중 · 고등학교를 거처 대학과 대학원에 이르기까지 발표수업은 많이 경험하지만 토론수업은 거의 이루어지지 않는 것이 현실이기 때문이다. 일방적인 주입식 교육풍토는 말할 것도 없고, 선생님 또는 교수님의 말씀에 딴지를 걸기라도 하는 날에는 버르장머리 없게도 "감히 어른 말씀에 대들었다"는 누명과 함께 경을 치기 일쑤다 보니 우리 학생들은 입을 다물 수밖에 없었을 것이다.

토론이란 "목적을 달성하기 위해 두 사람 이상이 모인 대면상황에서 정보나 아이디어를 교환하는 과정"이라고 정의할 수 있거니와, 그 목적과 의도가 명확해야 하며, 체계적이고도 논리적인 계획에 따라 진행되어야 한다. 또이는 어디까지나 대화의 과정이므로 참가자들이 제기하는 모든 아이디어와 사실, 의견들이 고려되어야 한다. 그런데 우리 현실은 어떠한가? 한마디로 토론을 통해 문제를 해결하려는 의지가 부족하다 보니 '사람'과 '말'을 분리하지 못하는 경향이 짙고, 체면이나 자존심과 결부시키려는 경우가 많다. 토론이 주는 민주시민 정신의 함양 효과라는 측면에서 볼 때 우리 현실은 토론문화와 상당히 동떨어져 있는지도 모르겠다.

최근 이 시대 '토론의 달인'으로 불리는 '손석희' 아나운서, 아니 '손석희' 교수의 스타일을 집중 분석한 『손석희 스타일』(진희정, 토네이도, 2009)이란 책이 출간돼 화제다. '손석희'는 언제 어디서나 참된 '소통'을 꿈꾼다는 것이 저자의 주장이다. 이를 위해 왜곡되고 비틀린 가치들에 대해선 이성과 논리의 칼로 날카롭게 비판하고, 자칫 소외되기 쉬운 작지만 깊은 가치들에 대해선 따뜻한 가슴으로 품어 안는다는 것. 아울러 그가 가장 주목받는 오피니언 리더로 성장한 비결 가운데 가장 중요한 것은 다른 사람들이 흉내 내기 어려운 그 자신만의 독특한 '스타일'을 창출해 냈다는 것이 저자의 진단이다. 사람들은 손석희 개인의 능력이 아니라 그가 창출한 '스타일'에 열광한다는 것. 나아가 굽힘 없는 원칙과 소신을 바탕으로 사람과 사람 사이의 소통을 가장 매력적인 가치로 만들어내는 '손석희 스타일'에서 사람들은 짜릿한 쾌감과 매혹을 경험한다는 것. 그래서 사람들은 그가 창출한 스타일 안에 자발적으로 참여하고, 그의 스타일을 유지하고 확대 내지 발전시켜 나가는 데 기꺼이 기여한다는 것이다.

이제부터라도 우리 교수자들은 갈등을 일으키는 문제의 바람직한 결과(대안)를 찾도록 도와주는 토론의 중요성을 자기만의 스타일로 전파할 수 있어야 한다. 토론수업을 통해 절대적인 가치가 없다는 것, 토론을 통해 생각을 논리적이고 합리적으로 구체화시킬 수 있다는 것을 가르쳐야 한다. 그리하여 제자들이 사회 구성원으로 진출했을 때 높은 수준의 도덕성을 이행하도록 촉구해야 하며, 활발한 상호관계가 이루어지도록 도와주어야 한다. 그렇게 하려면 토론할 때 유의해야 할 사항을 항상 염두에 두어야 한다. 예컨대, 토론 초기 단계부터 항상 분위기가 경직된다든지, 제한된 인원만 토론에 참여할 수 있고 시간이 많이 소요된다든지, 토론전개 시 논제에서 이탈하는 경우가 자주 생긴다든지, 토론이 일부 토론자들에 의해 지배되는 문제가 생긴다든지 하는 문제점을 슬기롭게 해결할 수 있어야 한다. 나아가 의미 있는 토론을 만드는 방법에 대해 수시로 자기만의 스타일을 연구하고 성공사례를 교환함으로써 모든 수업에 토론과정이 자연스레 스며들도록 이끌어야 할 것이다.

우수학술도서 유감

요즈음 어디선가 문화체육관광부 주도로 '우수학술도서'를 선정하는 작업이 한창이라고 한다. "우수 학술출판 활동 고취 및 지식문화산업의 핵심 기반산업으로 출판산업 육성지원"을 목적으로 하는 이 사업은 올해의 경우 "2008년 5월 1일부터 2009년 4월 30일 기간 중 국내에서 초판 발행된 학술도서(전자출판물 포함)"를 대상으로 7월 중에 400종 내외를 최종 선정할 예정이다. 구체적으로는 "총류, 철학, 종교, 사회과학, 순수과학, 기술과학, 예술, 언어, 문학, 역사" 등 10개 분야에 걸쳐 "관련학회·출판단체, 사서, 평론가, 기타 전문가 등"의 추천을 받아 55명으로 심사위원회를 구성한 후 합의제 심사방식을 거친다. 우수도서로 선정된 도서는 정부에서 일정량을 구입하여 공공도서관, 병영도서관 등에 배포하게 된다.

이는 국가에서 귀중한 예산을 확보하여 학술성 높은 좋은 책을 두루 뽑아 격려하고 지원한다는 점에서 매우 의미 있는 일인 동시에 더욱 확대되어야 마땅한 공익사업이라고 할 수 있겠다. 그런데 이처럼 중차대한 사업임에도 불구하고 그 결과로서의 이른바 '우수학술도서'를 선정하는 과정을 들여다보면 아쉬운 점이 하나둘이 아니다. 우선 당국에서 표방하고 있는 '선정방침'의 실효성을 꼽을 수 있겠다. "국내 출판 창작 활성화를 위하여 창작도서 우선선정(번역도서 선정비율 5% 이내)", "특정출판사의 과다선정 방지 및 다양한 도서의 선정 기회 확대를 위하여 출판사별 선정종수 제한(5종)", "타 기관에서 이미 우수도서로 선정·지원된 도서는 선정 대상에서 제외", "한국서점조합연합회 집계 베스트셀러(50위)는 선정대상에서 제외", "동일저자의 도서가 여러 종 선정대상 후보가 되었을 경우 최종심사위원회에서 1종에 한하여 선정" 등이 그것인데, 이러한 일률적인 적용기준 때문에 질적으로 함량 미달의 도서들이 선정될 수밖에 없다면 그 결과에 대한 책임은 누구에게 있는 것일까.

또, 심사위원회 구성에 있어서도 논란의 소지가 있다. 심사위원들은 어떤 과정을 거쳐 어떤 자격기준에 따라 선발되었는지 알 수 없기 때문이다. 심사과정 또한 형식적으로 흐를 수 있는 여지가 많다. 먼저 전체 예비심사(1회)를 열어 심사위원이 전원 참석한 가운데 분야별 신청도서 중에서 전문심사 대상 도서를 선정하고, 누락되는 도서가 없도록 각 심사위원별 심사대상 도서를 선택한 후 온라인 시스템에 접속하여 심사위원별 1차 심사의견을 작성하게 된다. 이어 분야별 전문심사가 진행되는데, 이때에는 각 분야별 심사위원들이 참석하여 전체 예비심사에서 선정한 도서 중 별도의 토론을 거친 후 전체 본심사에 상정할 대상도서를 선정하게 된다. 그러고 나서 전체 본심사를 통해 토론 중심의 분야별 전문심사가 2시간 정도 진행된 후 심사위원 전원이 참석하여 최종 심사대상 도서를 결정한다. 그리고 마침내 최종심사위원들이 참석한 가운데 전체 본심사에서 상정된 도서를 대상으로 선정도서의 적정성, 결격사유 등을 최종 확인한 후 최종심사 의결서를 작성하고 서명하게 되면 그 해의 '우수학술도서'가 최종 선정되는 것이다.

실제로 우수학술도서 심사위원으로 참여했던 경험에 비추어보면, 심사위원 1인당 심사해야 할 도서는 적게는 수십 종에서 많게는 100종이 넘기도 한다. 그런데 이를 불과 1주 혹은 2주 이내에 모두 살펴보고 심사의견서를 작성하는 한편, 분야별 전문심사에 올릴 후보도서를 선정해야 한다는 점에서 그 결과를 신뢰할 수 있을까 하는 의구심이 드는 것이다. 나아가 심사위원들이 대개 분야별 전문가임을 자처하는 학자들이라는 점에서 출품도서들의 저자들과 학연 또는 지연 등 여러 가지 연고로 얽힐 수밖에 없다는 현실 또한 간과해서는 안 되는 대목이다. 공식적인 학술지 논문심사 또는 연구비 지급을 위한 연구계획서 심사 등에 있어서는 신청자의 인적사항이 전혀 드러나지 않도록 하는 데 비해 우수학술도서의 경우에는 실물도서가 고스란히 공개됨으로써 저자 인적사항을 쉽게 알 수 있기 때문이다.

그럼에도 굳이 특정시기를 정해서 신청을 받고 부랴부랴 심사해야 하는 것인지 의아스럽다. 학술도서는 당연히 관련학회와 해당 분야 연구자들에게 검증될 수밖에 없다는 점을 고려한다면 예산범위 내에서 오히려 공신력 있는 등재 학술지를 펴내고 있는 각종 학회를 통해 우수학술도서를 추천받아 심사과정에서의 불필요한 오해를 불식시키는 것이 바람직하지 않을까. 우수학술도서가 되지 못한 책들 중에 훨씬 우수한 성과물들이 많다는 사실을 알 만한 사람들은 다 알고 있다면 지나친 생각일까.

교양과목으로서의
저작권론

최근 광역자치단체 단위의 지방검찰청 주도로 시행되고 있는 저작권 침해사범에 대한 '교육조건부 기소유예'를 위한 교육(저작권지킴이연수)에 강의를 맡으면서 느낀 점은 저작권을 침해하고 있는 사람들의 분포가 매우 광범위하다는 사실이었다. 교육장을 메운 수강자들의 면면을 돌아보는 순간 대부분 청소년층 내지 20대일 것이라는 선입견이 여지없이 무너졌던 것이다. 그런데 각자의 사연을 들어보면 기구하다 못해 씁쓸해지는 경우가 대부분이다. 손자에게 ID를 도용당하는 바람에 저작권 침해사범으로 몰려 기소 위기에 처한 할아버지에서부터 인터넷에 떠도는 이미지를 회사 홈페이지에 무심코 이용했다가 고소당한 디자이너, 자신의 블로그에 대중가요 음원 파일을 무단 업로드했다가 교육을 받게 된 대학생에 이르기까지 다양한 연령층이 드넓은 교육장을 가득 메우고 있었으니…….

이처럼 저작권 침해로 인한 고소 건수가 전국에 걸쳐 기하급수적으로 늘어나고 있는 시점에 지난 7월 23일 발효된 개정 저작권법이 전과자를 양산하게 될 것이라는 지적에 휘말리고 있다. 곧 온라인상 불법저작물의 확산을 방지하기 위해 불법저작물에 대한 단속을 강화하고 '불법 복제 · 전송자에 대한 계정의 정지' 및 '게시판 서비스의 정지'라는 새로운 규제를 담고 있기 때문인데, 대표적으로 이른바 '삼진아웃제'로 알려진 저작권법 제133조의2의 내용이 그것이다.

먼저 문화체육관광부 장관은 불법복제물의 복제·전송자에 대한 경고 및 불법복제물의 삭제 또는 전송 중단을 명령할 수 있다. 온라인을 통해 불법복제물, 기술적 보호조치를 무력화하는 프로그램 및 이들의 위치정보 등이 유통되는 것을 확인한 경우에는 직권 또는 해당 권리자의 신고에 의해 온라인서비스 제공자(이하 'OSP')에 대해 복제물의 삭제 또는 전송을 중단시킬 것과 해당 불법복제물 전송자에게 경고 조치할 것을 문화체육관광부 장관이 명령할 수 있도록 규정하고 있는 것이다.

또, 문화체육관광부 장관은 반복적인 불법 복제·전송자에 대해 그 계정을 정지시킬 수 있다. 이번 개정법에서는 불법복제물 등의 전송으로 인해 이미 세 차례나 경고를 받은 복제·전송자가 다시 불법복제물을 전송한 경우에는 해당 복제·전송자의 계정을 6개월 이내의 기간 동안 정지하도록 문화체육관광부 장관이 명령할 수 있다고 규정하고 있어 주목된다. 하지만 이러한 계정정지명령은 인터넷망 접속계정 자체를 정지시키는 것이 아니라 해당 OSP의 이용자 계정만을 정지시키는 것이므로 다른 OSP 서비스를 이용하는 데에는 아무런 지장이 없으며, 해당 사이트 내에서도 로그인이 전제되는 글쓰기·스케줄 관리 등을 제외한 콘텐츠 검색 및 이메일 등의 이용은 얼마든지 가능하다.

이러한 명령을 받은 OSP는 명령을 받은 날로부터 10일 이내에 해당 조치를 취하고 그 결과를 문화체육관광부 장관에게 통보해야 한다. 아울러 계정이 정지되는 경우에는 이메일을 제외한 로그인 기반 서비스가 불가능하게 되므로, 복제·전송자가 불법복제와 상관없는 서비스와 관련된 자료를 확보해 둘 기회를 제공하기 위해 대상 OSP는 해당 계정을 정지하기 1주일 전에 미리 계정정지 사실을 해당 복제·전송자에게 통지하도록 규정하고 있다.

이 같은 내용에 대해 요사이 인터넷을 중심으로 삼진아웃의 뜻이 부풀려져 유포되는 현상을 볼 수 있는데, 근본적으로 이용권에 제한을 가하기 위한 조치가 아니라는 점에서 지나친 걱정을 할 필요가 없는 일임에도 마치 인터넷 등 정보통신망 접근권 자체를 박탈하려는 조치인 것처럼 여겨지는 것은 바람직하지 않다.

결국 온라인 불법저작물 유통을 근절하기 위한 근본적인 대책은 법적 강제보다는 저작권 의식 수준의 향상과 더불어 저작물 이용절차를 개선하는 데 있지 않을까 싶다. 현재 시행되고 있는 교육조건부 기소유예제도 또한 바람직한 보완책이다. 실제로 새 저작권법 시행과 인터넷상에서 제기된 많은 논란은 저작권과 '저작권법'에 대한 교육 및 홍보의 부족 때문일 수도 있다. 곧 불법저작물의 단속을 강화하고 경미한 침해에 대해 교육조건부 기소유예 처분을 내리는 조치 등은 단기적인 효과만 가져다줄 뿐이므로 장기적으로는 가정과 학교에서 지속적인 교육을 통해 인식 수준을 향상시키는 것이 절대적으로 필요하다.

이제 우리 대학이 저작권 침해에 관한 교육과 홍보의 장이 되어야 한다. 미래의 저작권자인 동시에 가장 왕성한 저작물 이용자인 우리 대학생들이 저작권의 중요성에 대해 제대로 인식하는 일을 더 이상 미룰 수 없기 때문이다. 그러기 위해 교양필수 내지 선택 과목으로 『저작권론』이 설강되기를 바라마지 않는다. 자체 여건이 허락하지 않는다면 한국저작권위원회에서 위촉한 전문강사들을 활용할 수 있으므로 이번 2학기부터 당장 과목을 신설하더라도 큰 문제가 없을 것이다. 저작권 역시 아는 만큼 보인다.

남아수독오거서와
독서백편의자현

———

　바야흐로 등화가친(燈火可親)의 계절이 무르익고 있다. 이맘때면 독서를 장려하는 경구들이 낙엽 휘날리듯 만발하거니와, 그중 자주 식자들 입에 오르내리는 말이 '남아수독오거서(男兒須讀伍車書)'가 아닐까 싶다. 흔히 "이것저것 가리지 않고 책을 많이 읽는 것"을 뜻하는 다독(多讀)의 전형으로 여겨지는 말인데, 오늘날에 견주어 쓰는 말로는 적당하지 않은 듯하여 잠시 그 뜻을 새겨 보았다. 이는 "사내대장부라면 모름지기 다섯 수레 분량의 책은 읽어야 한다"는 뜻인데, 원래는 장자(莊子)가 친구 혜시(惠施)의 장서를 두고 한 말인 '혜시다방기서오거(惠施多方其書伍車)'에서 유래한 것으로, 두보(杜甫)의 시에 다시 등장하면서 널리 알려졌다고 한다.

　그런데 장자는 기원전 4세기 말에서 3세기 초에 걸쳐 살았던 인물이다. 당시 중국의 책은 오늘날 우리가 생각하는 책과는 생김새부터가 매우 달랐다. 종이가 널리 쓰이기 전이어서 필사 재료로 활용했던 것은 대나무였다. 곧 '책(册)'이라는 글자의 어원이 된 '죽간(竹簡)'이 바로 당시의 책이었던 것이다. 먹의 흡수성을 높이기 위해 살청(殺靑) 과정을 거친 대나무 안쪽 표면에 사람이 붓으로 일일이 글을 써서 줄줄이 꿰어 완성된 두루마리 하나를 '권(卷)'이라고 했으니, 그 부피가 어떠했을지 짐작하기란 어렵지 않다.

　그렇다면 한 수레에 어느 정도의 죽간을 실을 수 있었을까? 아무리 큰 수레라고 해도 1백 권을 싣기가 어려웠을 것이다. 다섯 수레라고 해도 5백 권

남짓이었을 것으로 짐작된다. 어쨌든 죽간일망정 책으로 엮어 읽을 만한 저서가 어느 정도였을지 알기 어렵지만 오늘날과는 사뭇 다른 독서환경이었을 것이라는 점만큼은 확실하다. 굳이 '수독오거서'를 오늘날로 환언한다면 "모름지기 다섯 트럭 분량의 책은 읽어야 한다"는 뜻인데, 한 트럭에 2천 권씩만 실어도 그 양은 무려 1만 권이다. 그야말로 식음을 전폐하고 하루에 한 권씩 읽어도 30년 가까운 세월이 걸리는 분량이다. 한마디로 오늘날에는 '남아수독오거서'가 불가능하다는 뜻이다.

한편, 다독의 유형 말고도 독서방법으로는 정독(精讀), 속독(速讀), 음독(音讀), 묵독(默讀) 등이 있다. 이 중에서 가장 늦게 등장한 독서방법은 아마도 묵독일 것이다. 소리를 내어 읽는 음독이 글자 단위의 읽기라면 묵독은 문장 단위, 의미 위주의 읽기라고 할 수 있다. 이러한 묵독은 눈으로만 읽기 때문에 글을 읽는 사람의 눈동자 움직임이 빨라지면 글을 읽는 속도도 빨라진다. 또한 생각하며 읽을 수 있어서 글의 내용을 제대로 이해하기에는 음독보다 묵독이 낫다. 반면 집단적으로 같은 글을 놓고 학습하는 데에는 묵독보다 음독이 유용하다. 그렇다 보니 우리 전통사회에서는 음독이 중시되었다. 공부를 시작하는 학생은 으레 스승이 하는 대로 낭랑하게 따라서 읽는 것부터 했으며, 선비의 방에서는 글을 읽는 소리가 그쳐서는 안 되는 줄 알았다. 하지만 출판기술이 발달하면서 읽을거리가 많아지자 점차 묵독의 중요성이 높아져 일제강점기 이후부터는 묵독이 대세를 이루기 시작했다.

또 다른 전통의 독서법은 이른바 '독서백편의자현(讀書百遍義自見)'이라는 말로 요약된다. "책이나 글을 백 번 정도 거듭 읽다 보면 그 뜻이 저절로 이해된다."는 뜻이다. 하지만 최근의 청소년들은 자극에는 즉각 반응하지만 금세 관심이 바뀌는 감각적 찰나주의에 물들어 있으며, 순간적 적응력을 요구하는 고속정보통신과 영상매체의 급격한 팽창이 한 가지 일에 진지하게 접근하고 집중하는 능력을 잃게 하는 원인으로 지적되고 있다. 이런 상황에서 장시간에 걸친 사고와 인내심을 요구하는 독서행위가 청소년들에게 유용한 것으로 인식되기란 어려운 일이다.

한번 읽어서 의미 파악이 제대로 안 되면 다시 읽어서 글을 완전히 자기의 것으로 만들어야 한다. 뜻을 모른 채 앵무새처럼 주절거리는 내레이션은 음식을 맛도 모른 채 먹는 것과 마찬가지이다. 그런 의미에서 이제부터는 많이 읽는 것만 강조하는 '남아수독오거서'보다는 제대로 읽어야 한다는 뜻에서 '독서백편의자현'을 가르치는 독서교육이 되기를 바라는 것이다.

대필 관행,
과연 필요악인가?

———

　언제부터 앞다투어 책을 펴낼 정도로 우리 연예인들의 글솜씨가 향상된 것일까? 이른바 '대필작가'에 의해 작성된 원고를 다만 유명인의 이름을 빌려 그럴듯하게 포장한 책이 많다는 사실은 이제 공공연한 비밀이다. 물론 이는 연예인 저자들만이 아닌 기업인들, 정치인들 그리고 체육계 인사들을 포함한 모든 분야의 유명인들에게 이러한 혐의는 두루 걸쳐 있다. 엄격한 의미에서 그들은 소재를 제공했을망정 직접 글을 쓰지는 않았다는 점에서 '대필(代筆: ghostwriting)' 혐의가 짙은 것이다. 그럼에도 정작 책이 출간되고 나면 마치 자기가 쓰고 다듬은 것인 양 으스대는 모습의 이면에는 대필작가들의 애환이 고스란히 스며 있다. 오죽하면 대필작가를 가리켜 형태를 알 수 없는 유령(ghost)에 비유했을까?

　픽션(허구)임을 전제로 탄생하는 창작물과는 달리 '자전(自傳)' 혹은 '고백(告白)', '실화(實話)' 등의 문구를 앞세우고 등장하는 책들에서는 일단 독자들이 내용 자체를 사실로 인지한다는 점을 지나쳐서는 안 된다. 오히려 입에서 입으로 전해지는 동안 부풀어서 과장이 되기 일쑤인 게 연예계 이야기인 것이 현실이다. 그럼에도 연예인을 저자로 내세운 책이 봇물처럼 쏟아지고 있다는 점에서 미심쩍은 구석이 엿보인다. 우리 출판계의 관행에 비추어보건대, 정말 한 줄의 보탬도 없이 사실 그대로 쓰인 것이며, 더구나 저자로 표기된 주인공 스스로 써낸 글일까? 대답은 십중팔구 '아니다'임을 알 만한 사람은 다 안다. 여기서 우리 출판계의 도덕불감증을 꼬집지 않을 수 없다. 각양각색의 사람들이 엮어내는 인생 자체가 출판의 좋은 소재임은 어제오늘의 일이 아니므로 접어두더라도, 어떻게 살았든지 재미만 있으면 된다거나 사회적으로 지탄받아 마땅한 행위라 할지라도 현실이 그것을 극복했으므로 미화되어도 된다는 식의 발상은 지나친 것이 아닌가.

혹자는 강변할지도 모른다. 출판행위 자체가 대중을 상대로 공표하는 것일진대 어찌 다듬어지지 않은 그대로 내놓을 수 있느냐고. 물론 단순한 교열 차원의 윤문을 탓하자는 것은 아니다. 대문호의 작품도 출판과정에서 교정단계를 거치는 판국에 하물며 문학적 성과가 거의 없는 사람의 글임에야……. 하지만 윤문이 아닌 윤색을 거쳐 미화의 단계로 발전했다면 그 순간 이미 그것은 자전도 고백도 실화도 아님을 인정해야 하지 않을까. 오로지 상업적 이윤의 극대화만을 노리고 독자들의 말초신경 건드리기에만 집착하지는 않았는지, 그래서 우매한 대중들 위에 군림하는 또 다른 우상을 양산하는 일에 열중하지는 않았는지 생각해 볼 일이다.

자기 글솜씨나 그리 자랑스럽지 않은 인생역정에 비추어 감히 책을 낼 엄두도 못 내고 있는 연예인에게 접근하여 모든 것은 알아서 써줄 테니 출판하는 데 동의해 달라는 식의 기획이 횡행하고 있다는 사실도 출판계로서는 짚고 넘어가야 할 부분이다. 그 사람이 정말 사회적으로 유익한 인물인지, 아니면 사람들에게 교훈적인 삶을 산 인물인지 따져보는 것이 아니라 오직 "유명한가? 인기가 높은가?"만을 기준으로 삼는 것도 큰 문제가 아닐 수 없다. 마약, 스캔들, 문제아, 사치와 낭비의 표상 등과 같은 부정적 이미지가 강함에도 불구하고 이를 유명세로 몰아서 한껏 미화하는, 그리하여 한때의 잘못보다는 출세(?)라는 결과가 중요함을 암암리에 청소년들에게 각인시키는 우를 범하고 있기 때문이다.

조금은 거친 삶이었더라도 당시에는 철이 없었다거나 시대상황이 그랬다거나 아니면 원래 성격이 그랬다는 식의 솔직함이 들어 있다면 좋을 텐데, 연예인을 포함한 유명인들의 에세이는 저자 자신에 대해 대개 선남선녀요, 의지의 한국인으로 묘사하기 일쑤다. 체험자 자신이 아닌 제3의 전문작가가 주요 사실만을 모티브 삼아 과장 내지는 포장을 거듭하다 보니 진짜 알맹이는 어디론가 없어지고 껍데기만 화려하게 남은 꼴이다. 이렇듯 이상한 관행이 자리 잡다 보니 일단 인기만 있는 사람이라면 책 한 권 내는 것쯤은 일도 아닌 셈이 되어버렸다.

독자들로부터 꾸준히 사랑받는 책은 결코 한순간에 만들어지지 않는다. 아무리 많은 신간이 쏟아져 나온다고 해도 독자들에게는 여전히 읽고 싶은 책이 있게 마련이다. 그것이 무엇인지 알아내서 알찬 기획을 세운 다음, 적절한 저자를 선정하여 감동을 주기에 충분한 원고를 만들어 내고, 보기 좋게 편집하고 제작해서 세상에 내놓는 것이야말로 건전한 출판의 과정이다. 그다음에는 표준독자층과 확산독자층을 잘 겨냥하여 이를 널리 알리고, 보다 많은 독자들을 우리 책 앞으로 끌어내려는 마케팅 활동이 필요하다.

베스트셀러라고 해서 곧 좋은 책은 아니듯이, 매끄럽게 잘 다듬어진 글이라야 곧 좋은 글이라고 할 수는 없다. 비록 장인의 손에서 빚어진 고급 도자기는 못될망정 오랜 세월 우리의 부엌을 지키며 유용하게 쓰인 질그릇이나 막사발처럼 생긴 그대로의 모습으로 독자들에게 다가가는 책이 곧 좋은 책이 아닐까. 대중의 추앙을 받는 스타답게 그들의 삶이 의미 있고 교훈적이라면, 그리하여 혼자 간직하기에는 매우 아까운 내용을 담고 있다면 기왕에 일말의 거짓도 없는, 그야말로 진실에 입각하여 스스로 쓰고 다듬어 개정판을 낼 용의는 없는지 묻고 싶다.

출판 재개념화가
필요한 이유

———

출판은 전통적으로 '종이' 그리고 '인쇄기술'과 불가분의 관계를 맺으며 인류의 정신유산을 구축하고 전파하며 전승하는 데 기여해 왔다. 하지만 디지털 시대로 요약되는 오늘날 출판산업 또한 다음과 같은 이유에서 '고비용 저효율'에서 '저비용 고효율' 산업으로 이동해야 할 필요성이 적극 제기되고 있다.

① 출판시장은 1997년 4조 원대 시장에서 2008년 2조 5천억 원대 시장으로 감소함으로써 위기상황을 반증하고 있다.

② 종이책의 90% 이상이 연간 100권 내외의 판매고를 보임으로써 도서 판매 대비 과도한 제작비용, 물류비용 때문에 출판사의 수익성이 악화되고 있다.

③ 대한출판문화협회에서 펴낸 『2009 한국출판연감』에 따르면, 국내 출판사 수가 3만 개를 돌파했으나 이 중에서 책을 단 한 권이라도 낸 곳은 2,777개(8.7%)였으며, 무실적 출판사가 무려 2만 8,962개(91.3%)에 이를 정도로 편중현상이 심하다.

그 밖에 국내 도서출판에 소비되는 종이 소비량이 30년생 나무 3,500만 그루에 해당한다는 점에서 지구 온난화에 대응하는 친환경 출판환경을 구축해야 한다는 목소리도 높아지고 있다. 종이책 대신 다양한 디지털 매체를 활용하자는 주장이 힘을 얻고 있는 셈이다.

실제로 최종 매체의 형태에 따라 종이를 이용한 출판에서 제작공정을 전산화하는 것을 '종이책 전자출판', 뉴미디어 소재를 이용한 전자출판물 제작 및 출판물 생산을 '비종이책 전자출판'으로 나누어 부르기 시작한 지 오래지 않아 이제 '온라인 출판'이 떠오르고 있다. 그리고 그 중심에는 '전자출판'에 따른 결과물로서의 '전자책(e-Book)'이 자리하고 있다. 이러한 전자책 출판 부문은 개별 전자매체에 정보를 수록하는 패키지 형태와 통신을 이용한 온라인 형태로 나뉘어 진화해 왔는데, 특히 온라인 방식에 있어서 오늘날에는 모바일 등 첨단 뉴미디어와의 결합을 통해 새로운 영역을 계속해서 개척하고 있는 중이다.

이러한 출판환경의 변화에 힘입어 이른바 '전자책서비스업체'가 등장하게 되었고, 기본적인 콘텐츠 확보를 위해 전자책서비스업체와 기존 출판사 및 저자 사이에 전자책 서비스를 목적으로 하는 계약이 다양하게 체결되고 있는 것으로 보인다. 하지만 아날로그 출판환경이 급격하게 디지털화함으로써 현행 저작권법 체계 등 관련법률과 제도의 변화 또한 급격하게 진행되었다는 점에서 미처 이를 인지하지 못한 채 계약서가 만들어지고 있거나, 저작권 및 출판권을 둘러싼 법적 문제점을 해결하지 못한 채 계약이 이루어지고 있거나, 서비스업체의 일방적 요구대로 계약이 체결되는 등 새로운 갈등관계가 형성되고 있다는 점에서 근본적인 해결방안이 필요한 것으로 보인다.

그렇다면 이 같은 문제의 핵심은 어디에서 비롯된 것일까? 무엇보다도 출판은 '책(册)' 곧 '도서(圖書)'를 의미한다는 생각 때문이다. 전통적으로 출판은 줄곧 도서를 의미하는 개념으로 쓰여왔다. 그러나 엄격하게 구분한다면 출판과 도서는 분명히 다른 차원의 의미를 가진다. 출판은 하나의 과정이며 일련의 행위인 반면, 도서는 그러한 행위나 과정의 산물이다. 또, 출판이 인쇄(印刷)의 개념과 병존하면서 혼란이 가중되었다. 인쇄술은 도서의 대량생산과 자본주의 발달과 더불어 도서의 상업화에 기여한 '하나의 기술'임에

틀림없으나, 출판업 종사자나 이에 관계된 전문인들조차 출판과 인쇄는 상호 분리될 수 없는 것이라는 개념상의 등식이 뿌리 깊게 내재해 있다. 이로 말미암아 출판은 곧 인쇄물을 의미하게 되었고, 아직도 출판과 인쇄는 동류항으로 분류되고 있다. 마지막으로, 디지털 기술에 의한 새로운 출판매체가 등장함에 따라 기존의 '출판' 개념이 혼란을 부채질하고 있다. 디지털 기술은 '종이 없는' 출판을 가능하게 했으며, 기존의 출판행위 자체를 변화시키고 있다.

이제 출판은 단지 도서만을 의미하는 협소한 개념에서 전자적 정보를 서비스하는 광의의 개념으로 탈바꿈하고 있다. 정보사회 이전에는 출판이란 사상이나 감정 등을 정형화된 용기에 담아 수용자에게 전달하는 일련의 행위를 의미했으며, 이러한 행위를 둘러싼 경제적 관계를 통칭하여 '출판산업'이라고 불러왔다. 곧 도서(종이책)의 생산·유통·소비를 둘러싼 경제적 메커니즘을 가리켰지만 이 같은 아날로그 시대의 개념으로는 더 이상 디지털화된 출판물을 적절하게 설명해줄 수 없게 되었다. 이에 따라 새로운 출판산업의 개념이 필요하게 되었는데, 이에는 반드시 아날로그 형태의 출판물뿐 아니라 디지털화된 출판물이 포함되어야만 가능한 일이다.

이처럼 출판에 대한 개념의 변화는 출판산업에 대한 개념의 변화를 초래할 수밖에 없으며, 출판에 대한 근본인식을 바꾸어놓게 된다는 점에서 '출판의 재개념화'는 매우 중요한 의미를 지니고 있다. 특히 한편에서는 출판이 '올드 미디어'라는 생각으로 점철되어 있는가 하면, 또 한편에서는 이를 시대착오적인 생각으로 여기면서 출판을 가리켜 최첨단 매체인 동시에 문화산업의 대표주자로 자리매김하려는 시도가 이어지고 있다는 점에서 오늘날 출판의 위상에 대한 총제적인 점검과 더불어 개념을 재정립하는 일이야말로 시급한 과제가 아닐 수 없다.

스마트폰이 주는 교훈

아이폰, 갤럭시, 옵티머스, 시리우스, 디자이어, 넥서스원⋯⋯. 브랜드명으로만 보면 마치 자동차 시장을 연상케 하는 스마트폰 시장이 급팽창하고 있다. 실제로 국내 제품에 이어 해외 단말기 판매가 본격화되는 올해 하반기 스마트폰 판매량이 국내에서만 400만 대를 돌파할 것이라고 한다. 이는 곧 모바일 콘텐츠 및 애플리케이션 서비스의 개발이 본격적으로 이루어지기 시작했음을 뜻하는 동시에 스마트폰 대중화 시대의 개막이 머지않았음을 뜻하는 증거가 아닐 수 없다.

스마트폰(smartphone)이란 휴대폰과 개인휴대단말기(PDA)의 장점을 결합한 것으로, 휴대폰 기능에 일정관리, 팩스 송 · 수신 및 인터넷 접속 등의 데이터 통신기능을 통합시킨 최첨단 뉴미디어다. 가장 큰 특징은 완제품으로 출시되어 주어진 기능만 사용하던 기존의 휴대폰과는 달리 수백여 종의 다양한 애플리케이션(응용프로그램)을 사용자가 원하는 대로 설치하고 추가 또는 삭제할 수 있다는 점이다.

얼마나 더 발전할지는 알 수 없지만 현재 팔리고 있는 스마트폰의 기능만 보아도 그 활용영역은 놀라울 따름이다. 한마디로 기존의 컴퓨터 세상이 손바닥 안으로 들어온 셈이다. 여기다 트위터(twitter) 기능까지 가세함으로써 이제 스마트폰은 그 쓰임새가 날로 커지고 있다. 인터넷 블로그의 인터페이스와 미니홈페이지의 '친구맺기' 기능, 메신저 기능을 한데 모아놓은 소셜

네트워크 서비스(SNS)로 2006년 3월 개설된 이래 전 세계 이용자들의 일상 생활을 지배해 나가고 있는 것이 '트위터'가 아니던가.

그럼에도 필자 같은 아날로그형 인간이라면 마냥 즐겁게 뉴미디어를 반길 수는 없는 모양이다. 복잡한 기능을 익히는 것도 그렇지만, 이러한 최첨단 정보고속도로를 질주하는 정보들의 '저열함' 때문이랄까. 오랜 세월 심사숙고하는 자세를 가르쳐 온 '책'의 빈자리를 스마트폰이 차지하게 된다면 인간들은 바야흐로 '즉흥성'에 휘말리고 말 것이라는 우려도 겹친다. 이미 휴대폰 문자 메시지 기능의 활용에서 검증된 것처럼 우리 청소년들은 사색(思索)보다는 기분 내키는 대로 그들의 욕망을 배설하는 창구로 휴대폰을 이용하고 있기 때문이다. 어쩌면 스마트폰의 열기 속에 우리 부모 세대의 낯빛이 사색(死色)으로 변할 일만 남았는지도 모르겠다.

트위터도 우려스럽기는 마찬가지다. "지저귀다"라는 뜻 그대로 트위터는 재잘거리듯이 하고 싶은 말을 그때그때 짧게 올릴 수 있는 공간이다. 한 번에 쓸 수 있는 글자 수도 최대 140자로 제한되어 있다. 관심 있는 상대방을 뒤따르는 '팔로우(follow)'라는 독특한 기능을 중심으로 소통하는데, 상대방이 허락하지 않아도 일방적으로 '뒤따르는 사람' 곧 '팔로어(follower)'로 등록할 수 있다는 점이 가장 큰 특징이다. 웹에 직접 접속하지 않더라도 휴대전화의 문자메시지(SMS)나 스마트폰 같은 휴대기기 등 다양한 방법을 통하여 글을 올리거나 받아볼 수 있으며, 댓글을 달거나 특정 글을 다른 사용자들에게 퍼트릴 수도 있다. 언제 어디서나 정보를 실시간으로 교류하는 '빠른 소통'이 가능하다는 점에서 속보를 주 무기로 내세우는 세계적 뉴스채널 CNN을 앞지를 정도로 신속한 '정보 유통망'이다. 미국의 첫 흑인 대통령이 된 버락 오바마가 선거전에서 트위터의 효과를 제대로 봤으며, 우리나라에서도 최근 지방선거에서 트위터를 통한 젊은 유권자들의 투표 참여 캠페인이 큰 효과를 본 것으로 알려져 있다. 정치인뿐만 아니라 기업들도 자사 및 제품의 홍보나 고객 피드백 접수 등 다양한 방법으로 활용하고 있다. 국내에서도 사용자가 급속히 확산되면서 한국어 홈페이지(http://twtkr.com)도 개설된 바 있다.

하지만 트위터 이용자들이 '지저귀는' 혹은 '재잘거리는' 내용이란 게 일본의 '하이쿠'처럼 촌철살인의 경지를 보여준다거나 오랜 생각의 결과를 조심스레 털어놓는 수준이 아니라 순간적인 '즉흥'을 퍼뜨리는, 그리하여 감정의 과잉을 부추기거나 상념의 찌꺼기를 거르지 않은 채 흘려보내는 하수구에 불과하다면 이로 인한 선의의 피해자들이 생겨날 수밖에 없다. 한 번 퍼져 나간 메시지를 주워담을 만한 장치가 없다는 점에서, 경쟁적으로 글을 올리는 잘못된 습성이 고착화함으로써 하지 말아야 할, 하지 않아도 될 말들이 난무하는 트위터의 세계는 또 다른 공해(公害)가 될지도 모른다. 그렇지 않아도 신중하기보다는 자유분방하기만 한 신세대들에게 스마트폰은 끝없는 방종의 터널을 제공해주지는 않을까 염려스럽다.

'스마트폰'에 익숙해지기에 앞서 '스마트한 사람'이 되어야 한다는 점을 가르치는 일이 중요하지 않을까. 그럼에도 아직 스마트폰이 없어 망설이다 어떤 모델이 좋을까 고민해야 하는 내 처지가 민망한 요즈음이다.

책상은 책상이듯이
저작권은 저작권이다

———

"소득이 있는 곳에 세금이 있다"고 했던가. 이 말은 봉급날마다 꼬박꼬박 빠져나가는 엄청난(?) 세금을 물끄러미 바라만 볼 뿐 어찌해볼 도리가 없는 우리 소시민들을 세뇌시킨 경구(警句)이기도 했다. 그런데 이제는 "저작물이 있는 곳에 저작권이 있다"는 말이 더 회자(回刺)되는 모양이다. 심지어 대학에서 수업목적으로 사용하는 저작물에까지 저작권 사용료를 내라고 하니 말이다.

거듭 살피거니와, 저작권을 부여하는 목적은 "문화 및 관련산업의 향상 발전을 도모함"과 더불어 "창작의 활성화를 촉진하기 위함"에 있다. 그렇다면 올바르게 잘 가르치는 일이야말로 가장 확실한 저작자(著作者) 양성 방법일 터이다. 그런 까닭에 일찍이 공정이용으로서의 저작재산권 제한 규정을 마련하여 '학교 교육 목적 등에의 이용'에 대해서는 저작재산권이 미치지 않는다고 선언한 바 있다. 그런데 언제부턴가 슬그머니 고등학교 이하의 교과용 도서에 게재되는 저작물에 대해 보상청구권을 인정하더니, 이제는 대학에서의 수업목적 저작물 이용에까지 보상금을 물리겠다고 하니 사권(私權)으로서의 저작권이 점차 오용(誤用) 내지 남용(濫用)으로 치닫고 있는 것은 아닌지 염려스럽다.

더욱이 이 같은 조치가 최종적으로 저작권자의 이익을 위해 불가피하다는 주장에도 불구하고 필자 역시 대학에서 이용하는 저작물의 저작권자라는 입장에서 판단하건대, 어떤 방식으로 나에게 해당 보상금이 돌아오는지 이해할 길이 없다는 점에서 의구심이 앞선다. 즉, 학생 1인당 얼마 하는 식의 보상금 정액제가 과연 정당한 산출 근거에 의한 것인지는 차치하더라도 그렇게 징수한 보상금을 어떤 방식으로 저작권자 및 그 밖의 권리자들에게 나누어 주겠다는 것인지 도무지 알 수가 없다는 말이다.

사실 고등학교 이하의 교과용 도서에 게재된 저작물에 대해 사후 보상하는 것은 고정된 저작물을 바탕으로 계산하고 분배하는 것이기 때문에 큰 문제가 없다. 그러나 대학에서 수업시간에 활용하는 갖가지 저작물의 사용 횟수 및 분량 등을 파악한다는 것은 거의 불가능한 일이다. 그렇다면 어떻게 저작권 사용료를 분배하겠다는 말인가?

고등학교 이하의 교과용 도서처럼 대학에서 주로 사용하는 교재들은 이미 저작권자와 출판권자 사이에 정당한 계약절차를 거쳐 발행된 것들이므로 이를 사용하는 학생 수가 많을수록 저작권 사용료 또한 늘어나게 되어 있고, 출판사를 통해 대부분 투명하게 저작재산권자에게 지급된다. 따라서 문제가 되는 것은 무단복제물 사용 여부이며, 이는 정상적인 법 적용을 통해 얼마든지 단속하고 손해의 배상을 요구할 수 있는 길이 활짝 열려 있다. 그럼에도 무조건 대학생 한 사람당 얼마씩 반강제로 보상금을 내라고 하는 것은 민법상 손해배상 청구소송의 경우 피해 당사자가 그 손해액을 입증해야 한다는 상식에서도 어긋난다.

우리 사회에는 아직도 공정이용으로서의 '인용(引用)'을 위한 '정당한 범위에서의 사용' 내지 '출처의 올바른 표시'에 대한 인식조차 제대로 뿌리내리지 못하고 있다. 곧 무엇이 공표된 저작물에 대한 공정한 인용인지, 저작물의 정당한 이용방법은 무엇인지에 대한 공감대 형성이 시급하다는 뜻이다. 이처럼 공정이용 및 정당한 이용을 위한 합리적인 방법이 우리 사회에 제대로 인식된다면 보상금을 물리는 것보다 훨씬 큰 효과를 기대할 수 있다.

우선 수업목적뿐만 아니라 다양한 방식으로 이용되는 수많은 저작물에 대한 경외심이 싹틀 것이며, 출처의 표시를 통해 해당 저작자의 명예와 저작물의 가치가 충분히 드러날 것이기 때문이다. 그리하여 금전으로는 환산

할 수 없는 무형의 정신적 자산이 우리 문화를 풍성하게 하는 밑거름으로 두텁게 쌓일 것이다. 나아가 상습적으로 영리목적의 무단복제를 일삼는 저작권 침해사범에 대해서는 일벌백계로 다스려야 한다는 사회적 공감대가 형성될 것이다. 공정이용의 범위를 벗어난 저작물 이용에 대해서는 반드시 그에 따르는 대가를 권리자에게 지불해야 한다는 당위성도 드넓게 자리 잡을 수 있을 것이다.

그 이유야 어떻든 '눈먼 돈'이 한곳으로 몰리게 되면 반드시 부패하게 되어 있다는 점에서 보상금을 징수하기에 앞서 그것을 어떻게 저작권자에게 투명하고 공정하게 분배될 것인지 연구하는 일이야말로 주무부서의 가장 중요한 책무가 아닐까. 국가 예산의 절대적인 재원이 되는 세금조차도 경우에 따라서는 감면해주고 있는 판국에 어떻게 쓰일지조차 불분명한 '수업목적 저작물 이용 보상금'의 징수를 밀어붙이는 것은 옳지 않다. 지금 우리가 해야 할 것은 공표된 저작물의 공정이용 범위를 보다 넓히는 한편, 그 밖의 무단이용에 대해서는 엄중한 책임 추궁이 뒤따른다는 사실을 전 사회적 공감대로 확산시키는 일이다.

도서정가제,
어떻게 할 것인가?

필자가 운영위원으로 활동하고 있는 기구 중에 '출판물불법유통신고센터'라는 게 있다. 말뜻 그대로 불법적으로 유통되는 출판물을 찾아내어 법적 조치를 취하는 것이 주요기능인 기구이다. 곧 이른바 '사재기'를 통한 베스트셀러 만들기, 과도한 할인을 통한 유통질서 파괴 등이 단속 대상이라고 할 수 있다. 그리고 그 배경에는 출판문화산업진흥법에서 규정하고 있는 '도서정가제'가 자리 잡고 있다. 서점에서 표시된 가격대로 책을 구입하는 것이 당연하다고 여기는 독자들에게는 의아한 대목이겠지만, 이미 중대형 오프라인 서점과 더불어 동네 서점이 대부분 사라지고 인터넷 서점이 성업 중인 것을 감안한다면 '책값 할인'이라는 현상은 새삼스러운 일이 아니다. 문제는 그것의 할인 경쟁이 결국 '좋은 책 만들기'가 아닌 오직 '팔리는 책 만들기'로 이어지면서 그 피해가 고스란히 독자들에게 돌아간다는 점이다.

사실 우리 국민들에게 책은 신성한 존재로서 오랜 세월 동안 그 가치를 인정받아 왔다. 그렇기에 서점에서 책값을 가지고 흥정을 벌이는 일이란 상상하기 힘든 일이었다. 출판사에서 정한 가격 그대로, 책 뒤표지에 적혀 있는 가격 그대로 사는 것이 당연하다고 여겨왔으며, 이러한 정가를 토대로 출판사에서는 각 서점과 위탁판매협약을 맺고, 그에 따르는 마진율을 결정해 온 것이 정착된 관행이었기 때문이다. 이처럼 책은 정가에 입각해서 소매 서점과 독자들 사이에 매매가 이루어져 왔으며, 이를 가리켜 일반적으로

'우리나라에서는 도서정가제가 정착되었다'고 말했던 것이다.

그런데 요사이 그러한 풍조가 완전히 변하고 말았다. 대형 할인매장을 중심으로 책값이 서서히 파괴되기 시작하는가 싶더니, 인터넷 서점에서는 '정가 할인'과 '마일리지 제공'을 공공연히 내세우며 독자들을 현혹하고 있다. 급기야 일각에서는 이참에 아예 도서정가제를 폐지하고 자율경쟁체제로 가야 한다고 목소리를 드높이기에 이르렀다. 모든 소비제품에서 할인 혹은 가격파괴가 만연해 있는 우리 풍토 속에서 유독 책만큼은 값을 깎을 수 없는 품목으로 인식되어 온 것이 그동안의 사정이고 보면 책값이 제대로 지켜지지 않는 방향으로의 변화가 불러온 파장은 상당한 파괴력을 지니고 있는 것이 틀림없다. 특히 출판업계로서는 매우 곤혹스러운 입장에 처할 수밖에 없게 된 셈이다.

원래 도서정가제는 '재판매가격유지제도'라는 이름으로 불려야 마땅하다. 도서의 유통질서 확립을 위해 1977년 12월 1일부터 전국적으로 실시된 도서의 정가판매는 서점업계의 자율적인 결의로 실시되기 시작했으나, 1980년 12월 31일 '독점규제및공정거래에관한법률'이 제정되면서 동 법률 제20조 제2항에서 대통령령이 정하는 저작물은 재판매가격 유지행위를 할 수 있도록 예외규정을 둠으로써 도서의 정가판매가 법률적으로 보장받게 되었던 것이다. 즉, 생산자→도매업자→소매업자→소비자 등 판매단계별로 생산자가 정한 가격대로 거래(재판매)하여 최종 소비자에게 판매한다는 의미인 '재판매가격유지' 행위는 우리나라의 경우 도서를 중심으로 이루어지고 있어 흔히 '도서정가제'라 부르고 있다.

이렇듯 다른 상품에는 일체 부여하지 않는 공정거래법상의 출판물에 대한 예외적 재판매가격유지행위의 제도적 인정은, 국가·민족의 정신문화적 총화인 출판물이 사유재(私有財)이기에 앞서 공공재(公共財)이며, 시장에서의 가격경쟁 부재로 인한 폐해나 역기능보다는 국민의 교육·교양 및 문화복지 증진에 기여하는 문화적 순기능이 훨씬 크다는 것을 법적으로 승인한 것으로 풀이할 수 있다. 이처럼 20년 이상 뿌리내려 온 도서정가제가 20세기 말부터 불어닥친 가격파괴 바람 및 디지털화 양상에 휩쓸려 존폐의 기로에

처하게 된 것은 시장경제원리의 추세에 비추어 보면 사실상 예견된 수순일 수도 있다.

이런 와중에 최근 출판 관련 단체들이 특정 인터넷 서점의 도서정가 할인율을 문제 삼아 소송을 제기함으로써 '도서정가제 논란'을 다시 촉발시켰다. 구체적으로 해당 단체들이 문제 삼고 있는 것은 "인터넷 서점들이 신간 도서에 경품 및 추가할인(전사쿠폰, 선착순 경품, 제휴할인 등)을 한다는 것"으로 요약된다. 인터넷 쇼핑몰을 중심으로 과열되고 있는 제품정가 파괴 및 과도한 할인 경쟁이 급기야 도서시장의 판도까지 바꿔놓고 있는 것이다.

결국 무조건 완전 도서정가제로 가야 한다고 목소리를 높이기에는 어색한 시절이 시작됐는지도 모르겠다. 하지만 만일 하루아침에 도서정가제가 무너진다면 이미 그 흔적마저 지워지고 있는 소규모 서점들은 어떻게 될까? 실질적인 도서유통의 거점으로 기능해 온 동네 서점들이 경쟁력을 잃고 문을 닫을 수밖에 없다면, 그리하여 인터넷 서점이나 대형서점에서만 책을 구입해야 한다면 과연 더 많은 책이 팔리고 더 좋은 책이 선보이게 될까? 도서정가제를 둘러싼 의견들이 내포하고 있는 장단점에 대해 세밀한 분석과 접근이 필요한 이유는 그것이 바로 '책'의 본질과 생명력을 다루는 문제이기 때문이다.[1]

---

1 출판문화산업진흥법 일부개정법률안(도서정가제 수정안 포함)이 2014년 4월 29일 국회 본회의를 통과하고, 같은 해 11월 11일 국무회의에서 도서정가제 시행안이 통과되었다. 개정된 도서정가제에 따르면, 모든 도서는 종류에 관계없이 정가의 10%까지만 할인이 가능하며, 추가 혜택의 5%까지 최대 15%의 할인이 가능하다. 2014년 11월 21일부터 전면 시행되었다.

전자책의 가능성과 미래

———

필자는 작년 《한국출판학연구》에 발표한 논문에서 그동안 우리 출판 및 책과 독서에 대한 인식이 대부분 과거형에 머물러 있었음을 지적하면서, '출판'이 급변하는 디지털 환경에 적응하려면 새로운 패러다임을 구축하고 그 의미도 재개념화함으로써 새로운 모습으로 거듭나야 하는 절박한 시점에 와 있음을 주장한 바 있다. 이러한 노력이 제대로 뿌리를 내리고 출판문화의 질적 성장으로 이어지기 위해서는 무엇보다도 출판진흥을 위한 법적·제도적 장치 보완이 이루어져야 하며, 이를 위해 현행 출판문화산업진흥법을 개정하여 출판진흥전담기구 설립은 물론 각종 정책 입안과정에서 '출판'의 범주를 정함에 있어서도 종이책과 비종이책을 가리지 말아야 한다고 부연했다.

실제로 '책'이란 그동안 "국내외에서 출판되어 공중의 이용에 제공되는 최소한 49쪽(표지 제외) 이상의 인쇄된 비정기간행물"이라고 이해되어 왔으며, 이러한 책은 또한 내용이나 주제, 판매 시장과 배포 방법, 판형 및 제본 형태 등에 따라 그 종류를 나누기도 했다. 또, "책 또는 글을 읽는 행위"로서의 '독서'는 독자가 어떤 책과 작품을 선택하는 과정, 책을 읽어가는 해석·해독의 과정, 책을 읽은 뒤 책 읽기의 영향에 의해 자신의 삶을 재구조화하는 과정을 거치는 것으로 이해되었다.

하지만 이제 그 의미는 디지털 기술의 보편화에 따라 상당 부분 달라지고 있으며, 따라서 재개념화가 필요하게 되었다. 먼저 '책'의 개념부터 다시 정립해보면, 우선 책은 특정 다수 혹은 불특정 다수인 공중을 대상으로 공표된 것으로서 독자로서의 공중이 구매 혹은 대여의 방식으로 이용할 수 있어야 한다. 이때 그 이용 형식은 반드시 '읽기'로만 한정되지 않으며, '보기'와 '듣기' 등을 이용하거나 '쓰기'를 동시에 공감각적으로 활용하는 것까지 포함하는 개념으로 해석해야 한다. 아울러 책은 인간의 사상이나 감정이 표현된 저작물을 담아야 하는 동시에 인쇄된 것뿐만 아니라 필사(筆寫)한 것을 포함하여 기존의 종이책과 디지털화한 것으로서의 전자책 및 오디오북을 망라하며, 향후 국립중앙도서관 문헌번호센터를 통해 국제표준도서번호(ISBN)를 부여할 수 있는 것들을 특정하는 개념이 되어야 한다. 그 밖에 전자책이나 오디오북을 구현하는 단말기 혹은 컴퓨터 화면 그 자체는 책이 아니며, 그러한 단말기 혹은 컴퓨터 화면에 구현된 내용물을 가리켜 '책'이라고 할 수 있다.

또 '독서'는 "특정 다수 혹은 불특정 다수의 공중을 대상으로 공표된 것으로서 인간의 사상이나 감정이 표현된 저작물을 그 내용으로 하는 매체를 읽거나 보거나 듣거나 혹은 동시에 읽기·보기·듣기를 진행하는 행위"로 재개념화할 수 있다. '출판' 또한 "인간의 사상이나 감정을 표현한 저작물을 창의적인 편집활동을 통하여 인쇄술 또는 기계적·화학적·전자적 방법을 사용하여 책의 형태로 다수 복제하거나 각종 전자기기에 탑재하여 독자에게 분배함으로써 공익의 목적을 달성하거나 이윤을 추구하기도 하는 문화적·사회적 활동"이라고 새롭게 정의할 수 있겠다.

결국 앞으로 모든 출판 관련 용어들은 '전자책'을 염두에 둔 개념으로 정리될 수밖에 없으며, 출판환경은 이미 전자책 중심으로 변하고 있는 중이다. 하지만 그 미래가 장밋빛으로만 빛나는 건 아닐 성싶다. 필자는 누누이 '종이책'을 읽지 않는 사람은 '전자책'도 읽지 않는다고 강조해 왔거니와, 얼마 전 일본에서 출간되자마자 국내에도 번역 출판된 『전자책의 충격』의 저자 '사사키 도시나오'는 전자책이 종이책을 대체 또는 보완할 사회 인프라로 정착하는 데 필요한 생태계 조건을 다음과 같이 제시하고 있다.

① 전자책을 읽기에 적합한 디바이스(device; 器機)의 보급
② 책을 사서 읽기 위한 최적의 플랫폼(platform) 출현
③ 유명작가와 무명작가의 차이, 곧 지명도 때문에 책에 대한 접근성이 달라지는 일이 없도록 접근의 평준화, 다시 말해 책이 플랫(flat)하게 될 것
④ 전자책과 독자의 멋진 만남의 기회를 제공하는 새로운 매칭 모델(matching model)이 구축될 것

이 같은 조건이 갖추어지고 나면 우리 앞에 새로운 책의 생태계가 모습을 드러낼 것이라고 예견하고 있다. 하지만 필자가 판단하기에 이미 이러한 조건은 상당 부분 숙성되었으며, 오히려 출판업자와 정책 당국자들이 기존의 관행에 얽매여 있는 바람에 새로운 변화의 기미를 눈치채지 못하고 있을 뿐이라고 생각한다. 그렇다고 출판의 본질이 변하는 것은 결코 아니다. 곧 "활자 인쇄건, 전자책이건, 혹은 파피루스건, 양피지건, 석판이건, 그 안에 있는 콘텐츠의 내용은 지금도 옛날에도, 그리고 미래에도 변하지 않을 것이다. 단지 콘텐츠를 담고 있는 그릇이 크게 변하는 것뿐이다."라는 견해에 전적으로 찬성한다. 장밋빛 미래를 위해서라도 이제 '전자책'이란 그릇에 무엇을 담을 것인지, 그리고 어떻게 그것을 제대로 읽게 할 것인지 고민하는 시간이 필요하다.

연구 윤리를 생각하며

윤리란 "문화를 지배하는 규범으로서의 전통 또는 규율로서의 지침"을 뜻하며, 법률이나 관습과는 달리 개인 스스로가 자율적으로 결정하는 사회적 행동규범 또는 규율을 가리킨다. 따라서 인간의 마음가짐, 행위에 대한 규범적인 기준과 관계가 깊은 까닭에 선과 악, 양심, 의무, 정의 등의 개념을 중요하게 여긴다. 오래전 플라톤이 내세운 지혜, 용기, 절제, 공정 등의 덕목은 곧 윤리문제와 직결되는 것이며, 특히 학문연구에 종사하는 사람들이 반드시 유념해야 할 요소가 아닐 수 없다. 고도의 지식을 통해 나타나는 지혜, 불의를 뿌리칠 수 있는 용감성으로서의 용기, 현실에 알맞은 합리적 조정능력으로서의 절제, 그리고 정확성과 형평성을 뜻하는 공정이야말로 연구자가 지녀야 할 가치이기 때문이다. 이처럼 윤리를 "인간이라면 당연히 지켜야 할 도리"라고 풀이한다면 학자 혹은 연구자로서의 윤리 또한 당연히 존재한다. 그럼에도 버젓이 표절을 통해 학위를 받고 교수가 되는 사회라면 그 사회는 공정과 신뢰가 무너진 파렴치한 조직으로 전락하는 것이다.

문화선진국의 경우 학생의 표절은 심각한 반칙행위로 간주되어 고등학교라면 해당 과제의 0점 처리, 대학교라면 해당 과목 이수실패라는 처벌을 받을 수 있다. 상습적이거나 정도가 심각한 경우에는 정학이나 퇴학 조치를 당할 수도 있다. 특히 선진국에서는 표절이 발각되면 이미 수여한 학위나 상이라도 취소하는 것이 당연한 조치로 인식된다. 학생이 아닌 교수나 연구원의 표절은 신뢰도나 성실성의 손상은 물론이고 정직(停職) 또는 파면 사유가 될 수 있다.

"거인의 어깨 위 난쟁이는 거인보다 멀리 볼 수 있다"는 말이 있다. 이는 창작을 위해서는 다른 사람이 만들어 놓은 저작물을 모방하거나 인용할 수밖에 없음을 강조한 말이다. 다만 난쟁이가 거인의 어깨 위에 올라서는 특권을 누리기 위해서는 거인으로부터 허락을 받아야 하거나 거인에게 그에 따르는 대가를 지불해야 한다. 그럼에도 거인과 난쟁이로 비유되는 저작자들이 혼재하는 우리 학계와 예술계에서 표절 시비가 끊이지 않는 이유는 무엇인가?

모든 학계를 통틀어 통용되는 주지의 사실 중 하나가 바로 "객관적인 학문적 결과란 없다"는 것이다. 이 말은 그만큼 인문 · 사회과학뿐만 아니라 자연과학 분야의 연구자들에게도 주관의 개입이 불가피하다는 뜻이다. 이런 학계의 현실에 대해 '지식의 불확실성'을 주장하는 이매뉴얼 월러스틴(Immanuel Maurice Wallerstein) 같은 학자는 "어떤 새로운 과학적 주장이 유효하거나 심지어 타당한지 우리는 어떻게 아는가? 지식의 복잡한 전문화가 끝없이 심화되는 현실에서, 각각의 특정한 과학적 진술에 대해 극소수를 제외한 거의 모든 사람들은 제출된 증거의 질이나 자료 분석에 적용된 이론적 논거의 엄밀성을 개인적으로 합당하게 판단할 수 있는 능력이 없다."고 주장한다. 그러면서 "그것이 사리에 맞는다고 생각하는 근거는 무엇이겠는가? 우리는 저명한 권위에 의해 축적된 증거들을 기준으로 삼는 경향이 있다."고 말한다. 하물며 내용으로서의 질적 수준을 고려하지 않은 채 형식에만 얽매이거나, 그러한 형식마저도 제대로 갖추지 못한 채 횡설수설하는 글쓰기의 결과로 탄생한 연구성과라면 그것을 어떻게 인정할 수 있을까? 연구논문에서 정확한 글쓰기와 더불어 인용자료의 정확한 출처 명시가 필요한 이유를 바로 여기에서 찾을 수 있다.

총선 혹은 고위층 물갈이 인사가 단행될 때마다 후보자의 연구성과에 대한 시비 중 으뜸이 '표절'이라는 사실, 곧 도덕적으로나 윤리적으로 비난받아 마땅한 연구행태가 우리 학계에 고스란하다는 현실이 안타깝다. 이제부터라도 우리 교육현장에서는 올바른 인용의 조건과 방식에 대한 자세한 규정을 만들고 표절 예방교육을 강화해 나가야 한다. 특히 초·중·고교생의 교육을 담당할 인재를 양성하는 사범대와 교육대에 저작권 관련 과목을 적극 설강해야 한다. 대학에서는 모든 전공에 걸쳐 교양필수 과목 또는 전공 필수 과목으로 가칭 '표절과 저작권'을 이수하도록 함으로써 보다 철저한 교육이 이루어져야 한다. 그리하여 우리 자녀들이 건강한 문화인, 당당한 지식인으로 성장할 수 있는 토대를 만들어 주어야 할 것이다.

독서의 해에 기대한다

지난 3월 9일 문화역서울284(구 서울역사)에서 '2012 독서의 해 선포식'이 열렸을 때가 떠오른다. 내게 그 장면은 마치 기시감인 듯 20년 세월을 거슬러 올라가 1993년 '책의 해 선포식'과 고스란히 겹치고 있었다. 아니나 다를까, 4개월이 지난 지금 '독서의 해'를 돌이켜보건대 고갱이는 고사하고 쭉정이마저도 어디로 갔는지 보이지 않는 게 '책의 해'와 별반 다르지 않다. 애초에 '독서의 해' 운운하는 것 자체가 어불성설이었는지도 모른다. 선포식 당시 관계자들은 "2012 독서의 해 행사가 일회성으로 끝나지 않고 지속적이고 체계적으로 추진될 수 있도록 중앙부처, 지자체, 도서관, 독서단체 등과 협력할 계획"이라며 "지역과 계층, 장애와 관계없이 국민 모두가 언제 어디서나 손쉽게 독서할 수 있는 환경을 조성하고 균등한 독서기회를 제공하기 위해 꾸준히 노력해 나갈 계획"이라고 했다. 맞는 말이다. 하지만 그런 노력이 어찌 '해'를 정해 놓고 계획할 일이란 말인가.

독서는 적어도 세 단계 과정을 포함한다. 첫째는 독자가 어떤 책과 작품을 선택하는 과정, 두 번째는 책을 읽어가는 해석·해독의 과정, 세 번째는 책을 읽은 뒤 책 읽기의 영향에 의해 자신의 삶을 재구조화하는 과정이다. 아울러 지금까지 책이 중요한 매체라는 사실, 책 없이는 인간다운 인간으로 성장할 수 없다는 사실에 대해 의문을 제기한 사람은 없었다. 그럼에도 독서가 일상화되지 못하고 있는 게 현실이다. 이른바 디지털 혁명에 의한 정보화 사회로 불리는 21세기에 들어와서도 세계 유수의 국가들이 정책 차원에서 독서운동을 장려하고 있다는 점에서 이 같은 위기의식은 세계 공통임을 알 수 있다.

그런 의미에서 최근 우리 사회 전반에 걸쳐 다양하게 전개되고 있는 독서운동은 일단 환영할 만한 일이다. 정보사회의 경쟁력을 갖추는 가장 큰 기반은 바로 전통적인 독서력에 있다는 자각이 지식인 계층으로부터 싹트고 있다는 점에서 반길 만하다. 보다 빠르게 정보사회에 대한 적응력을 길러 내는 것이야말로 지식기반사회의 최우선 과제라고 역설해 온 기술중심적 사고가 결국 문화의 불균형을 초래하고 있다는 반성도 일각에서 제기되고 있다. 이른바 문·사·철이 죽어간 그 자리에 독서라는 새싹이 자라나고 있는 건 아닐까 싶다. 문화기술로서의 독서는 정보사회에서도 정치·경제·문화적 생활에 폭넓게 참여하기 위한 전제조건이며, 특히 습관적 독서는 능동적 정보추구, 정보수용, 정보인식 그리고 창의적 정보의 활용을 위해 반드시 필요한 조건이 아닐 수 없다. 요컨대, "지식격차는 뉴미디어 자체의 이용 능력 차이보다 근원적인 독서능력의 차이에서 비롯되었다"는 주장과 함께 "독서력이 정보사회의 필수조건으로 등장하였다"는 주장 역시 간과해서는 안 되는 시점을 맞이한 것이다.

특히 유아기로부터 청소년기로 이행하는 시기의 독서는 시급하게 개선되어야 할 국가적 문제가 아닐 수 없다. 독서는 그 행위로써 인간에게 미치는 영향이 지대하기 때문에 가능한 한 일찍부터 습관화될수록 좋은 일이다. 독서는 곧 인생의 씨를 뿌리는 것과 같고, 일생을 두고 수확할 수 있는 과실과 같은 일이기 때문이다. 작은 충격에도 상처받기 쉽고 종이에 물이 스며들듯이 새로운 것을 마음껏 흡수할 수 있는 넓은 마음을 가진 때일수록, 즉 섬세하고 부드러운 마음 상태에 놓여 있는 어린이일수록 좋은 책을 읽으면 그만큼 크게 감동받고 그 감동을 살려 자기 인생의 바른 방향을 잡으려고 노력하기 때문이다. 그런 점에서 어린이도서관을 중심으로 번져가는 '북스타트 운동'이야말로 적극 장려되어야 할 일이 아닐 수 없다.

그럼에도 하필이면 정권 말기에, 총선과 대선이 겹치는 분주한 시기에 '독서의 해'를 슬그머니 끼워 넣은 저의가 무엇인지 궁금하다. 4대강이 우리 핏줄이라면 책은 우리 두뇌일진대, 어찌 그리 무심한지 답답하다. 이참에 수상한 '독서의 해'라는 허상을 거둬내고 언제 어디서나 독서를 즐길 수 있는 '유비쿼터스 라이브러리' 정책을 입안해 주기 바란다. 책이 아니어도 살아가는 데 아무런 문제가 없는 세상으로 변해가는 세태가 두려운 요즈음이다.

읽으면 행복합니다

　서점에서 책을 어루만지는 사람들의 표정은 한결같이 맑고 선량해 보인다. 스치기만 해도 그들에게서는 진지한 삶의 향기가 물씬 풍길 듯하고, 절대로 대충대충 살아갈 것 같지 않은 신뢰감도 묻어난다. 그래서일까. 책들이 빼곡한 서가 아래 옹기종기 모여 앉아 책을 읽고 있는 아이들을 보면 왠지 용돈이라도 쥐여주고 싶은 마음이 불쑥 생기곤 한다. 바로 저 아이들이 자라서 이 나라를 이끌 때쯤이면 요즘 같은 혼탁함은 말끔히 개일 것이라는 기대감 때문일 게다.

　오래전부터 우리 사회 구석구석에서는 독서운동이 자주 있었고 지금도 진행되고 있다. 반드시 필요한 운동이기에 기꺼이 박수를 보내면서도 안타까운 생각이 드는 건 왜일까. 사람들은 분명히 "결국 세계는 한 권의 아름다운 책에 이르기 위해 만들어졌다"(말라르메)거나 "책에는 모든 과거의 영혼이 가로누워 있다"(칼라일), "나의 가장 큰 즐거움은 책 읽기였다"(윈스턴 처칠), "오늘의 나를 있게 한 것은 우리 마을 도서관이었다"(빌 게이츠)는 말들이 결코 공허한 메아리가 아님을 공감한다. 하지만 대개는 과거완료형이다. 위인들도 현실에서 목표한 바를 이루기 전에는 결코 책을 읽는 일에 앞장서지 못했을 게다. 이처럼 CEO들은 책 읽기를 강조하지만 샐러리맨들에게는 책을 붙들고 있을 여유가 거의 없는 모순의 악순환을 어떻게 이해해야 할까.

　책이 중요한 매체라는 사실, 책 없이는 인간다운 인간으로 성장할 수 없다는 진리를 모르는 사람은 없음에도 책은 여전히 외면당하고 있는 현실이 곧 문제다. 나아가 출판계와 독서운동을 하는 사람들이 안고 있는 딜레마이기도 하다. 독서는 일상적인 습관이 되어야 함에도 불구하고 이력서의 취미란에 버젓이 '독서'라고 쓰는 것이 전혀 어색하지 않은 풍토에서는 자발적인 독서를 기대하기란 어려운 일이다. 21세기를 가리켜 문화의 시대라고 한다. 문화를 한마디로 정의하기는 쉽지 않지만, "책이 중심에 서는 시대"라고 한다면 어떨까. 물론 여기서 책이란 오늘날의 종이책만을 뜻하는 것은 아니다. 오랜 세월 책이 품었던 수많은 지식과 정보, 그리고 예술적 성과가 담겨 있는 매체라면 그것의 형식에 관계없이 모두 책이라고 할 수 있기 때문이다.

이제 출판을 포함한 모든 문화시장이 거센 개방의 파고에 휩쓸리고 있다. 지구촌 시대에 사는 우리에게 문화상품의 국적은 그리 중요하지 않다. 문제는 그 속에 담긴 내용이 아닐까. 유명한 외국상표를 달고 우리 정신과 문화가 세계 구석구석으로 팔려나간다면 그것은 그리 나쁜 일이 아니다. 오히려 우리 상표임을 내세우지만 정작 그 속에 담긴 내용이 남의 것일 때 우리 문화는 점차 정체성을 잃게 될 것이기 때문이다. 책은 아주 오랜 세월 동안 우리 정신과 문화를 담아온 소중한 그릇이다. 선대의 수많은 할머니 할아버지들이 책을 통해 한 나라 구성원으로서의 소임을 배우고 실천했으며, 우리 아버지 어머니들이 그랬고 또 우리가 그렇게 하고 있다. 그럼에도 책의 존재를 잊고 사는 무리가 있다면, 그런 책의 무한가치를 등에 업고 오직 책을 팔아먹는 일에만 몰두하는 장사꾼들이 설치는 세상이라면 책은 더 이상 지고지순한 그 무엇이 아닐 게다.

요즈음 출판동네에서는 새로 출범한 한국출판문화산업진흥원 초대 원장의 낙하산식 임명을 둘러싸고 말이 많은 모양이다. 임명권자가 좋은 책을 한 권이라도 읽어본 분이었다면 그런 일은 절대 없었을 것이라는 생각이 떠나질 않는다. 이렇다 할 대안을 내놓지 못한 채 꾸짖는 목소리만 내는 출판계도 그리 당당해 보이지는 않는다. 바야흐로 가을이다. 불행한 모든 이들에게 일러주고 싶다. "읽으면 행복합니다"라고.

죽간이 곧 전자책이다

2012년 10월 20일과 21일 이틀 동안 일본 동경경제대학에서 열린 제15회 국제출판학술회의에 다녀왔다. "전환기 미디어 시대의 출판"이란 대주제 아래 세계 여러 나라에서 온 16명의 학자들이 발제하고 50여 명이 열띤 토론에 참가한 이번 회의에서 확인한 공감대는 "요즘 사람들은 도무지 책을 읽지 않는다"는 것이었다. 빌 게이츠가 했다는 "오늘의 나를 있게 한 것은 우리 마을 도서관이었다"는 말도, "결국 세계는 한 권의 아름다운 책에 이르기 위하여 만들어졌다"는 말라르메의 말도, 그리고 "독서는 완성된 사람을 만들고, 담론은 기지 있는 사람을 만들고, 작문은 정확한 사람을 만든다"고 했다는 베이컨의 말도 이젠 약발(?)이 먹히지 않는다는 하소연이 끊이지 않았다. 그렇다 보니 당연히 토론주제는 "왜 사람들은 점점 책을 멀리하는가?" 하는 것으로 좁혀졌다.

매체의 역사를 돌이켜보면 인류 최초의 복제술이라고 할 수 있는 구전 시기를 거쳐 문자가 등장함으로써 마침내 읽기를 통한 다양한 문명을 개척할 수 있었다. 점토판을 비롯한 갑골, 파피루스, 양피지, 죽간에 이르기까지 얼마나 다양한 필사 매체들이 오랜 기간 인류를 깨우치고 이끌어왔던가. 하지만 그렇게 점진적으로 발전시켜온 우리 문명이 편리성을 추구하면서 라디오와 음반 등 듣기 매체를 만들어내는가 싶더니 영화, 그리고 텔레비전 등 아예 듣고 보는 매체까지 만듦으로써 우리는 바야흐로 읽지 않아도 되는 시대를 맞이하게 되었다. 이렇게 읽지 않음으로써 우리는 더 이상 깊이 생각하지 않아도 되는 매우 편리한(?) 세상을 맞이한 것이다.

읽는 일이 어려웠던 이유는 스스로 생각하고 상상해야 하는 책이나 잡지, 신문 등 독서매체의 본질 때문이었다. 결국 오늘날에는 아날로그 시대의 정점을 구가했던 텔레비전마저 밀어내고 인터넷과 모바일 등 디지털 시대의 총아들이 등장함으로써 '읽기' 혹은 '보기'라는 형식마저도 무색해지고 말았다. 그럼에도 세상은 왜 좀 더 평화롭지 못하고 평등하지 못하며 서로 화해하지도 못하는가. 심지어 역사(fact)와 철학(truth)의 차이를 이해하지 못할 정도로 우리 청소년과 대학생들은 지적 미숙아로 자라고 있는가. 우리 어머니와 할머니들은 사돈의 팔촌에 이르기까지 그 숱한 경조사 일정을 그리도 잘 기억하셨건만 우리는 왜 휴대전화 하나 잃어버리면 스스로 암흑의 나락에 빠지고 마는가.

이 모든 것들이 물론 책을 읽지 않았기 때문에 생긴 결과라고 단정할 수는 없을지도 모른다. 하지만 옛 그리스인들이 도서관을 '영혼을 치유하는 장소'로 명명했었다는 점, 그리고 독서는 교향악의 연주와도 같이 여러 가지 지적 기능들이 한데 어울려 통합적으로 작용하는 지적 활동이라는 점에 비추어보면 그리 틀린 말도 아니다. 수많은 학자들의 연구결과가 말해주듯이 본질적으로 독서는 인간을 인간답게 만들어준다. 바람직한 정서, 즉 기쁨과 슬픔, 즐거움과 괴로움을 다른 사람들과 함께 나눌 수 있는 인간적 감수성은 물론 예술적 감각과 도덕적 심성을 길러준다. 어디 그뿐인가. 인간으로서 해야 할 일, 또는 바람직한 일이 무엇인지를 분명히 인식함과 아울러 웬만한 어려움이나 유혹에 흔들리지 않고 올바른 방향으로 행동하겠다는 의지를 길러준다.

그럼에도 사람들이 책을 멀리하는 이유는 무엇일까. 아마도 책을 읽지 않는 게 아니라 못 읽는 것일 게다. 읽고 싶은데 읽을 만한 환경이 되지 않는 것이 문제의 본질은 아닐까. 알맹이(내용)보다 껍데기(기술)에만 치중하는 정책이 문제는 아닐까. 여기저기서 책 잔치가 한창인 요즈음이다. 더 늦기 전에 우리 모두 "죽간이 곧 전자책(e-Book)이다"라는 말의 뜻을 되새겼으면 좋겠다.

책을 버리는 사람들

———

어느덧 초겨울이건만 도심 아파트 여기저기 이사 차량이 자주 눈에 띈다. 새집으로 옮기는 사람들의 넉넉함과 들뜬 기분은 아마 모든 이들의 소망이자 미덕이리라. 소유에 관한 최대의 즐거움이 의식주일진대 그중에서도 가장 값어치 있는 것은 아무래도 '주(住)'일 테니까. 그런데 이사를 오고 가는 풍경의 뒤끝에는 으레 남는 것들이 있다. 한 무더기씩 방치되곤 하는 '쓰레기'가 그것이다. 특히 아파트 단지에서 이사를 간 후 남은 쓰레기 더미를 살피다 보면 쓸 만한데도 버리고 가는 것들이 적지 않다.

그 가운데 하나가 바로 책이다. "옮기는 수고를 베풀기에는 너무나 무거운 너를 버릴 수밖에 없다"는 듯이 한 무더기씩 버려진 책들을 보고 있노라면 마치 우리 출판계의 현실을 보는 것 같아 자못 우울하다. 나온 지 얼마 안 되는 신간에서부터 지난 학기에 썼던 교과서에 이르기까지, 심지어는 몇십 권짜리 전집류에다 저자의 서명이 아직도 선명한 증정본조차 버려져 있다. 누군가 가져다가 유용하게 쓴다면 또 모를까, 그대로 둔다면 필시 폐지로 전락하고 말 책들이기에 나는 주위의 눈초리에도 아랑곳하지 않고 그런 책들을 챙기느라 부산해지곤 한다. 곁에 두고 보면 그것은 분명히 '책'이지만, 폐지로 분류되어 재생공장으로 간다면 그것은 책이 아니라 한낱 종이재료에 불과하다. 그리고 그것이 다시 더 좋은 책으로 태어나리라는 보장도 없다.

책을 버리고 떠나는 사람들의 마음은 아마 책을 살 때도 마찬가지였으리

라. 반드시 필요한 책이라고 여겨서 샀다기보다는 한순간의 호기심이나 과시욕 때문에, 아니면 남들도 다 보는 책이라기에 앞뒤 가리지 않고 샀다가는 그 효용성이 없어지고 나니 귀찮은 쓰레기로만 여겨진 것은 아닐까. 기왕 버릴 바에는 차라리 떠나기 전에 이웃에게 물려주거나 책을 필요로 하는 곳을 찾아 보내려는 생각을 해본다면 좋으련만.

사람이란 선입견의 동물이다. 직접 체험하지도 않았으면서 남의 말만 믿고, 아니면 잘못된 가르침에 의지하여 배운 그대로를 진실이라 믿는다. 이 얼마나 이율배반적인가. 책을 통해 세상의 이치를 깨닫고, 책을 통해 지금의 위치에 도달한 사람들이 순간의 안락에 빠져 책을 경시하는 세상. 그러면서 툭하면 잘못된 세상을 탓하는 것이 인지상정이다. 그 어디에도 내 잘못은 없다. 다 남들이 잘못한 것일 뿐. 그렇다 보니 내가 만들지 않은, 하기 싫은 공부를 강요했던 책에 대해 증오심만 쌓인 것일까. 사람들은 한결같이 책을 외면한다. 더 나아가 책을 버린다. 역지사지(易地思之)라는 말처럼 입장을 바꿔 생각해 보자. 내 글이 실려 있는 책을, 내가 만든 책을 누군가 내팽개치는 장면을 봤다면, 하다못해 그런 책을 누군가 깔고 앉아 있는 것을 봤다면 내 마음은 과연 어떨 것인가? 반대로 내가 만든 책을, 내가 쓴 책을 누군가 진지하게 읽고 있는 장면을 봤다면 내 마음은 또한 어떨 것인가. 편집자 시절 나는 하마터면 그 앞으로 불쑥 나서 내가 바로 그 책과 이러저러한 관계에 있는 사람이라고 소리 높여 고백하고 싶었던 적이 한두 번이 아니다. 하물며 홀대받는 순간의 기분이야 새삼 말할 필요가 없을 것이다.

책은, 그것이 어떤 책이든 그것을 만든 사람들의 정성이 배어 있는 지식과 정보의 보고(寶庫)이다. 수많은 전문가의 손길이 거친 끝에 비로소 태어나는 것이 한 권의 책이다. 내가 보고 배웠듯이 우리 자식들이, 우리 후손들이 대를 이어 옳고 그른 것을 간접 체험할 스승이 바로 책이다. 그런 책을 멸시하고 박대하는 것은 교육적으로 나쁜 것일 뿐만 아니라 우리 과거를 부정하는 정체성 상실의 표본이 아닐 수 없다. 나쁜 책이라면 애초부터 사보지 말아야 했을 것이고, 필요해서 사보았다면 그것을 길이 간직하려는 최소한의 양심을 포기해서는 안 될 것이다.

지방대학과 지역대학

———

　요즈음 어느 방송사의 유명 개그 프로그램에서 '네 가지'라는 제목의 코너가 인기를 끌고 있다. 유명하지 않은 사람, 촌스러운 사람, 키가 작은 사람, 뚱뚱한 사람 등 각각의 단점이 두드러지는 인물들이 자기 단점 때문에 생긴 에피소드를 통해 세상을 비판하는 내용이 단순히 웃음만 선사하는 것 같지 않아서일까. 사람들은 박장대소하면서도 연신 고개를 끄덕인다. 사람들은 이처럼 눈에 보이는 그 자체를 전부인 것처럼 믿는 경향이 강하다. 이렇게 누군가의 내면을 들여다보기도 전에 생긴 것만으로 지레짐작하다 보니 선입견에 사로잡혀 그 누군가를 절망에 빠뜨리기도 하는 모양이다.

　지독한 선입견으로만 따지자면 아마 '지방대학 타령'을 빼놓을 수 없을 것이다. "지방대학 재학생 작품인 줄은 정말 몰랐는데요. 어떻게 가르쳤습니까?" 언젠가 전국 규모 공모전에서 우리 학과 재학생 팀이 대학부문 최우수상을 차지하자 시상식장에서 맨 먼저 나온 말이 지방대학 타령이었다. 또 1년에 한 번씩 재학생들이 정규 수업시간뿐만 아니라 방학까지 반납해 가며 직접 취재해서 기사를 쓰고 편집디자인 솜씨를 부린 끝에 완성한 학과 잡지를 전국의 여러 기관과 단체에 보냈을 때 나타나는 반응도 마찬가지다. "어떻게 지방대학에서 이런 걸 만들 수 있는지 놀라울 따름"이라고나 할까. 이런 선입견은 학생들에게만 해당되는 게 아니다. 지난 늦가을, 필자가 서울시에서 개최한 서울북페스티벌에서 저자와의 만남 등 주요행사를 도맡아 진행했을 때의 일이다. "사람이 아무리 없어도 그렇지, 어떻게 지방대학 교수한테 서울시 행사를 맡기느냐?"는 볼멘소리를 하는 사람이 여럿이었다.

어디 그뿐인가. 그 어디서도 열리지 않는, 그래서 수고로움 또한 남다른 '전국 고등학교 교지 콘테스트'를 주최하고 있지만, 수많은 고등학교 관계자들이 지방대학 타령을 빠뜨리지 않는다. 나아가 기껏 응모해 놓고 시상식장엔 나타나지 않는 입상학교도 적지 않다. 확인 전화를 해보면 한결같이 "지방이라 멀어서……."라며 말끝을 흐리곤 한다.

또, 이러저러한 결과들을 널리 알리고자 열성적으로 보도자료를 내곤 하지만 중앙 언론에서는 거의 다루어주지 않는다. 홍보전담기구를 두고 언론 플레이에 열성적인 서울 소재 대학들의 경우 총장의 일거수일투족까지 보도되지만 이른바 '지방대학'에서는 웬만큼 큰 성과를 내놓기 전에는 기자들의 관심을 끌기란 얼마나 힘든 일인지 모른다.

취업현장에서 지방대학 출신자들의 이력서가 우선 제외되는 것처럼 보도자료에도 차별이 존재한다는 사실을 상기하는 순간 문득 '다니엘 부어스틴'의 『이미지와 환상』이란 책이 떠오른 것은 결코 우연이 아니리라. "언론 자유는 이제 인위적으로 만든 뉴스라는 상품을 팔기 위해 기자들이 갖는 특권을 점잖게 표현한 말에 불과하다."라는 말이 무얼 뜻하는지 또렷해졌다고나 할까. "이게 진짜냐?"라는 질문보다는 "이것이 뉴스 가치가 있느냐?"는 질문이 더 중요한 현실의 장벽을 처절하게 느낀 셈이다.

최근 어느 정부위원회 회의석상에서 고위공무원이 '지방대학' 운운하기에 필자는 "지방대학이 아니라 '지역대학'이다. 수도권 지역에 여러 대학이 있듯이 충청 지역에도, 호남 지역에도 그리고 영남·강원·제주 지역에도 여러 대학이 있는 것이다"라는 취지로 반론을 펼친 바 있다. 수도권에서 먼 지역에 기반을 둔 대학에도 경쟁력은 얼마든지 있다. 당장 신입생 유치에 애를 먹는 지역대학들의 현실은 무조건 수도권과의 거리만으로 학교 서열을 매기려는 풍토에서 기인한다. 아무쪼록 학교별, 학과별 특성이 제대로 알려져서 소신과 끼로 뭉친 젊은이들이 지역대학 캠퍼스를 점령해 주길 바라는 마음 간절하다.

쓰기와 윤리는 하나다

언제부턴가 우리 언론 매체에서는 "유명인사의 표절 논란이 잇달아 불거지면서 초등학생부터 대학교수까지 표절을 대수롭지 않게 여기는 풍토에 대한 대책 마련이 시급하다"는 내용의 보도가 자주 나오고 있다. 실제로 포털사이트에 들어가 보면 "일기거리와 일기 내용 좀 부탁 ㅜㅜㅜ", "『호밀밭의 파수꾼』 독후감 좀 써 주세요. 내공 60점 드림" 같은 제목의 질문 아닌 질문들이 게시판을 버젓이 장식하고 있다. 더욱이 답변란에는 출처 불명의 정보와 글, 기사가 줄줄이 올라와 있고 심지어 '내공' 점수를 얻기 위해 독후감이나 일기를 써서 올린 경우도 부지기수다.

이쯤에서 한번 생각해 보자. 내가 여러모로 궁리하고 여러 차례 고치기를 거듭한 끝에 완성한 글을 누군가 몰래 훔쳐다가 자기가 쓴 것처럼 행세한다면 어떤 마음이 들까? 선생님께서 내주신 숙제를 밤새 열심히 해서 학교에 가져갔는데, 짝꿍이 몰래 베껴서 낸다면 또 어떤 기분이 들까?

이처럼 무언가를 창작하는 일은 어렵지만 남의 저작물을 베끼는 일은 매우 쉽다. 돈을 벌기는 어렵지만 쓰기는 쉬운 것과 같은 이치라고나 할까. 만일 저작권을 보호하지 않는다면 스스로 창작하려고 애쓰는 사람보다는 남의 저작물을 베끼려는 사람들이 더 많아질 것이고, 그렇게 되면 우리 문화는 더 이상 발전할 수 없게 될지도 모른다. 그래서 함부로 베끼는 것을 법으로 막아주고, 저작권을 보장해 줌으로써 창작에 기여한 공로를 기리기 위해 저작권법을 만든 것이다.

하지만 법 이전에 우리는 윤리 의식을 가져야 한다. 특히 쓰기 활동에서 윤리란 '쓰기'를 하는 사람이라면 누구나 지켜야 할 규칙과 덕목을 뜻한다. 그렇다면 우리는 왜 쓰기에서의 윤리를 중요하게 여겨야 하는 걸까.

① 우리가 쓰기를 통해 배우고자 하는 것은 바로 진리를 추구하는 일이기 때문이다. 진실한 이치를 담은 글을 쓴다고 하면서 진실한 방법을 사용하지 않는다면 우리는 결코 쓰기의 목표에 이를 수 없다.

② 정직한 쓰기 활동만이 진정한 쓰기 능력을 길러 주기 때문이다. 따라서 성실한 노력을 바탕으로 한 자발적이고 정직한 쓰기 활동이 중요하다. 우리 사회가 요구하는 창의적 지식과 아름다운 문학 작품을 생산할 수 있는 능력은 저절로 생겨나는 것이 아니다.

③ 우리가 공부하면서 익혀야 하는 것은 다양한 학술 지식뿐만 아니라 공부하는 올바른 태도이기 때문이다. 아무리 많은 지식을 가진 사람일지라도 올바른 태도를 갖추지 못했다면 자신이 가진 지식을 잘못 사용하기 쉽다. 쓰기도 또한 마찬가지다. 올바른 쓰기 태도만이 우리 사회를 더욱 건강하게 발전시킬 수 있는 글을 쓰게 해준다.

④ 정직하지 못한 쓰기 행위는 공정한 평가를 왜곡할 수 있기 때문이다. 다른 사람이 많은 시간과 노력을 기울여 이룬 성과를 가로채서 칭찬을 받는 행위를 생각해 보자. 시험에서의 부정행위는 또 어떤가. 이러한 행위들은 결국 성실하고 정직하게 공부하는 다른 학우들에게 피해를 준다.

1997년 영국에서 처음 출간되어 2007년 7권으로 완간된 '해리포터 시리즈'를 모르는 사람은 없을 것이다. 지금까지 우리 한글을 비롯하여 모두 67개 언어로 번역되어 무려 4억 5천만 부 이상 팔린 것으로 알려져 있다. 또 이 작품은 다시 2001년부터 영화로 제작되기 시작하여 2011년 7월에 8편 『해리포터와 죽음의 성물 2』가 선보임으로써 10년에 걸쳐 전 세계 어린이들을 열광시켰다. 그런데 이 작품을 창작한 '조엔 K. 롤링'이라는 작가에게 만일 저작권이 주어지지 않았다면 어떻게 되었을까? 제2, 제3의 해리포터가 창작되려면 저작권은 반드시 보호되어야 한다. 지금 이 순간에도 미래의 위대한 예술가 또는 학자가 되기 위해 열심히 공부하는 친구들에게 저작권은 든든한 보험인 셈이다.

　오늘날 우리가 사는 세상은 온갖 지식과 정보를 바탕으로 발전하고 있다. 이러한 지식과 정보는 새로운 아이디어를 통한 창의적인 활동의 결과물들이라고 할 수 있는데, 그 경제적 가치가 점점 높아지고 있다. 그리하여 오늘날에는 '지식재산권'이란 걸 만들어 적극 보호하기에 이르렀다. 이러한 지식재산권 중 하나가 저작권이다.

　쓰기 활동의 결과로 주어지는 저작권 또한 저작자의 창작 의욕을 북돋워줌으로써 보다 유익한 작품을 많이 창작하게 한다. 나아가 저작권을 행사하여 개인적으로 다양한 이익을 얻을 뿐만 아니라 문화상품의 수출을 통해 관련 산업의 발전에도 큰 영향을 끼치게 된다.

　다시 한 번 생각해 보자. 만일 이러한 저작권을 법으로 보호하지 않는다면 어떻게 될까? 누구든지 마음대로 남의 저작물을 베낄 수 있다면 여러모로 편리할 텐데 왜 그렇게 하면 안 된다고 하는 걸까?

　우리는 이제 누가 가르쳐주지 않아도 남의 물건을 훔치면 안 된다는 사실을 잘 알고 있다. 아무리 배가 고파도 밥값이 없으면 식당에서 밥을 먹을 수 없다는 점도 잘 알고 있다. 만일 남의 물건을 함부로 훔치거나 식당에서 밥을 먹고 밥값을 내지 않게 되면 처벌을 받게 된다.

　저작권도 마찬가지다. 저작물을 창작하는 사람들은 나름대로 힘든 과정을 거쳐 다른 사람들에게 감동을 주는 결과물을 세상에 내놓게 된다. 열심히 일해서 번 돈으로 집을 사고 땅을 사서 재산으로 삼는 것처럼 저작물 또한 누군가의 노력에 의한 재산이 될 수 있는 것이다.

　남의 물건을 훔쳐도 좋다면 열심히 일할 필요가 없다. 남의 것을 빼앗으면 되니까. 남의 창작물을 베껴도 좋다면 굳이 힘든 과정을 거쳐 창작할 필요가 없다. 남의 저작물을 그냥 가져다 쓰면 되니까.

　물질이 육체를 지켜주는 영양분이라면 저작물은 우리 정신을 올바르게 일깨워주는 마음의 양식이다. 쓰기 윤리에 입각하여 열심히 저작물을 창작한 사람들을 격려하고 존경하는 마음이 바로 저작권을 보호하는 행위로 나타난 것임을 잊지 말아야 하겠다.

완전도서정가제가
지켜져야 하는 이유

———

경제학에서 '가격'이란 기업이 제조·판매하는 제품이나 서비스를 구매하는 대가로 구매자가 지불하는 화폐금액을 뜻한다. 이와 같은 가격은 한편으로 기업의 제조원가를 보상하고 이윤이 생기도록 해주는 방향에서, 또 다른 한편으로는 구매자의 지불 능력과 구매 의욕에 대응하는 방향에서 결정되어야 하는 이중적 성격을 띠고 있다. 또한 가격이란 상품이 흘러가게 만들어주는 기능을 함으로써 소비자와 생산자를 연결하는 매개가 된다. 이러한 가격이 시장에서 일정하게 안정적으로 유지되도록 해주는 제도가 정가제인데, 법률적·경제적 용어로는 재판매가격유지제도를 말한다. 즉 제조업자나 그 밖의 공급자가 자기제품을 재판매하는 유통업자들에게 일정 가격을 지정하고 거래중단 등의 제재 조치를 통해 지키도록 하는 행위이다.

우리 공정거래법에서는 재판매가격유지행위가 독립사업자들의 자유로운 판매가격 책정을 구속하여 가격경쟁을 제한하는 반경쟁적 행위로 보고 원칙적으로 금지하고 있다. 그러나 '법정재판'과 '지정재판'의 경우는 예외적으로 재판매가격유지행위가 허용되고 있다. 현재 법정재판으로서 도서정가제가 시행 중에 있으며, 공정거래위원회가 별도로 지정해준 상품은 없다. 우리나라의 경우, 도서정가제를 인정하는 근본취지는 서점에 일정한 마진을 보장해 주기 위해 마련된 제도라기보다는 문화적 배려 차원에서 저작자를 보호하여 창작의욕을 북돋우고 출판물의 거래질서를 확립하기 위한 측면이 더 강하다.

이처럼 도서정가제는 '책'이라는 상품의 특수성을 인식하는 데에서 나온 제도인 셈이다. 상품으로서 책이 갖는 특징은 사용가치가 창출되는 그것의 근본적인 질(quality)이 비물질적인 것에 있다는 점이다. 소비자의 사용가치는 책의 종류나 모양, 즉 매개체에서 나오는 것이 아니라 메시지에서부터 나온다. 메시지는 비물질적인 것이며, 이러한 특징은 과자나 전자제품 같은 물질적인 재화의 가치가 물질의 소비과정에서 발생하며 욕구가 있을 때까지 소비가 반복된다는 점과 비교해볼 때, 근본적으로 차이가 나는 것이다. 책의 사용가치는 이질적인 소비자 욕구에서 나오기 때문에 상품 차별화가 가능하며 소비자에게 새로운 가치를 창조해준다.

그 밖에 책은 판매 면에서도 다른 제품과는 사뭇 다른 특성을 보인다. 우선 출판물의 판매는 위탁 또는 상비임치제도(常備任置制度)로서 발전해왔다. 현금거래만으로는 판매증진을 기대할 수 없으므로, 성실하고 신용 있는 서점에 일정량의 책을 위탁하여 판매케 하거나 서점과의 합의로 일정량을 항상 보관토록 하는 제도를 이용하고 있다. 또한 전통적으로 정가판매가 주류를 이루고 있으며, 법정재판상품으로 인정받고 있다. 아울러 시장조사가 어려운 상품이어서 수요예측이 매우 곤란하다. 따라서 적정 생산량을 측정하기도 어려우며 반품률이 매우 높으며, 그만큼 유통업자에 대한 의존도 또한 높을 수밖에 없다. 상품의 단가는 다른 상품에 비해 낮지만, 품종이 많다 보니 판매과정에서 손이 많이 간다. 게다가 광고의존도 또한 강하며, 소비가 되풀이되는 다른 상품과는 달리 독자의 반복구매가 거의 이루어지지 않는다.

물질적 측면에서만 보더라도 이럴진대, 책의 가치는 결코 물질적이지 않다는 점에서, 나아가 그것이 인류의 질적 수준을 이끄는 본령이라는 측면에서 보면 도서정가제는 완전하게 지켜져야만 한다. 더 이상 가격을 비교하느라 독자들이 이리저리 휘둘려서는 안 된다. 한번 씹고 버리는 껌과 다를 바 없다면 그것은 더 이상 책일 수 없기 때문이다.

깨끗한 베스트셀러를
위하여

　우리 출판사 및 출판물 유통업계가 사재기 및 베스트셀러 집계 가이드라인 채택 등 자정 결의에 나섰다고 한다. 2013년 10월 29일 대한출판문화협회, 한국출판인회의, 한국서점조합연합회, 한국출판영업인협의회, 교보문고, 영풍문고, 서울문고, 예스24, 알라딘, 인터파크, 한국작가회의, 소비자시민모임, 출판유통심의위원회, 한국출판문화산업진흥원 등 국내 출판관련 단체와 중견기업 관계자들은 출판문화회관에 모여 이른바 "책 읽는 사회 조성 및 출판 유통질서 확립 자율 협약식"을 가진 것이다. 이에 따라 2013년 상반기 사재기 파문으로 위기를 자초했던 우리 출판계가 유통 질서를 바로 세울 수 있을지 예의주시하는 눈초리들이 늘었다.

　물론 이러한 출판계의 자율협약이 처음 이루어진 것은 아니다. 지난 2010년에도 비슷한 일이 있었던 것. 이번에도 그때와 유사하게 "책 읽는 사회 조성과 출판 유통질서 확립 세부 지침" 준수, "선진 독서문화 조성을 위한 다양한 도서정보" 제공, "베스트셀러 집계·발표 가이드라인" 채택 등을 결의했다고 한다. 이 중에서 "베스트셀러 집계·발표 가이드라인"을 살펴보면 먼저 구매자 1인이 동일 도서를 중복 구매하는 경우 1권만 집계에 반영한다는 원칙을 비롯하여 서점에 납품하는 도서는 베스트셀러 집계에서 제외한다거나, 개인이 아닌 회사 또는 단체 등의 조직에 납품하는 도서는 판매량의 20% 범위 내에서만 베스트셀러 집계에 반영(단 해당 도서가 조직 구성원에게 배부되지 않을 경우 베스트셀러 집계 제외)한다는 내용 등이다.

이번 협약 참가자들은 협약에 참여한 출판사가 위에서 살핀 가이드라인을 위반할 경우 협회 회원 자격을 박탈하는 것은 물론 해당 도서를 서점의 베스트셀러 목록에서 제외하는 등의 조치를 취하기로 결의하는 동시에 위반 사실을 협회 홈페이지에 6개월간 공지할 계획이라는 점도 분명히 밝혔다고 한다. 또 사재기 등 베스트셀러 조작과 관련한 출판문화산업진흥법의 규정을 근거로 자율규제를 실시하며 출판물 불법유통 행위 여부는 출판유통심의위원회 의결에 따르기로 했다는 점도 눈에 띈다.

문제는 협약의 권위와 효력이 아닐까 싶다. 불법유통 혐의가 입증된다 해도 '협회 회원 자격 박탈' 그리고 '해당 도서의 베스트셀러 목록 제외'가 제재의 전부라면 불법유통은 사그라질 여지가 별로 없다고 보기 때문이다. 과연 현재 우리 출판관련 협회의 회원사라는 것이 얼마나 큰 의미를 갖는지, 베스트셀러 목록에서 제외되는 것이 실질적인 판매 위축 또는 해당 출판사의 이미지 저하에 효과적인 수단인지 냉정하게 분석해봐야 하지 않을까.

필자는 "베스트셀러가 곧 '베스트북'이 아님에도, 암암리에 독자들의 선택권을 박탈하고 무조건 읽어야 한다는 강박증을 불러일으키는 베스트셀러의 폐해를 짐짓 모른 체하는 것은 비단 출판업자들뿐만 아니라 서점을 운영하는 사람들이나 언론인들 모두에게 해당되는 직무유기가 아닐까 싶다."고 밝힌 바 있거니와, 현재와 같은 베스트셀러 위주의 쏠림 현상은 건강한 독서 생태계를 와해시키는 주범이나 다름없다. 결국 현명한 독자, 진정 좋은 책을 열망하는 독자들의 합리적 선택만이 깨끗한 베스트셀러를 만들고 유지시키는 비결이 아닐까 생각한다.

단군 이래
최대 호황을 기대하며

───

우리 출판계를 고질처럼 수식하는 말이 있다면 "단군 이래 최대 불황"이란 게 아닐까 싶다. 디지털 정보화 시대가 깊어갈수록 독자의 감소가 뚜렷해지면서 출판사의 어려움이 가중되는 건 물론이고, 도서 유통망의 근간이라고 할 수 있는 동네 서점이 사라지고 있는 걸 보면 괜한 엄살이라고 치부하기 어려운 말이기도 하다. 그렇다면 과연 진실로 '책의 시대'는 저물고 있는 걸까.

언제였던가. 어느 잡지엔가 좋은 책을 소개하는 글 서두에 나는 "좋은 책이란 어떤 것일까? 수도 없이 고민해 온 문제이지만 그 정체는 여전히 묘연하다. 주체하기 힘든 책에 대한 호기심으로 책 만드는 일에 매달린 이후 새로운 책을 만나는 날들이 쌓일수록 판단력은 혼미해지는 것 같아 불안하다. 아니, 행복하다. 벽면을 점령해 가는 책들의 진군행렬을 보고 있노라면 그 순간만은 정말 행복하다. 불안하면서도 행복한 이중성의 나날. 그러면서도 늘 책과 더불어 사는 일상으로부터의 일탈을 꿈꾸는 나는 도대체 누구인가?"라고 썼다. 그리고 그 생각은 여전히 변함이 없다. 좋은 책에 대한 갈증이 곧 독자 본연의 자세이기 때문이다.

2001년 세명대학교에 부임해서 개설한 교양과목 '독서와 생활'을 시작하는 첫 시간이면 나는 어김없이 E.H. 카의 『역사란 무엇인가』를 소개하곤 한다. 그때마다 내 손에 들려 있던 『역사란 무엇인가』의 판본은 '탐구당'에서

간행했던 문고본('탐구신서' 36, 길현모 역, 1982)으로, 내가 대학에 입학했을 무렵 정신적 공황 속에서 갈팡질팡할 때 의식의 길잡이가 되어준 책이었다. E.H. 카는 이 책에서 역사란 "현재와 과거의 끊임없는 대화"라고 설파하면서, 그러므로 역사가의 임무는 '역사의 인과관계를 수립하는 것'이라고 주장한다.

나는 이 책을 통해 우리 학생들에게 내가 한때 대학생이었듯이 오늘을 사는 대학생들 역시 언젠가는 우리 사회의 주역으로 성장할 것이기에 올바른 역사관을 가지라고 충고하고 싶었다. 오늘을 살아가는 이른바 지성인 혹은 지식인들이 고뇌하고 토론해야 할 문제 역시 역사가의 임무와 다르지 않다고 생각했기 때문이다. 나아가 올바른 과거에 대한 해석을 토대로 현재를 꾸려나가고 미래를 설계하는 일이 곧 '역사 바로세우기'일 것이며, 거기에 터잡아 경제 부흥을 꾀하고 삶의 질을 높여나갈 때 진정한 복지국가가 완성될 것이라는 믿음이 있었기 때문이다. 비록 당장에는 쓸모없는 것처럼 여겨지는 행위가 바로 책 읽는 일임에도 책 읽기를 멈추지 못하는 까닭은 언젠가 읽었던 책들이 쌓이고 쌓여서 내 삶의 토대가 된다는 믿음이 있기 때문인 것과 마찬가지 이치일 것이다.

그렇다면 오늘의 내가 있기까지, 곧 나의 현재와 과거 속에서 '끊임없는 대화'를 주선해준 건 다름 아닌 '책'이었던 셈이다. 바로 이런 책의 가치를 재발견하고 책 읽기를 인생의 자연스러운 습관으로 여기는 사람이 많아져야만 출판계는 불황의 터널을 벗어날 수 있을 것이다. 결국 우리 출판계가 "단군 이래 최대 호황"을 누리기 위해서는 요란할 뿐 껍데기에 불과한 디지털 미디어를 무찌를 만한 '좋은 책'을 꾸준히 만들어내는 길밖에 없다. 아무쪼록 호황을 향한 우리 출판계의 노고가 한층 빛나기를 기원한다.

출판권과 표준계약서

———

저작권법에서 말하는 출판권이란 "저작물을 인쇄 그 밖의 이와 유사한 방법으로 문서 또는 도화(圖畵)로 발행할 수 있는 권리"를 뜻한다. 곧 출판권이란 종이책을 출판할 수 있는 권리이며, 저작자 또는 저작재산권자로부터 출판에 필요한 저작물에 대한 이용을 허락받아야만 가능한 권리이다. 이러한 출판권을 얻기 위해서는 이른바 '계약서'라는 것을 통해 출판에 따르는 여러 가지 사항에 대해 서로 합의하는 과정이 필요하다.

한편, 예전 우리 출판계의 관행은 문서에 의한 계약보다는 구두(口頭)계약이 많았기에 분쟁의 소지가 매우 높았을 것으로 추측된다. 물론 말로써 이루어지는 약정도 계약이 전혀 없었던 상태와는 근본적으로 다르므로 입증할 수만 있다면 법적 효력을 갖는 데에는 문제가 없다. 하지만 당사자 사이에 견해의 차이가 생겼을 경우 객관적 판단의 근거가 없으므로 입증하기 곤란한 지경에 이르는 것이 대부분이다. 따라서 분쟁이 발생했을 경우 각자자기에게 유리한 기억과 주장을 내세우기 때문에 정당한 쪽의 권리가 반드시 지켜진다는 보장이 없다는 점이야말로 구두계약의 치명적인 약점이다.

다음으로 문서에 의한 출판허락계약 방식이 있다. 이는 저작권자가 출판자에 대해 저작물의 이용을 허락하고 출판자는 그 저작물을 출판물의 형태로 만들어 판매의 방법으로 배포하는 것을 약정함으로써 성립된다. 그리고 이는 또 단순허락계약과 독점허락계약으로 나뉜다. 단순출판허락계약의 경우에는 저작권자가 다른 출판자에게 같은 저작물을 출판하도록 허락하더라도 대항할 수 없는 성격을 띤다. 독점허락계약에서도 저작권자가 계약을 위반하더라고 출판권자는 약속을 지키지 않은 것에 대한 추궁만 할 수 있을 뿐 제3의 출판자에 대해 직접 항의하거나 출판물 배포 금지 또는 손해의 배상을 요구할 권리는 주어지지 않는다. 이러한 구두계약 또는 출판허락계약과 달리 독점적이면서 동시에 배타적인 권리가 주어지는 것이 바로 출판권설정계약이다. 이는 저작물의 직접적 지배를 내용으로 하기 때문에 설정출판권자는 그 저작물의 이용에 관해 독점적이며 배타적인 권리를 행사할 수 있으며, 소정의 절차를 거쳐 한국저작권위원회에 등록하게 되면 제3자에게 대항할 수 있는 효력까지도 생긴다.

그런데 지금까지 우리 출판계에서 관행처럼 이용해온 출판권설정계약서의 내용이 지나치게 출판권자 위주로 되어 있다는 지적이 요즈음 저작자들 사이에서 화두가 되고 있는 모양이다. 이른바 '구름빵' 사건을 계기로 출판권설정계약에서 '갑'인 저작자의 권리를 제대로 반영해 달라는 요구가 봇물처럼 솟구치고 있는 것이다. 이러한 시대적 흐름을 거스를 수 없었는지 최근 문화체육관광부와 한국출판문화산업진흥원에서는 '출판분야 표준계약서 제정 및 해설집 제작 연구조사'를 시작했다. 필자가 그 연구책임을 맡고 있는데, 어느 때보다 무거운 책임감을 느끼는 요즈음이다. 출판사는 곧 문인들의 사랑방이나 다름없었던, 그리하여 계약서보다는 주고받는 정담으로 모든 것이 해결되었던 그 시절의 미덕이 되살아나기를 기대하는 건 이제 부질없는 일인지도 모르겠다.

출판정책과 정치인

사람들의 모습은 참 여러 가지다. 제멋대로 사는 사람이 있는가 하면 남을 위해 기꺼이 희생하는 사람도 있고, 제멋대로 사는가 싶으면서도 남을 위해 사는 사람이 있는가 하면 남을 위해 사는 것 같으면서도 결국에는 자기 몫만 챙기는 사람도 있다. 그렇다면 정치인들은 과연 어떤 사람들일까. 말로만 서민이 살기 좋은 나라를 만들겠노라고 외친들 달라지는 것은 없는데도 그들은 항상 당당하다. 그래서일까. 선거용 공약(空約)만 남발하다 당선되고 나면 나 몰라라 돌아서는 대다수 정치인들의 행태에 이젠 국민들도 질린 듯하다.

대선이 있을 때마다 입후보자들은 한결같이 문화예술의 확충과 자율적 문화예술 환경을 조성하겠노라 약속하곤 했다. 총선 또는 지방자치단체장 선거가 있을 때마다 그들은 지역민들의 문화향수권을 충족시키기 위해 도서관 확충 등 각종 문화공약을 내세운다. 하지만 당선되고 나면 문화관련 공약은 대개 예산 부족을 이유로, 또는 민생과 관련하여 시급성이 덜 하다는 이유로 뒷전으로 밀려나는 게 현실이다.

과거엔 유럽에서 가장 미개했던 게르만 민족이 오늘날의 독일로 거듭날 수 있었던 것은 18세기에 그들을 이끌었던 '프레드릭 2세'라는 뛰어난 지도자가 있었기 때문이다. 프레드릭 2세는 '책'으로 나라를 다시 세우겠다는 일념을 각종 정책에 반영함으로써 심지어는 공무원과 군인의 진급에서조차 독후감을 가장 중요한 인사고과의 기준으로 삼았다고 한다. 게다가 전국 곳

곳에 서점과 도서관을 세웠으며, 출판사에는 한 푼의 세금도 부과하지 않고 육성시켜 나갔다고 한다. 그 결과 독일은 오늘날 경제부국인 동시에 세계 최대의 프랑크푸르트 국제도서전을 매년 개최하는 출판대국으로 성장했다.

일본 역시 따지고 보면 사무라이들이 판을 치던 칼과 혈투의 나라가 아니었던가. 그런 그들이 19세기에 들어서면서 메이지 유신을 단행하는 과정에서 많은 선각자들이 "책으로 나라를 세우자"는 독서운동을 대대적으로 펼치면서부터 오늘날 세계적 출판선진국으로 발돋움하는 토대를 쌓았다는 사실이 우리에게 그리고 우리 정치인들에게 전하는 메시지가 무엇인지 곰곰이 되새겨보아야 할 때다.

바야흐로 다시 정치의 계절이 다가오고 있다. 출판계를 이끌 주요 단체장들도 새롭게 뽑힌 인물들이 많은 모양이다. 이제 출판인들은 물론이고 출판계에 종사하는 모든 이들이 나서야 할 때다. 집권층을 비롯한 정치인들이 국민 앞에 한 약속을 실천하게끔 촉구하고, 이를 우리 출판산업의 도약과 진흥을 위한 발판으로 삼아야 한다. 우리 출판계 종사자들의 단합된 의지와 함께 좋은 책이 아니면 펴내지 않겠다는 다짐으로 먼저 독자층을 두텁게 형성해야 한다.

"책 읽는 사람이 이끄는 사회". 이것이야말로 21세기의 표어가 되어야 한다. 그러기 위해서라도 정치인들의 안목은 책과 출판산업을 향해 널리 열려 있어야 한다. 그리고 하나하나 실천해나가야 한다. 후손들에게 물려줄 가장 좋은 선물은 곧 우리 정신에 꼭 들어맞는 '문화'이기 때문이다.

도서구입비를
늘게 하려면

———

2014년 마지막 주말, 세월호 참사보도에 파묻힌 언론에서 지난해 가구당 월평균 도서구입비가 11년 만에 최저 수준으로 떨어졌다는 보도만큼은 묻히지 않았다. 대체로 "경기가 좀처럼 살아나지 않으면서 독서문화마저 퇴보하는 모양새"(연합뉴스)라는 분석이 우려를 자아낸다.

우선 실태를 살펴보자. 2014년 4월 27일 통계청의 가계동향조사 결과를 보면, 2013년 전국 2인 이상 가정에서 책을 사는 데 지출한 비용은 월평균 1만 8천690원으로 전년(1만 9천26원)보다 1.8% 줄었다. 이는 조사 대상이 2003년 전국 가구로 확대되고 나서 최저 수준이라고 한다. 결과만 놓고 보면 우리나라 한 가구가 한 달에 구입한 책은 2권이 채 안 되는 것으로 보인다. 대한출판문화협회의 '2013년 출판통계'에 따르면 2013년 도서의 평균정가는 1만 4천 678원이기 때문이다.

이처럼 도서 구입비가 줄어든 이유는 얼핏 보기에는 가계의 주머니 사정이 좋지 않은데 따른 경제적 이유와 함께 디지털 미디어의 발달에 따른 독서문화의 퇴조 등이 반영된 것으로 볼 수 있을지도 모르겠다. 실제로 지난해 가구당 월평균 소득은 전년보다 2.1% 늘어 글로벌 금융위기 때인 2009년(1.2%) 이후 가장 낮은 증가율을 기록했으며, 월평균 소비지출 증가율도 0.9%로 2004년 이래 가장 낮았다고 한다. 문화체육관광부가 2년마다 시행하는 '국민독서실태조사'에서 2013년 성인의 연평균 독서량은 9.2권으로,

2011년보다 0.7권 줄어든 것으로 집계되기도 했다. 교보문고가 매년 발표하는 '연간 도서판매 동향 및 베스트셀러 분석'에 따르면 전자책 등 디지털콘텐츠 판매 성장률은 2012년 31.3%, 2013년 27.4% 등 고공행진을 지속함으로써 전자책이 종이책을 일부 대체하는 경향도 보이고 있다.

여기에다 출판업계의 전반적인 부진 양상 또한 독서문화 퇴조를 반영하고 있는 듯하다. 산업활동 동향을 보면 지난해 서적출판업의 생산지수(불변지수, 2010년=100)는 전년보다 0.2% 증가에 그친 94.4였다. 2007년(-5.2%), 2008년(-1.1%), 2009년(-3.5%), 2010년(-2.0%), 2011년(-3.5%), 2012년(-2.4%) 등 6년째 감소하다 반등에 성공한 것처럼 보이지만 그 증가폭이 미약해서 출판산업이 성장했다고 판단하기는 어렵다는 분석이 우세하다.

그런데 보다 본질적인 문제는 도서구입비 지출 규모를 자세히 들여다보면 "소득이 적은 가계일수록 적었다"는 사실이다. 지난해 소득 하위 20%에 속하는 1분위 가계는 책을 사는 데 월평균 5천 278원을 썼다고 하는데, 이는 1년 전보다 12.9% 감소한 것이라고 한다. 반면 상위 20%에 속한 5분위 가계는 책을 사는 비용으로 월 3만 1천 60원을 지출함으로써 전년보다 9.0% 늘었다고 한다.

결국 고질적인 소득격차가 지식 및 정보의 격차로 이어지고 이는 다시 소득격차를 부추김으로써 말 그대로 격차의 악순환 또는 양극화를 고착화시킬 우려가 커지고 있다. 책을 '못 사는' 사람들은 어쩔 수 없다고 해도, 책을 '안 사는' 사람들을 계몽할 정책대안이 시급하다. 도서구입비를 문화접대비로, 기타 소득공제 도구로 적극 활용할 수 있는 방안을 정치권이 적극 추진해주기를 바란다.

출판을 진정한 학문으로
승화시켜야 하는 이유

———

　필자는 최근 국내 최대 포털사이트가 구축하는 지식백과 부문의 필자로 참여하게 되었는데, 담당 표제어 중에 '출판학'이 있어서 매우 기뻤다. 가장 오랜 매체로 기능해 온 출판이지만 그것의 학문적 성격에 대해서는 의구심을 품는 사람들이 더러 있었기 때문이다.

　출판학(出版學, publishing science)은 "저작물의 선택, 제작, 분배를 통한 출판의 경영과 그 사회적, 문화적 영향 및 법규와 정책 그리고 출판의 발달사를 연구하는 학문"이라고 할 수 있다. 달리 말하면 도서, 잡지 등의 출판활동 및 그것을 중심으로 하는 문화사상(文化思想)을 과학적으로 연구하고 조사하는 것을 목적으로 하는 학문 또는 사회현상으로서의 출판을 과학적으로 연구하고 조사하는 것을 목적으로 하는 학문이다.

　출판학의 대상이 되는 '출판' 현상을 넓은 의미에서 보면 인쇄매체의 간행이라고 할 수 있으며, 여기서 인쇄매체는 신문을 제외한 도서 및 잡지 등이 여기에 포함된다. 결국 출판이란 "커뮤니케이션 과정에 따라 도서 발행인 또는 출판사가 자신 또는 저작자의 저작물인 원고(原稿) 또는 원화(原畵)를 입수, 정리, 제작한 도서를 판매기구 또는 기타의 방법으로 독자에게 제공, 그들의 정신적 욕구나 흥미를 만족시켜주고 그 대가로 이윤을 추구하는 경제적, 문화적 커뮤니케이션 행위"이다. 이런 개념 규정을 토대로 출판을 다시 살피면 특정 개인이나 집단이 문화적 또는 상업적 목적으로 특정의 문화적 내용을 인쇄 기술을 통해 제작한 후 이를 특정 집단 혹은 불특정 다수의 대중에게 배포해 독자들의 문화적 욕구와 필요를 충족시켜주는 행위라고 할 수 있다. 그리고 오늘날 출판은 디지털 기술과 결합하여 제작된 전자책(電子冊, electronic book)으로 그 변모를 다양하게 꾀하고 있다.

이처럼 출판은 그 사회를 담고 있는 총체적 상황의 산물이기 때문에 사회과학적 탐구의 대상이 된다. 출판은 사회적 상황이라는 맥락 속에서 생성, 발전되며 또한 출판 그 자체가 사회의 제반 조건을 변혁시키는 요인으로 작용한다. 즉, 한 시대의 사회적 조건의 산물이란 측면에서 구조적인 현상으로 또는 한 시대의 조건을 극복하고 조직하는 현상으로 분석할 수 있는 것이다. 그리고 이러한 출판은 '행위'와 '대상'으로 나누어진다.

먼저 출판 행위는 사상과 감정을 문자 또는 그 밖의 표현수단으로 매개 삼아 그 내용을 보고 인지할 수 있도록 드러내 보이는 것을 말한다. 그러므로 공개성이 강조되며, 불특정 다수(공중)에게 공표하는 전달 또는 전파행위라고 할 수 있다. 여기서 '내용'이란 드러내어 전달하는 것을 전제로 한 역사적, 현상적인 여러 일들이 그 범위가 된다. 다음으로 출판 대상은 출판의 내용을 담은 매체로서의 출판물(도서 · 잡지 또는 기타의 출판물)과 그 출판물을 이용하는 수용자(독자)로 나눌 수 있다. 곧 전통적 의미의 출판은 문화 내용을 주로 문서 또는 책으로 마무리하여 내보이는 표현 행위이다.

이처럼 출판은 복잡한 다단계 과정이 요구되지만, 크게 보면 기획-원고 입수-편집-제작-보급의 순서로 이루어지는 문화적 · 기업적인 행위이다. 그래서 출판은 무(無)의 상태에서 아이디어 창출(기획)을 바탕으로 재창조의 의미를 부여하는 과정(편집)을 거친 다음, 여러 가지 기계 · 기술적 방법과 재료를 동원해 복제술로써 현물(現物)을 조성(제작)하여 하나의 지적 유형물인 도서 또는 잡지 등 출판매체를 수용자에게 보급하는 행위인 것이다.

아무쪼록 출판을 진정한 학문으로 승화시킴으로써 디지털 세상의 '오래된 미래'로 손색이 없는 21세기의 길잡이가 되기를 바라는 마음이 간절하다.

장서(藏書)의 괴로움은 없다

———

어느 날 새로 배달되어 온 책들을 정리하다 보니 문득 "고이고이 쌓아온 책더미와 이별하는 어느 장서가의 괴로운 여정!"이라는 홍보문구가 시선을 끌었던 책이 들어 있었다. 바로 『장서의 괴로움』(오카자키 다케시 지음, 정수윤 옮김, 정은문고, 2014)이란 책이었다. 여름방학 기간 내내 연구실 장서를 정리하느라 비지땀을 흘려야 했던 나로서는 만시지탄(晚時之歎)이 절로 나오는 순간이 아닐 수 없었다. 이 책은 대략 장서 3만 권을 가진 일본인 저술가가 장서의 괴로움에 지친 나머지 헌책방을 부르거나, 책을 위한 집을 다시 짓거나, 1인 헌책시장을 열어 책을 처분하는 등 '건전한 서재(책장)'를 위해 벌인 처절한 고군분투기를 담고 있다. 또 자신처럼 '책과의 싸움'을 치른 일본 유명 작가들의 일화를 소개하고 있어 재미를 더한다.

결국 이 책은 어느새 점점 쌓여가는 책 때문에 집 안은 발 디딜 틈 없이 변해버리고, 함께 사는 가족의 원성은 늘어가니 사는 게 사는 게 아니라며 장서의 괴로움을 토로하는 일본작가들에 관한 이야기라고도 할 수 있겠다. 특히 유명작가에서 일반인까지 천천히 책더미와 이별을 고하는 그들만의 특별한 장서술은 나름대로 장서가임을 자처하는 사람들에게는 매우 흥미로운 대목임이 틀림없다. 저자는 "책이 너무 많이 쌓이면 팔아야 한다. 공간이나 돈의 문제가 아니다. 지금 내게 무엇이 필요한지, 꼭 필요한 책인지 아닌지를 판가름해 원활한 신진대사를 꾀해야 한다."고 주장한다. 그러면서도

'장서의 괴로움'은 곧 '장서의 즐거움'의 역설임을 숨기지 않는다.

여기서 또 하나 특이한 점은 일본인 저자의 한국어판 발문을 작가 장정일 씨가 썼다는 점이다. 그는 우선 장서가와 독서가의 본질적 차이에도 불구하고 굳이 장서가와 독서가를 구분하지 않는다. "많은 독서가가 장서가요, 장서가가 곧 독서가이다."라는 것이다. 물론 일본에서 장서 때문에 생기는 일련의 사태는 장정일이 지적한 대로 "철골과 시멘트로 집을 짓는 게 일반적인 우리나라의 방식과 달리 목조를 기본재로 하는 일본 주택의 특성 때문에 벌어지는" 일이다. 그렇다면 우리나라의 장서가들은 이 책에서 묘사되는 사태들과는 거리가 멀다는 것일까. 그렇지 않은 모양이다. 장정일은 "나에게 책의 무게로 집이 무너질 수도 있다는 최초의 공포를 심어준 장본인도 다름 아닌 일본인이었다. 전천후 저술가인 다치바나 다카시의 아파트가 책의 무게 때문에 벽에 금이 가고 마루가 내려앉았다는 일화를 어디에선가 읽고 나서부터 오늘까지 나는 노이로제에 걸려 있다. 다행히도 목조주택은 아니지만, 내가 7년째 책을 쌓아온 이층집의 바닥이 꺼진다면 나는 한 푼의 전세금도 건지지 못하고 길거리로 나앉게 될 것이다."라고 고백한다. 이 대목에서 수만 권 장서가 빼곡한 내 연구실이 1층에 있다는 사실만으로도 적잖은 위로를 받을 수 있었다.

어쨌든 '다치바나 다카시의 일화를 처음 접한 순간부터' 장정일은 노심초사, 책을 한 권이라도 더 줄이고 한 권이라도 더 늘리지 않으려는 초긴급 '책 다이어트'에 돌입했다고 한다. 하지만 나는 전자책(e-Book)과는 달리 종이책에는 특유의 질감 혹은 아우라(aura)가 있다고 믿기에 독서와 장서는 불가분의 관계라고 생각한다. 그리하여 "책은 내용물만으로 구성되는 건 아니다. 종이질부터 판형, 제본, 장정 그리고 손에 들었을 때 느껴지는 촉감까지 제각각 다른 모양과 감각을 종합해 '책'이라 불리는 게 아닐까." "책갑에서 책을 꺼내, 읽기 전에 먼저 만지고, 책장을 펼치는 동작에 '독서'의 자세가 있다. 그에 수반하는 소유의 고통이 싫지 않기에 '장서의 괴로움'은 '장서의 즐거움'이다."라는 이 책의 저자 '오카자키 다케시'의 주장에 흔쾌히 동조하게 된다. 결국 '장서의 괴로움'은 없다는 말일 것이다.

따뜻한 이야기들이 넘치는
새해를 위하여

———

책 만드는 일꾼 시절의 막바지였던 2000년. 편집자로서 만든 거의 마지막 책이 『연탄길』(이철환, 삼진기획, 2000)이었다. 그보다 이전에 『마음을 열어주는 101가지 이야기』(잭 캔필드 외 지음, 류시화 옮김, 이레, 1997)라는 책이 세상을 강타한 적이 있었다. 그 내용인즉슨, 우리와는 너무나도 멀리 떨어진 미국이라는 나라 사람들 사이에 있었던, 경우에 따라서는 생소한 환경을 배경으로 펼쳐지는 사람들 사는 이야기였다. 그럼에도 그 책이 우리를 포함한 지구촌 전역에 걸쳐 감동의 물결을 몰고 온 까닭은 결국 사람과 사람 사이에 절대 놓지 말아야 할 끈이 바로 인정이요, 우정이요, 사랑이라는 평범한 진리를 확인시켜 주었다는 데 있었다.

돌아보면 우리 주변에는 참으로 '가슴 따뜻한 사람들'이 많이 있다. 연일 우리를 우울하게 만드는 소식들로 차고 넘치더라도 우리에겐 여전히 가족이 있고, 이웃이 있으며, 친구가 있기에 체념의 나락으로 빠지지 않는 것일 게다. 『연탄길』은 바로 우리 이웃들이 벌이는 사랑과 인생의 향연 그 자체라고 할 수 있다. 저자가 지극히 무명이었음에도 출간을 결심했던 것은 바로 당시의 암울했던 시대상황과 결코 무관하지 않았다. 읽으면 읽을수록 가슴 쩡한 순간들을 떠올리게 해주는 추억의 재생장치이자 우리 주변을 둘러싸고 있는 무수한 사랑들을 고스란히 모아 놓은 소중한 인생 보고서라고나 할까. "소중한 사람 앞에 놓아주고 싶은 책"으로 기억해도 좋을 원고를 참으로 오랜만에 만난 기쁨으로 넘쳤던 기억이 새롭다.

"어린 시절, 내가 사는 산동네에 수북이 눈이 쌓이면 사람들은 저마다 연탄재를 손에 들고 대문 밖으로 나왔습니다. 그리고 눈보다 더 하얗게 사랑을 깔아 놓았습니다. 가난으로 움츠린 산동네 사람들이 어깨를 활짝 펴고 아침을 걸어 내려올 수 있도록……."

저자가 밝힌 대로 '연탄길'은 바로 그런 '사랑'의 징표였다. 흔히 "나보다 못한 사람이 어디 있으려고!"라는 생각으로 비탄에 빠져 있는 부정적인 사람들에게 "어둠 속에서 희망을 찾아가는 우리들의 이야기"를 들려줌으로써, 혹은 나에게 고통을 안겨준 누군가를 원망하며 살아가는 사람들에게 "나 또한 누군가에게 고통을 뿌렸을 수도 있음"을 일깨워줌으로써 더불어 사는 세상의 지혜를 전하기 위한 장치가 '연탄길'이었던 것이다. 당시 40편의 이야기로 첫선을 보였던 『연탄길』은 한 편 한 편이 "남이 아닌 나의 이야기로 다가온다."는 독자들의 평을 받으며 순식간에 일약 최고 베스트셀러, 나아가 밀리언셀러의 자리에 올랐다. 그리고 "달동네에 살고 있는 아이들과 오랜 시간을 함께 지내며 많은 이야기를 들었습니다. 그리고 그들에게서 들었던 감동적인 이야기를 글로 썼습니다."라고 말하는 저자가 곧 '나'임을 알게 되었다는 평이 뒤따랐다. 달동네는 추억 속에 선명하게 자리 잡은 우리 고향이었으니까.

고맙게도 이후 유명 저자의 반열에 오른 이철환 씨는 여전히 초심을 잃지 않고 봉사하는 삶을 이어가고 있다. "누군가에게 뜨거운 적이 한 번도 없었던" 그리하여 '연탄재'만도 못한 사람들이 많은 세상에서 『연탄길』은 편집자로서 살았던 내 인생의 보배가 아닐 수 없다. 아무쪼록 을미년 새해에는 달동네 언덕길에 연탄길을 다지는 손길들이 많았으면 좋겠다. 따뜻한 이야기들이 흘러넘치는 치유의 한 해가 되었으면 좋겠다. 그리고 우리 동네 서점에도 따뜻한 온기를 나눠주시는 독자들이 많았으면 더욱 좋겠다.

검열은 국가권력에 의해서만
이루어지는가?

—

2012년도에 출간된 『검열에 관한 검은 책』(에마뉘엘 피에라 외 지음, 권지현 옮김, 알마)에 추천사를 쓴 적이 있다. 애초에는 수시로 군홧발이 캠퍼스를 유린하던 1980년대를 떠올리며, 매캐한 최루가스 냄새 가득한 대학신문사 편집실마다 누군가의 무자비한 가위질 끝에 누더기가 된 원고 때문에 망연자실했던 기억이 오버랩되는 책일 것으로 예상했었다. 벌써 30년 안팎의 세월 건너편에 있었던 일이지만 도무지 잊히지 않는 이유는 그때 우리는 처절한 '검열'의 칼날을 무디게 만들어야만 표현의 자유와 더불어 진정한 민주주의가 실현되리라던 믿음이 강렬했었기 때문이었다. 그러나 이러한 선입견은 보기 좋게 빗나가고 말았다.

『검열에 관한 검은 책』은 비록 프랑스를 배경으로 했지만 읽을수록 책의 메시지가 전혀 낯설지 않게 다가왔다. 아마도 검열에 관한 '기시감(既視感)' 때문이었으리라. 하지만 공권력 혹은 거대권력에 의한 '검열'만을 의식했던 독자들이라면 이 책을 읽으며 의아해할 수밖에 없으리라. 이 책에서 '검열' 은 전방위에 걸쳐 이루어지고 있으며, 심지어 '나'조차 '나'에게 검열을 하고 있다는 사실을 깨닫게 될 것이기 때문이다. 예컨대; 지고지순해야 할 창작과 표현의 자유가 자본주의 시장 논리에 좌우된 나머지 이제 "표현의 자유는 시청률, 그리고 제작사가 예상하고 가정하는 시청자의 요구에 부딪히게 된다"고 한다. 한 술 더 떠서 "대중의 알 권리, 사회 비평, 미학 및 개성 같은 기준은 수익성 지수로 대체된다. 대중의 뜻에 영합하고 자기검열을 감수하고 서라도 읽히고, 보여야 한다"고 진단한다. 그리고 마침내 "검열은 보이지 않는 새로운 형태, 즉 자기검열로 탈바꿈했다"는 대목에 이르면 등골이 오싹해진다.

나아가 저자들은 인터넷을 가리켜 "검열에 쓰나미 같은 존재"로 정의하면서 "숨겼거나 금지된 정보가 누구에 의해서든, 그리고 어디에서든 공개될 수 있"음을 경고한다. 게다가 광고주의 횡포로 요약되는 기업의 검열은 또 어떤가. 미풍양속 침해를 명분으로 한 검열의 칼날을 수시로 휘두르며 검열을 정당화하는 가치로 청소년 보호를 내세운 뒤 중립성과 객관성을 유지했다고 자부하는 국가의 태도를 지적하기도 한다. 어디 그뿐인가. 종교조차 일부 국가에서는 자유롭고 민주적으로 반대의사를 표현하려는 사람들에게 재갈을 물리는 데 이용되고 있는 현실까지 낱낱이 파헤친다.

어디 그뿐인가. 이른바 베스트셀러에 집착하는 출판사 또는 저자라면 이미 스스로 '검열의 덫'에 걸린 셈이다. 표현과 양심의 자유에 입각해서 집필하는 것이 마땅하련만 어떻게 해야 많이 팔릴 것인가, 이렇게 쓰면 독자들이 외면하지는 않을까, 요사이 유행하는 표현에서 벗어나면 안 되는데…… 등 유통과정에 대한 눈치 보기 자체가 결국 스스로 검열을 자초하는 것이나 마찬가지라는 진단이 가능하기 때문이다. 그러므로 자기 내·외부 검열 없이 만들어진 원고야말로 좋은 책을 위한 기본요소임을 강조하고 싶다.

또 한편으로 이 책은 디지털 파놉티콘(panopticon)에 대한 경고로도 읽힌다. 그동안 권력은 자신의 권위를 단단하게 다지고 비판을 막기 위해 검열에 의지하거나 비밀로 자신을 감싸왔다는 지적이 아니더라도 우리는 정신을 바짝 차려야 한다. 혹시 이제 더 이상 검열은 존재하지 않는다고 여기거나 실제로 작동하지 않는다고 믿는가? 아니다. 어쩌면 과거보다 더 교묘하고 간접적인 형태로 표현의 자유를 제한하려는 시도들에 대한 경계심을 늦추어서는 안 된다. 여전히 "국민을 무책임하고 분별력 없는 아이"로 보는 세력이 우리 생활을 넘어 가상공간까지 점령하고 있을지도 모르기 때문이다.

그림책 베스트셀러 유감

━━

　책에 대한 나의 지론은 "책은 책다워야 한다"는 것이다. 그런데 요사이 우리 서점가를 휩쓸고 있는 이른바 베스트셀러 목록을 보면 의아함을 넘어 괴상한 풍조를 목격하게 된다. 성인을 위한 그림책 또는 '색칠 책'이나 '컬러링 북'으로 일컬어지는 책들이 베스트셀러 상위를 점령한 지 오래이기 때문이다. 특히 『비밀의 정원』(조해너 배스포드, 클, 2014) 같은 것은 지난해 8월 출간된 이래 오래도록 1위 자리를 굳건히 지키더니 아직도 상위권에서 벗어나지 않는다고 하니, 호기심에 겨운 사람들이라면 한번 사보고 싶은 마음이 들지 않을 수 없을 듯하다.

　문제는 이런 유형의 도서들이 과연 '책'이라고 할 수 있는가 하는 점에 있다. 그림책 하면 어린이들을 연상하게 마련이지만 요사이 유행하는 컬러링 북은 성인들을 대상으로, 먹선으로 이루어진 그림 윤곽만 그려져 있는 책을 사서 스스로 색칠해 나가며 완성하는 형식이라고 한다. 더욱 기가 막힌 것은 활자로 표현된 글자는 전혀 없다는 것. 결국 완성된 텍스트로서의 책이 아니라 그림 그리기를 유도하는 취미 만족형 도구에 불과한 것을 책으로 대접해 가며 베스트셀러 운운하는 지경인 셈이다. 그렇잖아도 디지털 미디어의 총아로 떠오르며 우리 출판산업 생태계를 뒤바꿔놓고 있는 전자책(e-Book) 업계에서도 양질의 콘텐츠를 확보하지 못해 전전긍긍하고 있는 터에 종이책마저 콘텐츠가 아닌 아이디어 위주의 마케팅이 성공한다면 앞으로 우리 출판산업은 '문화산업'의 선구자라는 영예로운 자리를 내주어야 할지도 모른다. 도서관도 책들의 무덤으로 전락하게 될 것이며, 더 이상 글을 쓰는 사람이 설 땅은 없어지고 말지도 모른다.

전통적인 관점에서 출판에 대한 정의는 "저작자의 원고를 편집자가 정리하고 그것을 인쇄술로써 다량 복제하여 유통기구를 통해 독자에게 전달하고 그 문화적·산업적 효과를 얻는 일련의 행위"를 뜻하였고, 그 의미는 "인간 문화 축적의 일반적 수단", "인류 문화 및 그 성과의 위대한 발견과 끊임없는 진보를 위한 가장 적절한 수단"으로 기능하는 것에 있었다. 따라서 그 결정체인 책은 개인의 발전은 물론 정부와 사회의 발전에 이바지하는 매체이며, 문화를 창조하는 매체라는 점이 강조되었다. 또한 전통적으로 출판은 유용한 형태의 정보를 제시하여 부가가치를 창출하는 과정으로서 이에 부합하는 구체적인 매체로는 도서, 잡지, 신문 등이 있다. 그리고 이러한 형식들은 그동안 서로 잘 구분되어 왔으며, 수용자들 또한 각각 다른 기대감으로 해당 매체를 읽어왔다.

국제연합(UN) 산하 유네스코(UNESCO)에서는 1964년 10월부터 11월까지 프랑스 파리에서 열린 제13차 총회에서 '서적과 정기간행물에 관한 통계의 국제적 표준화에 대한 권고안'을 채택하면서 책이란 "국내외에서 출판되어 공중의 이용에 제공되는 최소한 49쪽(표지 제외) 이상의 인쇄된 비정기간행물을 말한다"고 규정하였다. 따라서 오늘날 대부분의 국가에서는 출판 통계를 작성하면서 이와 같은 유네스코의 책에 대한 규정을 따르고 있다. 이를 반영하여 일찍이 한국 출판학을 선도했던 남애 안춘근 선생은 "책은 사람의 사상이나 감정을 글자나 그림으로 기록하여 꿰어 맨 것이되, 용이하게 펼쳐볼 수 있고 운반할 수 있어야 하며, 어떤 목적을 가진 내용이 들어 있어야 하며, 일정한 분량(49쪽 이상)이 있어야 한다."고 하였다.

최근 일간지 칼럼(《한겨레》 2월 27일자)에서 한국출판연구소 백원근 책임연구원이 "'색칠 책' 베스트셀러에서 빼자"고 주장한 것에 적극 공감하며, 우리 출판계에서도 '책다운 책'을 통해 진정한 독자를 창출함으로써 불황을 이겨내려는 노력이 시작되기를 기대한다.

제2부

세상사에
간섭하기

「사랑이 깊으면
외로움도 깊어라」와「봉인」의
유사성에 관하여

사실 개요

이른바 "복벽결손증 신생아와 산모의 자살에 관한 에피소드"를 둘러싼 논쟁이 세간의 화제가 되고 있다. 최근 당사자들의 뜻과는 상관없이 네티즌들을 중심으로 2005년도 동인문학상 수상작가인 권지예의 작품집『꽃게 무덤』(문학동네)에 수록되어 있는 단편소설「봉인」이 '시골의사'라는 별명으로 유명한 외과 전문의 박경철의 베스트셀러 에세이집『시골의사의 아름다운 동행』(리더스북, 2005)에 실려 있는「사랑이 깊으면 외로움도 깊어라」를 표절했다는 논란이 번지고 있는 것이다.

한쪽 당사자인 박경철 씨가 더 이상 문제 삼지 않겠다는 뜻을 분명히 밝혔고 동인문학상 심사위원회에서도 "작품을 검토한 결과 (표절 논란이 발생한 작품 사이에) 구성의 유사점을 발견할 수 없었다."는 공식 입장을 밝혔지만, 파장은 쉽사리 가라앉지 않고 있는 것으로 보인다. 어떻게 보느냐에 따라, 즉 두 작품을 보는 사람의 입장에 따라 그 유사성의 정도가 다르기 때문인데, 여기서는 학자적 양심에 입각한 법적 관점에서 두 작품을 살펴보기로 하겠다.

저작권 침해를 판단하는 기준에 대한 법적 해석

다른 사람이 이루어 놓은 저작물의 전부 또는 일부를 그 저작권자의 허락 없이 이용하는 것을 가리켜 '무단이용', '무단복제' 또는 '표절(剽竊)'이라고 하며, 이는 전형적인 저작권 침해의 유형이라고 할 수 있다. 물론 이러한 저작권 침해가 성립하려면 원저작물이 보호대상으로서의 저작물에 해당되어야 하고, 그 행위가 저작권법에서 규정하고 있는 저작재산권의 제한규정에 해당하지 않아야 한다.

일반적으로 무단이용이 성립하기 위해서는 다른 사람의 저작물에 접근하여 그 저작물의 전부 또는 일부를 이용, 동일하거나 유사한 작품을 만들어야 한다. 대법원의 판례에 따르면, "저작권의 보호대상은 아이디어가 아닌 표현에 해당하고, 저작자의 독창성이 나타난 개인적인 부분에 한하므로 저작권의 침해 여부를 가리기 위하여 두 저작물 사이에 실질적인 유사성이 있는가의 여부를 판단함에 있어서도 표현에 해당하고 독창적인 부분만을 가지고 대비하여야 한다."(대법원 제1부, 1993. 6. 8. 판결, 93다3073)는 것이 중론이다. 즉, 실질적 유사성 여부는 양적인 판단에 의해서가 아니라 질적 판단에 따르는 것이므로 유사성이 양적으로 많은 부분에 걸쳐 나타나지 않더라도 보호대상 저작물의 중요한 부분과 실질적으로 유사하다면 저작권 침해에 해당된다고 볼 수 있는 것이다. 그동안 누적된 판례에 따르면 저작권 침해의 절대적 요건은 다음과 같이 두 가지로 요약할 수 있다.

① 주관적으로 가해저작물이 피해저작물에 의거, 그것을 이용하여 창작되었어야 한다.
② 객관적으로 두 저작물 사이에 동일성이 있거나 가해저작물이 피해저작물에 대해 종속적인 관계에 있는 등 실질적 유사성이 있어야 한다.

여기서 ①의 '의거'라는 말은 침해자가 기존의 저작물을 이용했음을 의미하는 것이므로 거의 동일한 내용이라 하더라도 그것이 단순한 우연의 일치이거나 공통의 소재를 이용하는 데에서 오는 자연적 귀결인 경우 혹은 공유에 속하게 된 다른 저작물을 함께 이용한 데에서 오는 결과인 경우에는 저작권의 침해가 된다고 볼 수 없다. 또한 ②의 '실질적 유사성'이란, 작품 속의 근본적인 본질 또는 구조를 복제함으로써 두 저작물 사이에 비록 구체적 표현으로 대칭되는 유사성은 없다 하더라도 전체로서의 포괄적인 유사성이 있는 경우와 작품 속의 특정한 표현이나 세부적인 표현이 복제된 경우를 뜻하고, 이때 아이디어 즉, 단순한 사상이나 주제가 같다고 해서 그 실질적 유사성을 인정할 수는 없다는 뜻을 담고 있다.

만일 표절문제와 관련하여 분쟁이 발생할 경우 우리 법원의 법리해석은 곧 실질적 유사성에 관한 질적 판단을 원칙으로 삼아 진행되겠지만, 한편으로는 저작권법 정신에 비추어 볼 때 저작권 침해 여부를 판단하는 기준으로서 실질적 유사성이 저작물의 종류 또는 그에 포함된 아이디어의 종류에 따라 달라질 수밖에 없는 결과를 초래할 수도 있다. 따라서 표절 또는 무단복제에 관한 최종판단은 사례별로 인용 정도와 범위, 표현 방법, 그리고 전문분야에 따라 크게 달라질 수 있을 것이다.

또한, 저작물의 모방성과 관련하여 생각해야 할 문제가 바로 '패러디'(parody) 기법이다. 패러디란 원래 문학에서 "특정한 작품의 진지한 소재와 태도, 또는 특정작가의 고유한 문체를 모방해서 그것을 저급하거나 매우 걸맞지 않은 주제에 적용시키는 것"을 말한다. 따라서 문학 또는 예술 창작에서 패러디는 얼마든지 일어날 수 있다. 하지만 그것이 진정한 의미에서 패러디라면 패러디라고 여겨질 수 있을 정도의 작품성이 있어야 하며, 그렇지 못하다면 무단복제에 불과하므로 저작권 침해에 해당할 것이다.

두 작품의 유사성에 대한 판단

먼저, '의거성'의 문제에서 작가가 시골의사의 글을 보고 작품을 구상했다는 점은 여러 가지 정황으로 살피건대 충분히 인정된다. 책으로 출간된 시점만 놓고 보면 박경철의 『시골의사의 아름다운 동행』이 2005년 4월 1일에 나왔고, 권지예 씨가 작품 「봉인」을 발표한 건 2005년 2월에 발간된 《세계의 문학》 봄호에서였으니 가능성이 없어 보이지만, 박경철 씨가 개인 블로그에 같은 내용의 글을 올린 것이 2004년 12월 29일이고, 연합뉴스 2005년 11월 5일자 보도에 따르면 권지예 씨가 "박경철 씨가 책을 출간하기 전 인터넷에서 본 글을 소설의 소재로 가져왔다가 이후 그 글이 수필집으로 출간된 것을 알고 박씨에게 이메일을 보냈으나 답신이 없었다."고 해명하고 있는 것으로 봐서 이 부분에 대해서는 당사자 사이에 이의가 없는 것으로 보인다.

실제로 두 작품을 비교해 보면 "신생아의 병명이 '복벽결손증'이어서 내장들이 그대로 드러나는 바람에 거즈로 막아놓은 상태"라거나, "일단 장에서 수분 증발을 최대한 막아야 하니까 고어텍스 패치를 대느니 사일로를 만들자."라거나, "장이 배 안으로 자리를 잡도록 사일로를 만들어 유도한 다음에 시간을 두고 복벽이 성장해야 패치를 대고라도 복벽을 연결해서 꿰매는 수술을 할 수 있다.", "장을 배의 중간으로 모아 바셀린을 바른 거즈로 장을 둘러싼 다음 아이스크림의 콘 모양으로 만들면, 중력으로 아래쪽 장부터 배 안으로 들어가서 자리를 잡게 되는데 이것을 사일로라고 한다."는 구체적인 표현과 함께 신생아가 끝내 사망한 후 산모가 스스로 목을 매서 목숨을 끊었다는 에피소드에서 일치하고 있음을 확인할 수 있다.

그렇다면 저작권 침해 여부를 가늠하게 될 '실질적 유사성'이라는 측면에서는 어떠한가? 「봉인」은 과연 「사랑이 깊으면 외로움도 깊어라」와 종속적인 관계에 놓여 있다고 볼 수 있을 정도로 유사한가? 앞서 살핀 의거성이 명백하게 성립함에도 불구하고 두 작품 사이에는 실질적으로 유사하다고 보기 어렵다는 것이 필자의 판단이다. 우선 논란이 되고 있는 에피소드가 박경철의 「사랑이 깊으면 외로움도 깊어라」의 전반적인 줄거리에 해당하는 반면, 권지예의 작품에서는 전체 구성에서 일부를 차지하는 에피소드이며 전반적인 분위기에서도 아이디어를 차용해 온 수준이라면 모를까, 구체적인 표현으로서의 작품 자체를 베낀 것이라고 보기에는 무리가 따르기 때문이다. 즉, 문제가 되고 있는 에피소드를 제외하더라도 권지예의 작품이 구성상 허술해지기는 할망정 작품 자체의 완성에는 큰 영향을 미치는 것으로 보기 어렵다는 판단이 들었다. 아울러 비록 희귀병이기는 하지만 '복벽결손증'을 비롯한 각종 희귀병으로 인해 고통 받는 사람들이 우리 주변에 존재하는 것이 사실이고, 이를 둘러싼 에피소드 역시 현실적으로 얼마든지 존재할 수 있는 소재에 불과하다는 점에서 그것을 논픽션의 형태로 구체적으로 표현한 노력에도 불구하고 창작성(픽션)이라는 측면에서는 작가의 작품이 별개라고 볼 수밖에 없는 것이 저작권 보호의 취지에도 부합하기 때문이다.

맺는글

이상에서 살핀 것처럼 법적 판단에 따른다면 권지예 씨는 무죄라고 할 수 있다. 하지만 아무리 법치사회라고 하더라도 도덕성을 결여한 경우에는 사회적 시선까지 고울 수는 없다. 개인 블로그에 올린 글이라고 하더라도 저작물로서의 가치는 엄연히 존재하는 바, 비록 처음 글을 보았을 당시에는 그 내용이 책으로 출판된 것이 아니라서 아이디어 차용에 따른 양해를 구하지 않았다는 식의 변명보다는 아이디어를 제공받은 데에 대한 감사의 뜻을 먼저 표시했더라면 하는 아쉬움이 크다.

어쨌든 늦게나마 향후 재쇄 발행 시 소재의 출처를 표시하겠다는 권지예 작가의 뜻이 공표된 만큼 더 이상 논란이 확산되는 것은 바람직하지 않다고 생각한다. 시골의사 박경철 씨는 책 서두의 '프롤로그'에서 "나는 이 책이 누군가의 아픔을 안주 삼아 얄팍한 호기심을 충족시키는 도구가 되기를 바라지 않는다. 이 책에 실린 이야기들을 통해, '내'가 '그'가 될 수 있음을 기억하고 싶었고, 우리가 말하는 '그들'이 곧 '우리들'의 이야기가 될 수도 있음을 공감하고 싶었다."고 썼다. '권지예'라는 출중한 작가를 통해 누군가의 아픔이 '우리의 이야기'로 승화되기를 바라마지 않으며, "권 작가님의 양식과 판단 그리고 그에 따른 결정을 믿고 이 문제에 대해 책장을 덮기로 한다."고 밝힌 박경철 씨의 용기에 대해 권지예 작가의 솔직한 답변을 기대하는 것은 비단 한두 사람만의 소망은 아니리라.

서평 전문지
《출판저널》을 말한다

━━━

서평의 대중화에 기여한 《출판저널》

　1987년 7월 20일, 당시 한국출판금고(현 한국출판문화진흥재단)에서 서평 격주간지 《출판저널》을 창간한다. 이후 척박하기 그지없었던 국내 서평지의 위상을 굳게 다지며 발행을 거듭하던 《출판저널》은 2002년 6월 통권 326호를 발간한 후 휴간에 들어갔다가 7개월 만인 2003년 2월에 발행처를 대한출판문화협회로 바꾸어 복간되면서 격주간에서 월간으로 발행주기가 바뀌게 된다. 아울러 2007년 5월호(통권 378호)부터는 판형 또한 기존의 타블로이드판에서 가로 220mm, 세로 275mm의 새로운 판형으로 변신하게 된다. 하지만 2008년 9월, 《출판저널》은 통권 394호를 발행하고 나서 또 한 번 휴간되어 열혈독자들을 안타깝게 만들었다.

　월간지, 주간지, 일간지를 막론하고 "책에 대해 평가하는 형식"의 서평이 본격적으로 등장하기 시작한 것은 1980년대에 들어와서의 현상이다. 곧 대중매체에 의한 국내 서평의 역사는 이제 겨우 20여 년을 상회하는 셈이다. 그나마 외형적 발전에 힘입어 현재 주요 일간지에서는 주말 북섹션을 발행하고 있으며, 서평지를 표방하는 전문잡지가 여러 종 존재하는가 하면, 각종 학술지나 계간지에서도 서평 항목을 따로 마련함으로써 다양한 서평이 여러 매체를 통해 선보이고 있는 중이다. 그러나 이처럼 서평 공간은 확대일

로에 있지만 진정한 의미에서의 서평을 만나는 일은 여전히 쉽지 않다는 점에서, 나아가 이른바 '주례사 비평'에 불과한. 심지어 '보도자료'에 불과한 서평이 난무하는 세태에 대한 비판을 면하기는 어려운 것으로 보인다.

그렇다면 《출판저널》이 지난 20년 동안 수행해 온 고유기능으로서의 '서평'의 양과 질은 어떠한가?

2008년 8월호(통권 393호)를 뒤져보니 서평 형식으로 소개된 책이 줄잡아 40여 종, 단순 리뷰 형식으로 소개된 책은 전자책을 포함하여 150종이 넘었다. 격주간으로 발행되었던 타블로이드판 시절에도 양적인 측면에서는 더 많았으면 많았지 적지는 않았다는 기억에 의지해 보건대, 이전 한 달 동안 발행된 신간 중에서 웬만한 것은 모두 《출판저널》의 그물망을 통해 걸러진다는 뜻이니, 그 양으로만 보면 여기에 소개 글이 실리지 못한 책은 면목없는 책, 별 볼 일 없는 책으로 낙인찍혔을지도 모를 일이다.

내용을 살펴보면 《출판저널》에 실리는 서평은 크게 외부 필자의 그것과 소속 기자의 그것으로 나뉜다. 외부 필자는 주로 해당 분야 전문가들로서 출판평론가 또는 전공교수들이며, 대중성이 짙은 것보다는 학문적으로 검증된 전문서를 중심으로 서평이 전개된다. 《출판저널》을 중심으로 심층 분석한 연구자료나 보도기사를 찾다 보니, 지난 2008년 1월 "한국 서평의 현주소"라는 제목의 기획특집 기사를 실었던 《교수신문》에서는 《출판저널》과 관련하여 다음과 같은 언급이 있어 눈여겨보았다.

> 한국에는 학술전문 서평전문지가 없다고 보면 된다. '한국에서 서평이 잘 이뤄지고 있는 매체를 자유롭게 꼽아달라.'는 질문에 서평 관련 전문가들은 교수신문을 포함한 각종 신문과 계간지들을 열거했다. 추천해준 매체들은 다들 서평을 다루고 있지만 중심으로 내세우지는 못하고 있다. 신문들도 학술서를 전문적으로 다루거나, 서평을 전면에 내세우는 경우는 드물다. 신문의 책 관련 섹션도 서평 전문이라기보다 신간소개 수준이 주를 이루고 있다.

《출판저널》은 1987년 창간해 매월 5일과 20일, 격주간으로 발행하다 지금은 월간으로 발행되고 있다. 서평전문가들이 《출판저널》을 많이 추천한 것은 학술서를 다루는 서평이 많기 때문으로 보인다. 필자들도 서평하는 책의 학문분야 전공교수들이 쓰고 있다. 학술서 한 권에 대한 서평은 원고지 8~10매 내외다.

이 같은 기사에 기대지 않더라도 그동안 《출판저널》을 거쳐 간 기자와 논객들, 좋은 책 만들기에 여념이 없는 출판사 편집자들, 그리고 지금도 매호마다 한 자라도 놓칠까 싶어 충실한 읽기에 몰두하며 거침없는 피드백을 보내고 있는 독자 군단들을 보노라면 서평지로서 기능해 온 《출판저널》의 공로가 제법 크다는 사실을 알 수 있다. 그렇다면 과연 《출판저널》이 지향해 온 서평의 빛깔은 어떤 것일까?

서평의 질적 수준에 관한 단상, 그리고 《출판저널》

우리 독자들에게 익숙한 출판평론가 중 한 사람인 '표정훈'은 그의 저서 『탐서주의자의 책』(마음산책, 2004)에서 서평이란 "책 내용의 옳고 그름, 좋고 나쁨, 잘되고 못됨 등을 들어 평가하는 글이나 말로서, 필자나 발언자 이외의 1인 이상의 수용자가 있어야 하고, 다수의 공중이 접근할 수 있는 매체나 제도를 전제로 한다."고 정의한다. 이런 견해와는 다른 입장인 듯 일본의 대표적인 지식인 '다치바나 다카시'는 서평에 대해 다음과 같이 주장한다.

책에 대한 평가는 읽는 사람에 따라 천차만별로 나타나는 것이 당연하다. 책에 대한 진정한 평가는 개인적일 수밖에 없는 것이므로 당연히 읽는 사람 스스로에게 맡기는 것이 가장 나은 방법이다. 서평을 하는 사람은 책을 읽는 사람에게 방해되지 않을 정도의 참고 의견을 제시하는 선에서 그쳐야 한다고 나는 생각한다.

얼핏 두 가지 견해를 대조하면 특정도서에 대한 주관적이면서도 적극적인 평가와 의견 개진이 이루어져야 한다는 입장과 독자들의 선입견을 자극하거나 독서에 간섭할 정도로 깊이 있는 평가를 해서는 안 된다는 입장으로 맞서는 것처럼 보인다. 하지만 서평은 기본적으로 "비평인 동시에 책에 대한 소개"라는 관점으로 두 가지 견해를 다시 들여다보면 일맥상통한다는 사실을 알 수 있다. 비평으로만 일관하거나 줄거리 등 책에 대한 소개로만 이루어진 것은 진정한 의미의 서평이라고 보기 어렵다는, 곧 비평과 소개가 적절히 어우러진 글쓰기야말로 서평의 경지에 한 걸음 다가가는 방법이라는 것이다. 그렇다면 본격 서평지를 표방해 온 《출판저널》은 그 이름값을 톡톡히 해 왔음이 틀림없다. 400호 가까운 지령에 이르는 노정에서 살피건대, 언제 어느 때 발행된 《출판저널》을 펼치더라도 비평과 소개가 나란하게 어울리고 있다는 사실을 발견할 수 있거니와, 등장하는 책 제목 하나, 저자 혹은 필자 이름 한 자에도 원고를 마감하느라 쏟아냈을 담당자의 고민과 정성이 깃들어 있기 때문이다.

사실 서너 명의 기자가 한 달에 한 번 정기적으로 방대한 분량의 서평 전문지를 펴낸다는 것은 업무량만 보더라도 절대 쉽지 않은 일이다. 기자 한 사람이 써내야 하는 서평 기사의 분량뿐만 아니라 대상 도서를 선택하고 분류하는 한편 알맞은 외부 필자를 섭외하고 원고가 마감될 때까지 노심초사해야 하는 과정의 무한 반복은 얼마나 고단한 과정일는지 짐작하고도 남는 일이다. 그렇게 쏟아낸 기사들이 오죽할까 싶은 염려가 스치는 것도 사실이다. 앞서 인용한 《교수신문》의 특집기사에서 기자는 "어떤 한 책에 대한 일간지의 리뷰를 모두 모아 하나로 연결시키면 출판사에서 작성한 책 소개 보도자료가 된다라는 말이 나올 정도로 엉터리 서평이 많다. 전문지들의 서평 또한 인구에 회자하는 명문(名文)이 없는 걸 보면 본격성과 전문성이 아직 많이 모자란 것으로 보인다."고 지적하고 있는데, 일면 타당한 말일 수도 있다.

매주 32면 섹션으로 발행되는 《뉴욕타임스》의 '뉴욕타임스 북리뷰'를 보면 우리 서평 매체의 열악한 현실을 쉽게 짐작할 수 있다. '뉴욕타임스 북리뷰'는 한 호에 픽션 6종, 시집 및 논픽션 11종 내외의 서평을 게재한다. '뉴욕타임스 북리뷰'를 만드는《뉴욕타임스》리뷰팀은 18명의 기자와 9명의 편집자로 운영되고 있으며, 리뷰 기사 하나를 출고하는 데 약 두 달을 할애한다고 한다. 서평 대상 도서를 선정하는 기준은 분야마다 다른데, 픽션의 경우에는 글쓰기의 질, 논픽션은 새로운 주제나 가치와 함께 저자의 새로운 시각 등이 중심이 된다. 또 각 서평은 전문가에게 의뢰하는데, 리뷰팀은 서평자가 저자, 출판사, 에이전트와 특별한 관계에 있는지 반드시 점검한다고 한다. 서평자의 원고가 도착하면 편집진이 재검토 과정에서 "공정한가? 전문적인가? 수준이 높은가?" 등을 따져본다. 일간지인 만큼, 독자들이 책을 사서 읽게 만들거나 대화의 소재를 제공할 수 있어야 한다는 것에 서평의 목적을 둔다고 한다. 이처럼 '뉴욕타임스 북리뷰'까지 비교 대상으로 삼는다면《출판저널》은 그야말로 보잘것없는 삼류지처럼 여겨질 수도 있다. 하지만《출판저널》을 정기구독해 본 경험이 있는 독자라면, 그리하여《출판저널》에서 소개받은 책을 구해 읽은 경험이 있는 독자라면, 나아가 다음 호를 기다리며 설레는 기분으로 서점을 돌아다녀 본 경험이 있는 독자라면《뉴욕타임스》독자 못지않은 느낌으로《출판저널》을 기억할 것이다. 어디 그뿐인가? 강철주, 이권우, 김중식, 허연, 이성수, 최성일, 박천홍, 마정미 등 지면을 빛냈던 기자들의 쟁쟁한 이름 또한 아름답게 기억될 것이기에《출판저널》은 우리에게 대표적인 서평 전문지로 각인되어 있는지도 모르겠다.

좋은 책이 키운《출판저널》혹은《출판저널》이 키운 책

베스트셀러가 곧 '좋은 책'이라고 할 수 없는 것처럼 대중매체가 소개하는 책이 모두 의미 있는 책일 수는 없다. 그렇다고 나쁜 책을 골라 억지로 포장해 주는 서평을 싣는 매체가 있다면 그것 또한 지탄받아 마땅하다. 몇 년 전인지 확실하지 않지만, 나의 졸저가《출판저널》의 "이 책 그 사람"인가 하는 코너에 저자 인터뷰 형식으로 소개되었을 때의 감동을 지금도 잊지 못한다. 이제 막 취재기자로 입문한 앳된 모습의 홍이현 기자와 노련하게 카메라 렌즈 속으로 나를 들여다보던 박신우 기자를 또렷이 기억한다. 물론 그보다 훨씬 이전에도 졸저와 함께 나의 프로필이 소개된 적이 있었지만, 그때의 감흥을 고스란히 옮겨놓기에는 너무 많은 시간이 흘렀기에 새로운 기억으로 그 설렘을 대신하는 것일 뿐이다.

그 밖에 이러저러한 이유로 원고청탁이 올 때면 흔쾌히 응하면서도 《출판저널》의 위상에 어울리는 글쓰기 때문에 고심했던 추억들이 내 기억 속에서 아름답게 나부끼고 있다. 특히 《출판저널》 통권 202호(1996.11.5.)에 실었던 "미화된 인생고백, 과연 진실한가?"라는 제목의 글이 잊히지 않는다. 유명인들이 써내는 '자전적 에세이' 혹은 '자전고백 소설'이 안고 있는 문제점을 구체적으로 나열하며, "대중의 추앙을 받는 스타답게 자신들의 삶이 의미 있고 교훈적이라면, 그리하여 혼자 간직하기엔 너무 아까운 내용을 담고 있다면 기왕에 일말의 거짓도 없는, 그야말로 진실에 입각하여 스스로 쓰고 다듬어 개정판을 낼 용의는 없는지 묻고 싶다."고 직격탄을 날렸던 일은, 그리하여 주요 일간지에서도 졸고를 인용하며 문제점을 부각시켰던 일은 지금 생각해도 통쾌한 기억이다. 이처럼 좋은 서평은 '객관성'보다는 '주관성'을 잘 활용하는 것이 아닐까 싶다. 물론 대상으로서의 책을 제대로 읽어야 한다는 전제가 지켜져야 한다. 곧 좋은 서평을 위해서는 "정확하게 읽기, 텍스트와 거리를 유지하며 비판적으로 읽기, 서평을 위한 주관적 도구(감상, 경험, 평가)를 잘 활용하며 쓰기"가 골고루 반영되어야 한다.

이제 서평을 다루는 매체는 그 폭이 매우 넓어지고 있다. 신문이나 잡지 같은 인쇄매체를 벗어나 공중파 및 케이블 TV를 통해서도 제공되고 있으며, 인터넷을 통한 온라인 서점의 '리뷰' 코너에서도 활발하게 그 성과를 나타내고 있다. 이렇듯 빠르게 진화하는 서평 매체에 비추어 《출판저널》은 과연 어떤 진화의 몸부림을 시도했을까? 《출판저널》이 풍기는 서평 전문지로서의 위상을 그대로 신뢰할 수 있을까?

그 대답은 결코 긍정적이지 않다. 우선 커뮤니케이터로서의 필자와 독자 사이에는 큰 문제가 없는 것처럼 보인다. 하지만 발행주체를 보면 지면이 담고 있는 메시지의 진정성을 의심할 여지가 있다. 과거 '한국출판금고'

도 그랬지만 현재의 '대한출판문화협회'가 발행주체라는 점에서 메시지의 객관성을 인정하기 힘들다는 것이다. "출판의 자유를 확보하고 출판사업의 건전한 발전과 출판문화의 사명을 달성하기 위하여 힘씀으로써 문화향상에 기여함"을 목적으로 설립된 대한출판문화협회의 회원은 '출판사 대표'이며, 구체적인 사업 내용에는 "회원의 공동복리 증진에 관한 사업"이 명시되어 있는 이익단체이다. 바로 그런 단체가 발행주체라면, 발행인과 편집인이 모두 출판사 대표라면 과연 그 매체에 실린 서평의 진정성을 믿을 수 있을 것인가 생각해 볼 필요가 있다는 말이다.

그럼에도 불구하고 지금까지《출판저널》이 별 탈 없이 자랄 수 있었던 배경에는 바로 '좋은 책'과 '좋은 독자'들이 있었다. 곧 좋은 책을 다룬 매체 또한 좋은 그 무엇이 될 수 있었을 터, 좋은 글을 바친 기자와 외부 필자들이 공동으로 쌓아올린 서평의 금자탑이 바로《출판저널》이었던 것이다. 그렇다면《출판저널》이 키운 책들은 어떻게 되었을까? 미루어 짐작건대, 좋은 독자들의 뇌리에서 온갖 지식과 정보로 소화되어 문화 강국의 굳건한 바탕으로 쌓이고 있지 않을까? 여기서《출판저널》이 우리 책 세상에 남아 올바른 서평이 자라는 밭이 되고 논이 되어야 하는 이유를 새삼스레 거론할 필요는 없을 것이다. 그래도 무언가《출판저널》의 앞날을 다독이는 말이 필요하다면, 나에게 이른바 '출판평론가'라는 타이틀을 달게 해준 졸고 "베스트셀러, 향기의 이름 혹은 악취의 이름"(1995) 말미에서 했던 말로 대신하고자 한다.

출판은 분명히 인류사의 발전에서 커다란 축을 담당한 분야이며, 앞으로도 그 역할에는 변함이 없을 것이다. 다만 새로운 분야의 등장에 따라 잠시 소외되고 있을 뿐이다. 따라서 당장의 황홀한 향기를 뿜다가 순식간에 악취를 뿌리는 베스트셀러에 집착하기보다는 오래도록 변함없이 은은한 향기를 선사하는 책을 만들기 위하여 애써야 마땅하다. 지금은 비록 어렵지만 언젠가 또다시 출판의 기능이 새롭고도 절실하게 요구될 날이 올 것이라는 확신 속에서 출판계 종사자들은 거듭나는 자세로 끝없는 노력을 기울여나가야 할 것이다.

국립디지털도서관,
'준공'보다는 '개관'이
중요하다

2008년이 저물어가던 12월 29일 오후, 서울 서초구 서초동 국립중앙도서관에서는 디지털도서관 준공식이 열렸다. 이른바 "도서관2.0 시대의 개막"과 더불어 "한국을 넘어 세계 도서관 문화의 지형도를 바꿀 새로운 개념의 도서관"이 완공된 것이다. 주최 측 설명에 따르면 지난 2005년 12월 착공된 국립디지털도서관은 1,179억 원을 들여 만 3년여에 걸친 공사 끝에 완공되었으며, 건물 면적은 $38,014m^2$(지하 5층, 지상 3층)의 규모로 다국어 정보실, 디지털 열람실, 복합상영관, 자동화 서가 등 첨단시설과 잔디광장, 한국정원, 디지털 북카페, 실내정원 등 "자연과 인간, 정보가 함께하는 친환경 공간"으로 구성되어 있다.

한편, 이날 준공식에는 당시 성남기 국립중앙도서관장, 유인촌 문화체육관광부 장관, 고흥길 국회 문화체육관광방송통신위원장을 비롯한 각계인사 수백 명이 참석해 성황을 이뤘다. 필자 또한 초청장을 받고 디지털도서관의 최초 관람객이 되고 싶다는 생각에 "이때다" 싶어 참석했지만, 이내 '준공'과 '개관'이라는 단어의 차이를 미처 헤아리지 못한 어리석음을 곱씹어야 했으니……. 이날은 단순히 건물 '준공식'이 열린 것일 뿐 "통합전산센터의 자체 테스트와 첨단시스템의 시험운영 등 사전준비를 거쳐 2009년 5월 디지털도서관을 전면 개관할 예정"이라는 것이 아닌가.

"저작권자, 출판권자, 여성"이 빠진 "그들만의 잔치"

더욱 기가 막힌 장면은 준공식 내내 이어졌다. 행사가 진행되는 동안 무심코 둘러본 참석인사의 면면에서, 그리고 전반적인 행사 분위기에서 디지털도서관 준공의 참뜻이 무엇인지 반문하지 않을 수 없었다. 먼저, 디지털도서관은 "지금까지 알려진 전자도서관의 개념을 뛰어넘어 누구나가 언제 어디서나 손쉽고 편리하게 고품질의 디지털 정보에 접근할 수 있도록 만들어진 것이 큰 특징"이라면서 정작 '정보'의 생산자들이 소외된 행사라는 생각을 떨칠 수가 없었다. 도서관 관련 고위관계자와 유력정치인들만 즐비할 뿐 정보의 최초 생산자인 작가를 비롯한 창작 관련 인사는 전혀 보이지 않았다. 어디 그뿐인가. 오늘날 고정된 형식으로 가장 많은 정보를 구축하고 있는 출판계 인사 또한 찾아볼 수 없었다. 창작을 담당하는 저작권자와 정보의 유통에 큰 역할을 담당하는 출판권자가 소외된 디지털도서관 준공식은 어딘지 모르게 "그들만의 잔치"라는 인상을 떨칠 수가 없었다.

또 하나, 행사의 시작에서 끝까지 주요 인사들의 의전 도우미를 비롯한 안내 등 뒷전에서 동분서주하는 사람은 대부분 여성들인데, 정작 앞줄에 선 주인공들 중에는 여성이 단 한 사람도 없었다. 도서관을 이끌어가는 사서들이 대부분 여성이며, 이용자 또한 여성들이 압도적으로 많은 현실에 비추어 볼 때, 정치인을 위주로 한 남성 중심의 행사 진행은 21세기 디지털도서관 준공식과는 전혀 어울리지 않는 시대착오적인 것이 아닐 수 없다.

이번에는 디지털도서관의 내용과 외연이 당면한 문제점을 살펴보기로 하자. 이날 준공식 연단에 오른 유인촌 전 장관은 "상당한 양의 정보가 이제 우리 눈앞에 펼쳐질 것"이며 "디지털도서관이 새로운 문화와 정보의 공간으로서 세계적인 명소가 될 것"이라고 축하의 말을 전하면서 "디지털도서관에 들어갈 콘텐츠의 수집 및 개발에 적극 협력할 것"이라고 덧붙였다. 국회 고흥길 전 위원장은 "국민의 지적욕구를 충족시키고 세계 디지털도서관의 성공적 모델이 될 것을 확신한다"면서 "첨단 지식정보를 보다 빠르게 국민에게 제공해 국가지식경제에도 도움이 되길 바란다"고 주문했다. 한상완

전 도서관정보정책위원장은 "세계 최초의 국립디지털도서관인 만큼 창조적인 콘텐츠를 개발하고 발 빠르게 정보를 수집해 국가의 발전을 도모하자"고 격려했다.

그러나 문제는 "어떻게" 그 '무엇'을 담느냐 하는 것이 아닐까. 아무리 반듯하고 드넓은 길을 닦아 놓아도 그 길에 쓰레기를 실은 차만 오간다면 그 길은 없느니만 못한 것이 되고 만다. 디지털도서관도 마찬가지다. 이번에 구축된 국립디지털도서관은 온라인서비스 포털시스템인 '디브러리(dibrary; digital과 library의 합성어)'를 구축해 국내 최초로 장애인·다문화 정보 등 특성화된 온라인 서비스를 제공한다. 미국 의회도서관 등 세계 주요 도서관을 비롯해 관련 여러 분야의 기관이나 단체, 개인 등이 가진 다채로운 정보 등을 연계함으로써 학위논문·연구보고서 등 학술자료와 정책정보 등 모두 1억 건의 디지털 콘텐츠 검색이 가능하게 될 것이라고 한다. '정보광장'을 통해 디지털 열람공간도 이용할 수 있으며, '다국어정보실'에서는 6개의 외국어가 지원되고 '미디어 스튜디오'에서는 직접 UCC 등을 제작할 수 있다. '복합상영관'에서는 영상을 상영할 수 있고 장애인을 위한 '도움누리터'도 마련돼 장애인들이 정보에 한층 쉽게 접근할 수 있도록 했다는 것도 자랑거리다. 또한, 소통과 공유의 정신에 입각한 웹2.0 환경에 적극적으로 대응해 UCC와 블로그 콘텐츠를 비롯한 이용자 참여서비스를 도입, 현재 연 43만 건 수준의 자료 수집량을 270여만 건 수준으로 획기적으로 늘릴 예정이라고 한다. 더불어 온라인상의 다양한 지식·정보서비스들과의 연계 협력을 통해 메인 포털 서비스를 제공하게 될 것이라고 한다. 그런데 법적으로 뒷받침되어야 할 도서관 정책은 디지털도서관을 온전히 감싸주지 못하고 있다. 그렇다 보니 무려 1,000억 원 이상 쏟아 부은 사업의 결실인 디지털도서관이 사실상 개점휴업 상태가 될 수밖에 없었던 것이다.

온전한 '디브러리'가 되기 위해 살펴야 할 것들

현행 저작권법에서 허용하고 있는 "저작재산권의 제한" 규정에 따르면 도서관에서는 조사 또는 연구를 목적으로 하는 이용자의 요구에 따라 공표된 도서 일부분을 복제하여 1인 1부에 한해 제공할 수 있다. 따라서 용도가 조사나 연구가 아닌 감상용 혹은 독서용이라면 원칙적으로 복제를 해주어서는 안 되며, 도서 일부분이 아닌 한 권 분량 전체를 복제해 주거나 한 사람에게 같은 복제물을 여러 부 복제해 주어도 안 된다. 이 경우 복제할 수 있는 것은 그 도서관에서 보관하고 있는 도서뿐만 아니라 다른 도서관으로부터 열람 목적으로 복제·전송받은 도서 등도 포함된다. 다만, 디지털 복제는 허용되지 않는다.

다음으로, 도서관 등이 자료의 자체 보존을 위해 필요한 경우에는 저작물을 복제할 수 있다. 이는 시간이 오래 지남에 따라 자료로서의 저작물이 멸실되는 것을 막는 데 필요하다고 판단되는 경우에 복제해서 오래도록 보관할 수 있도록 하자는 취지여서 복제의 방법은 복사뿐만 아니라 사진 또는 영상물로의 복제나 마이크로필름에 의한 복제, 그리고 디지털 복제도 허용된다. 하지만 그 도서 등이 이미 디지털 형태로 판매되고 있는 경우에는 도서관 등이 이를 디지털화할 수 없다. 이는 전자도서관 구축의 일환으로 도서관 등이 보관하고 있는 도서 등을 디지털화하는 경우에 이미 그 도서 등이 디지털 형태로 판매되고 있다면 도서관 등이 이를 직접 디지털화하기보다는 판매되고 있는 도서 등의 이용을 허락받아 활용하도록 함으로써 전자도서관 사업의 추진으로 인해 민간 부문의 전자출판이나 온라인 데이터베이스 사업에 부정적인 영향을 끼치지 않도록 하려는 뜻으로 해석된다.

끝으로, 다른 도서관의 요구에 따라 보관용으로 복제물을 제공할 수 있다. 그런데 이 경우에는 해당 복제물이 절판 또는 그 밖의 사유로 인하여 도저히 구할 수 없는 상황일 때 그 복제물을 보관하고 있는 도서관에 의해 복제가 가능하다는 것이므로, 시중에서 구할 수 있다거나 구입하는 데 많은 비용이 필요하다거나 하는 사유는 이에 해당하지 않는다. 따라서 도저히 구할 수 없는 상황이란 저작물 또는 저작물이 수록되어 있는 매체가 절판되었거나 그 매체를 발행한 곳이 이미 문을 닫아 더 이상 시중에서 유통되지 않는 상황 등을 말하는 것이다. 이 경우에도 디지털 복제는 허용되지 않는다.

이 같은 규정에도 불구하고 당시 이광재 의원 등이 2008년 9월 "디지털자료 납본 및 이용에 관한 법률안"을 발의함으로써 제기된 출판계의 반발은 여전히 수그러들지 않고 있다. 이 법안의 골자는 출판사가 책이나 정기간행물을 발행할 때마다 국립중앙도서관과 국회도서관에 2권씩 의무적으로 제출하는 기존 납본제도에 추가해 전자책이나 전자잡지, 논문자료 파일 등의 디지털자료도 제출하도록 하는 것이었다. 이 법안에는 이미 국립중앙도서관 산하에 국립디지털도서관을 두고 수집된 자료들을 정리, 보존하며 데이터베이스를 구축하는 내용도 포함되어 있다. 디지털 자료를 국가 차원에서 수집하고 보존하는 것이 국가의 문화유산 관리에 도움이 될 뿐만 아니라 국민들이 디지털 자료에 평등하게 접근하는 데도 기여한다는 것이 법안의 취지다.

그러나 출판계는 디지털 자료를 도서관에서 싼값에 동시다발적으로 이용하게 하면 전자출판물의 상업적 판매가 치명타를 입게 됨으로써 자칫 불법 다운로드로 고사 위기에 몰린 음반시장의 전철을 밟게 될 수 있다고 반발하면서 관련단체를 통해 성명서를 내고 "저작권과 디지털 출판물의 특성을 반영하지 못한 법안"이라고 비난한 바 있다. 특히 인터넷에서 접근할 수 있는 디지털 자료는 저작권자의 허락 없이도 자동수집한다는 법안의 내용에 대해서는 "저작권법을 명백히 위반하는 사항"이라며 "저작권자의 허락을 명확하게 받고 자료를 수집하고 복제해야 한다"고 지적했다. 또 "납본보상금도 최소한의 저작권료를 보장할 수 있도록 현실화해야 하며, 도서관 내에서 여러 사람이 동시에 자료를 이용하거나 불법복제하는 행위가 발생하지 않도록 하는 장치를 철저하게 마련해야 한다"고 주장했다.

물론 이미 몇몇 선진국들이 디지털납본제도를 도입하여 실시하고 있는 것은 사실이지만 우리 현실을 반영한 보다 이상적인 대안으로서의 디지털 납본제도가 정착되려면 선결과제 또한 반드시 짚고 넘어가야 한다. 디지털

납본 과정에서 충돌하는 이용자의 보편적 접근성과 저작권자의 권리 사이의 균형을 맞추려는 노력이 필요하다. 곧 저작권법, 독서문화진흥법 등 관련 법률에 대한 검토가 투명하게 이루어져야 하는 것이다. 나아가 원본 데이터를 변조하거나 불법이용하는 것을 원천적으로 방지하는 기술 등의 개발이 선행되어야 한다.

필자도 참여하고 있지만, 국립중앙도서관에서는 도서관과 출판계의 발전적인 협력을 도모할 목적으로 '도서관 및 출판계 발전협의회'를 구성하여 운영 중이다. 제1기 위원회 활동에 이어 2009년부터 제2기의 활동이 시작되었다. 지나간 시간이 아쉽기는 하지만 이제부터라도 디지털도서관 또한 협의의 대상이 될 수 있을 것이다. 2009년 5월, 저작권자와 출판권자, 도서관 운영자와 이용자 모두가 상생하는 아름다운 디지털도서관의 개관을 기대한다.

대학출판부의 변신,
어떻게 볼 것인가?

문제의 제기

대학출판부가 변하고 있다. 일반출판사보다 더 상업적인 책을 내는가 하면 공격적인 마케팅 전술과 더불어 외부 전문가를 영입하기도 한다. 독립채산제로 전환함으로써 자체적인 수익구조에 따른 운영을 유도하는가 하면 판매 부수에 따른 성과급제를 실시하기도 한다.

재학생을 대상으로 하는 교양교재 위주의 수동적인 출판활동에서 벗어나 대중독자를 향한 본격출판을 지향하는 대학출판부의 변신에 대해 당혹감을 감추지 못하는 사람들은 대부분 대학출판부 본연의 역할이 무엇인지 생각해볼 것을 주문한다. 그러나 대부분 재직 교수들의 강의교재를 원고 삼아 근근이 출판행위를 하면서 표지와 본문편집에서 전근대적인 식상함으로 일관해온 대학출판부의 정체성에 대해 변화를 주문하는 쓴소리도 적지 않았다.

2009년 12월 한국대학출판부협회 홈페이지에 나와 있는 회원 학교는 모두 71개 대학이었다. 이 홈페이지에서는 또 대학출판부의 역할과 기능에 대해 다음과 같이 소개하고 있다.

대학의 기본적인 사명은 교육과 연구, 높은 수준의 지식전달 및 새로운 지식의 개발에 있습니다. 이와 같은 목적을 달성하기 위해서 교육에 필요한 각종 교육자료가 개발되어야 하고 한편으로는 연구의 결과가 문자화됨으로써 널리 알려져야 합니다.

우리가 대학 내에 출판부를 두는 이유는 바로 여기에 있습니다. 오늘날 대학의 기능을 올바르게 이해하고 있는 사람들은 대학 내의 출판이 본래의 목적인 교육 및 연구활동을 지원하고 진작시키는 역할을 담당함으로써 대학의 필요 불가결한 기능이 되었음을 절감하고 있습니다. 이러한 사명감으로 대학문화의 본질적인 기능을 담당하는 곳입니다.

이에 따르면 대학출판부는 "교육에 필요한 각종 교육자료의 개발" 및 "연구결과의 문자화"를 통해 "교육 및 연구활동을 지원하고 진작시키는 역할"을 담당하는 곳이라고 할 수 있다. 곧 상업출판과는 분명히 다른 차원의 출판활동을 위해 설립된 곳이 바로 대학출판부라는 뜻으로 이해된다. 그렇다면 오늘날 대학출판부가 시도하고 있는 변화의 몸부림은 무엇을 의미하는가? 기존의 역할과 기능을 충분히 달성했으므로 새로운 시장 개척을 위해 불가피한 변화를 모색하는 것인가, 아니면 이제 대학출판부마저 자본으로부터 자유롭지 못한 시장경제의 희생양으로 전락한 것인가? 아니면 변화를 강요하는 제3의 힘이 미치고 있는 것인가?

이러저러한 의구심에도 불구하고 대학출판부가 변하고 있는 것만큼은 사실이다. 또 다른 시각에서는 이러한 변화가 부정적인 것만은 아니라는, 대학사회의 변화 양상에 부응하기 위해서는 지금보다 더 역동적인 변화를 감내해야 한다는 목소리도 들린다.

여기서는 대학출판부의 변화 양상을 살펴보고, 이 같은 변신 트렌드가 뜻하는 것은 무엇이며 문제점은 없는 것인지, 나아가 미래의 대학출판부는 어떻게 변해야 하는지 전망해보고자 한다.

깊어진 연륜, 변신하는 대학출판부

2009년 11월, 이화여자대학교 출판부가 창립 60돌을 맞았다. 일반 상업출판사에서도 창립 60돌을 넘긴 곳이 드문 우리 출판계로서는 대학출판부의 연륜이 어느새 갑년을 맞이했다는 점에서 경이로운 일이 아닐 수 없다. 그리고 바야흐로 대학출판부가 변하고 있다.

앞서 살핀 것처럼 대학출판부 본래의 기능은 대학에서 교수 · 학습 및 연구 과정을 통해 생산되는 각종 지식을 도서의 형태로 출판함으로써 학내 구성원은 물론 일반 독자들에게 공유시키는 것으로 요약할 수 있다. 그러나 우리나라에서는 근대출판 초기부터 상업출판사에서 그 기능을 담당해왔고 대학출판부에서는 교양교재 위주의 출판을 맡아왔다. 하지만 내 · 외부 환경의 변화 양상에 따라 국내 대학출판부들은 보다 적극적인 역할이 필요하다는 학내 구성원들의 요구에 직면하게 되었고, 이에 부응한 일부 대학들이 여러 형태의 실험을 시도하고 있는 것이다.

구체적으로 요즈음 대학출판부들이 교양서 단행본을 적극적으로 출간하는 데 그치지 않고, 그동안 대학출판부로서는 상상하기 힘들었던 아동물과 청소년물, 그리고 교육용 만화책까지 출간하는가 하면 외부 전문가를 영입하는 등 대중에게 보다 가까이 가려는 움직임을 보이고 있다. 실제로 몇몇 대학출판부는 이러한 노력의 결과, 몇 만 부가 팔려나간 베스트셀러를 내놓기도 했고 외국에 저작권을 수출하는 성과를 거두기도 했다. 한 걸음 더 나아가 출판부를 별도의 학교 내 기업식으로 운영하는 적극적인 실험도 병행하고 있다.

먼저 우리나라 대학출판부 1호인 이화여자대학교 출판부는 1949년 11월 교수들의 연구 · 저술활동을 뒷받침할 부속기구로 창립된 이래 커다란 변화 없이 운영되어 왔으나 2000년대에 들어오면서 대중화와 세계화를 내걸고 다양한 변신을 시도하기 시작했다. 2003년 출판부장 이름으로 사업자등록을 하는 독립채산제 시기로 접어들었는데, 독립채산제의 목적이 기업의 경제적 자율성과 능률성 향상으로 요약된다는 점을 감안할 때 전문인력 충원과 신속하고 효율적인 관리 체제의 도입이 불가피했을 것이다. 2004년에는 문학전문 브랜드 '글빛'을 만들어 "대학출판부에서는 학술서만 출판한다"는 통념을 뒤집었고, 같은 해에 온라인 서점을 열어 책을 할인판매하고 있다. 1992년 출간한 『며느리에게 주는 요리책』(장선용)이 최근까지 누적판매 20만 부를 넘겼으며, 노벨문학상 수상자인 프랑스 작가 '르 클레지오'의 영화 에세이 『발라시네』를 출간해서 좋은 반응을 얻고 있다. 2009년에는 권지예, 배수아 씨 등 이화여대 출신 소설가들의 단편들을 묶은 『이화, 번지점프를 하다』를 출간해서 화제가 되기도 했다. "학문적 뒷받침을 한다는 대학출판부의 역할을 수행하면서도 대중적인 접근을 하는 작업들도 꾸준히 하겠다."(김혜련 총괄팀장)는 뜻을 분명히 밝힌 셈이며 2010년에도 '쉽게 읽는 문학사' 시리즈와 '이어령 강연 컬렉션' 시리즈 등을 내놓을 계획이라고 한다.

서울대학교도 2009년 4월 대학출판부의 명칭을 '출판문화원'으로 바꾸고, 관행적으로 이루어져왔던 인력수급 구조를 깨뜨리면서 일반 출판사 경영자 출신의 중견 편집자를 운영본부장으로 영입함으로써 대중화를 위한 포석임을 숨기지 않았다. 도서출판에만 머물지 않고 문화·교양·영문 서적을 두루 출간하고 문화행사도 여는 문화콘텐츠 기관으로 확대하기 위해 '출판문화원'으로 개칭했다는 설명이다. 구체적으로는 고은 시인의 시론 산문집 『처음 만난 시』를 필두로 다양한 분야의 저명한 인사들을 필자로 섭외할 예정이며, 학술상과 청소년문학상을 제정함으로써 필자를 발굴하고 확보하는 한편, 외국어 도서 출간도 확대할 것이라고 한다. 출간속도 또한 민간 출판사만큼 단축하고 도서 디자인과 프로모션에도 적극적으로 신경 쓸 것이라고 한다.

한편, 대학출판부 중 가장 대중화에 성공한 것으로 꼽히는 한국방송통신대학교의 경우에는 더욱 다양한 변신을 추구한 것으로 분석된다. 방송대는 2004년 출판부를 교재 부문과 단행본 부문으로 나눈 것을 필두로, 교재는 'KNOUPRESS', 학술서는 '에피스테메', 교양서는 '지식의 날개'라는 별도의 브랜드를 붙여 출판하기 시작했다. 그 결과 2008년에 교재 부문에서 150억 원의 매출을 기록했고, 단행본 매출도 6억 원에 이르렀다. 특히 '지식의 날개'에서 나온『역사를 바꾸는 리더십』(2006)은 대학출판부 출간도서로는 이례적으로 3만 부 가까이 팔려나간 것으로 알려져 있다.

경희대학교 출판부도 빠르게 변신하고 있다. 2007년 '룩스 문디'라는 교양서 브랜드를 만든 데 이어, 대중을 위한 인문학 브랜드인 '룩스 후마니타스'도 준비 중이다. 도정일·최재천·김영하·김훈 등 스타 저자들을 섭외하여『글쓰기의 최소 원칙』(2008)이라는 교양서를 펴내 좋은 반응을 얻었으며, 외국인 대상 한국어 교재인『한국어 단어장』, 대학문화를 비판적 시각에서 분석한『대학문화』등 학생들이 기획단계부터 원고작성, 편집디자인까지 모두 맡아 진행한 책도 나왔다.

한문학과 유학을 내세운 성균관대학교와 장기적으로 멀티미디어를 겨냥하여 사내기업 형식으로 출판부를 운영하는 광운대학교 등에서 볼 수 있는 것처럼 학교의 특성을 출판과 결합함으로써 특성화한 대중화 전략도 눈에 띈다. 그 결과 성균관대학교 출판부는 이기동 동양학부 교수(유교철학)가 알기 쉬운 우리말로 옮긴『사서삼경』(전 6권)으로 높은 판매실적을 올렸고, 한국어 교재『말하기 쉬운 한국어』(전 6권) 등은 외국에 저작권을 수출하기도 했다. 또 광운대학교는 사내기업 형태로 미디어콘텐츠센터 '파우스트'를 만들고, 그 첫 번째 작품으로 최근 과감하게 영어 만화책『이미도의 아이스크림 천재 영문법』을 내놓고 이른바 '원소스 멀티유즈'를 위한 실험에 들어가기도 했다.

오래된 미래, 외국 대학출판부

오래된 역사와 더불어 학문적 권위를 인정받고 있는 선진국의 대학은 출판부 또한 그 명성에 어울리게 훌륭한 성과물들을 자랑한다. 대학출판부 중 가장 오랜 역사를 자랑하는 영국의 옥스퍼드 대학출판부 또는 케임브리지 대학출판부의 경우 세계 유수의 상업출판사들과 어깨를 겨룰 정도로 모든 면에서 경쟁력을 갖추고 있다.

1478년 세계 최초로 설립된 옥스퍼드 대학출판부는 1521년에 생긴 케임브리지 대학출판부와 함께 지난 5세기에 걸쳐 연간 수백 종이 넘는 학술 신간을 출판함으로써 영국은 물론 세계의 지식문화를 선도해왔다. 설립 초기부터 성서와 정부간행물 출판을 독점하는 과정에서 축적한 재원 덕분에 세계적인 출판사로 성장할 수 있었다. 『옥스퍼드 영어사전』과 『케임브리지판 현대사』 등의 출간에는 실제로 엄청난 재원이 투자된 것으로 알려졌다. 오늘날에는 학술 서적뿐 아니라 어린이책 등 출판 분야에 제한을 두지 않는데, 지난 1985년 연간 신간 종수가 800종을 돌파한 이래 요즈음에는 연간 1,000종 이상의 신간을 출판하고 있으며 시중에 유통되고 있는 도서만 해도 1만여 종에 이른다.

대학 당국과는 완전히 분리되어 별도 법인으로 운영되고 있는 것도 특징이다. 케임브리지 대학출판부의 경우 4년마다 이익금 중 5만 파운드를 대학에 내는 것 외에는 대학 측으로부터 어떠한 간섭도 받지 않는다고 한다. 옥스퍼드 대학출판부와 케임브리지 대학출판부는 영국 이외에 미국 뉴욕에도 본사가 있으며, 유럽 및 동남아 등 여러 나라에 지사를 두고 전 세계 독자들을 상대로 마케팅 활동을 펼치고 있다.

하버드, 예일, MIT 등 미국 대학의 출판부들은 미국에서 나오는 학술출판의 80%를 담당하고 있을 정도로 학술 서적 출판에 주력하고 있다. 미국 주요 대학출판부들의 역사는 영국에 비해 짧은 1백여 년밖에 되지 않았지만 각각 연간 200여 종의 신간을 출간하고 있으며 유통 종수도 3,000여 종에 이른다. 미국에서도 대학출판부가 펴낸 특수 분야의 학술 서적들은 대부분 시장성이 떨어지는데 이로 인한 적자는 카네기재단이나 멜런재단, 록펠러재단 등에서 출판지원금을 받아 해결하고 있다.

중국은 베이징(北京) 대학교와 칭화(清華) 대학교 등 대학출판부가 중국 출판 전체를 담당하고 있다고 해도 과언이 아니다. 각각 연간 100여 종의 신간을 발행하며 연간 판매 부수도 700만 부에 이를 정도이며, 국가가 운영하는 대형 서점이 판매를 책임지고 있다. 덕분에 베이징 대학교의 경우 대학출판사의 자산만 해도 이미 100억 원에 이른다고 한다. 지난 1980년대 출판사를 설립한 칭화 대학교의 경우 그동안 발행 도서가 2,000여 종에 이를 정도로 급성장한 것으로 평가된다. 중국 대학출판부의 경우 종이의 질이나 제본기술 등에 있어서는 우리보다 떨어지지만 잘 짜인 전문편집인 체제나 외국 대학출판부들과 공동출판이 활발한 점 등에 있어서는 우리보다 앞선 면모를 보여주고 있다.

일본도 지난 1951년 설립된 도쿄 대학교 출판부를 중심으로 대학출판부가 활발한 출판활동을 벌이고 있다. 학술 서적을 중심으로 수준 높은 교양 서적들도 함께 발행하고 있다. 도쿄 대학교 출판부의 경우 연간 신간 200여 종을 발행하며 1,000여 종이 시중에 유통되고 있는 것으로 알려져 있다. 교양도서의 출간도 활발해서 현대 서구 사상계의 고전적 저작들을 번역해서 출간하는 호세이(法政) 대학교 출판부의 '우니베르시타스 총서'는 지난 1996년 이미 500권을 넘어섰다.

우리 대학출판부 변화의 특성

먼저 일반 출판사와 비슷한 경영체제를 갖추어나가고 있다. 실제로 대학출판부는 "교재나 학술도서만을 출판하는 곳"이라는 고정적인 이미지에서 벗어나 '대중 곁으로' 나아가기 위한 패밀리 브랜드를 내세우는 곳이 늘고 있다. 이화여자대학교 출판부의 '글빛'과 'E-Press', 한국방송통신대학교 출판부의 '지식의 날개'와 '에피스테메', 그리고 영남대학교 출판부의 '知&智'가 대표적이다. 이러한 패밀리 브랜드의 출현은 기존의 대학출판부 조직과 구조체제라는 측면에서 볼 때 그 의미가 매우 크다. 대학출판부가 아닌 새로운 이름으로 출판되는 도서는 분명히 새로운 경영체제를 반영할 수밖에 없기 때문이다. '대중 곁으로'라는 기획 의도 자체가 이미 편집 및 제작에 영향을 미치고, 그 진행과정에서 대학출판부와는 다른 전문성을 요구하기 때문이다.

다음으로는 홍보 및 마케팅 개념을 도입하고 있다는 점이다. 기업을 소비자에게 좋은 이미지로 인식시켜주며 기업에 활용되는 모든 디자인 활동들을 조절하고 조직화시킴으로써 기업발전을 위한 경영전략의 중요한 부분으로 정의되는 것이 바로 CI(Corporate Identity)일 것이다. 전남대학교 출판부, 서울대학교 출판부, 이화여자대학교 출판부가 이러한 CI를 만들어 성공을 거둔 것으로 알려졌다. 그 밖에 자체 홈페이지를 운영하는 출판부가 늘어나고 있으며, 인터넷 서점 운영으로 직접적인 전자상거래를 하거나 영어 인터넷 서점을 동시에 운영하는 출판부(이화여대, 서울대)도 생기고 있다.

또, 새로운 기술을 도입하고 있는 것도 눈에 띄는 변화가 아닐 수 없다. 디지털 환경에 적응하기 위해 e-Book 제작에 참가한 대학출판부의 배너들이 최근 상업 인터넷 서점의 한 면을 장식하기 시작했으며, 관리회계도입으로 판매통계 분석 및 원가산출 방식이 가능해졌고, 소량의 출판기술 즉 주문형 출판(Publish on Demand) 시스템을 이용해 출판 부수를 적절하게 조정한 후 제작하는 출판부가 늘기 시작했다.

해외시장을 겨냥한 마케팅에 나서는 곳도 생겨나고 있다. '한류열풍'에 힘입어 한국어 교재나 한국학 관련 저작권을 수출하거나, 영문판 도서를 발간하는 대학출판부가 늘고 있는 것이다. 서울대학교 출판부는 미국 워싱턴 대학교 출판부(UWP)와 공동출판을 시작했으며, 이화여자대학교 출판부는 'The Spirit of Korean Cultural Roots'를 비롯한 60여 종의 영문판 도서판매를 위해 미국의 거래처를 개척했고 이 도서들은 아마존(amazon.com)에서도 선보이고 있는 중이다.

그 밖에 구성원들이 능동적이고도 적극적인 자세로 변하고 있다는 점도 대학출판부 변화 요인이 아닐 수 없다. 출판 관련 공청회, 국제도서전, 각종 출판포럼 및 세미나, 전자책박람회 등에 대학출판부의 참여가 늘어나고 있으며, 다른 대학출판부뿐만 아니라 일반상업출판사를 벤치마킹하는 경우도 많아지고 있는 것으로 보인다. 아울러 각종 재교육과정에도 적극적으로 참여함으로써 배움과 도전의 자세로 업무에 임하는 직원들이 많아진 것으로 평가되고 있다.

결론 - 어떻게 변해야 할까?

지금까지 살펴본 긍정적인 변화 양상에도 불구하고 우려의 목소리 또한 잦아들지 않고 있다. 오늘날과 같은 변화의 이면에는 "조직과 환경 및 재정의 안정, 전문인의 육성, 기획력의 확보를 통해서 대학출판부가 대학지성의 보고가 되어야 한다."는 주장(주홍균, 2005)에 따른 뜻있는 대학출판인들의 실천과정이 결부되어 있다. 하루아침에 이루어진 결과가 아니라는 뜻이다. 그럼에도 이 같은 과정을 이해하지 못한 채 대학출판부에 입성하여 상업출판으로의 매진에만 몰두하는 이들이 늘어간다면 대학출판부의 위상은 그 가치를 잃게 될 것이다.

최근 우리 대학가는 '국립대 법인화'를 둘러싼 법 개정에 대한 찬반양론으로 매우 어수선하다. "국립대학법인은 명칭만 국립이지 실제로는 국립대의 민영화를 의미한다."면서 "이렇게 되면 대학은 더 이상 연구, 교육의 장이 아닌 수익사업과 계급 재생산 기지로 전락할 것"이라는 주장과 함께 "이 기회에 대학을 옭아매고 있는 정부의 통제와 간섭을 없애고 경쟁력을 높이자"는 주장이 맞서고 있는 형국이다. 1990년대부터 서서히 추진되어왔던 국립대학출판부의 법인화, 그리고 몇몇 사립대학 출판부가 대학운영제에서 독립채산제로의 전환 과정에서 겪었던 논쟁과 찬반론이 다시금 떠오르고 있는 것이다.

물론 이화여자대학교 출판부의 사례에서 알 수 있는 것처럼 독립채산제를 도입함으로써 대학출판부는 폐쇄성, 종속성, 영세성이라는 기존의 멍에를 벗고 개방성, 자율성, 경쟁성이라는 새로운 가능성의 기틀을 마련하기도 했다. 그런데 대개의 경우 대학출판부가 독립채산제에 적응하기 어려웠던 이유는 다른 공기업의 경우와 마찬가지로 공공성, 비영리성이 강조되다 보니 이윤을 남겨서는 안 된다는 가치관에서 벗어나지 못했다는 점에서 찾을 수 있다. 대학출판부의 수익창출은 곧 출판부의 원활한 경영뿐만 아니라 '저술지원'을 통해 학술도서의 기획·제작을 이끌 수 있는 동력이 될 수 있으리라는 소망을 갖기가 어려웠던 것이다. 따라서 이제부터라도 "외국의 유명한 대학출판사들이 학술뿐만 아니라 대중적으로도 의미 있는 책들을 출간하고, 이로 인한 수익을 학생들을 위한 복지에 다시 돌리는 모델을 우리 대학들도 적극적으로 검토해야 한다."(김성신)는 주장에도 귀를 기울여야 할 것이다.

그러나 대학출판부마저 상업출판에 뛰어들다 보니 그렇지 않아도 어려운 사정에 처해 있는 전문 학술 서적의 출간을 더욱 어렵게 만든다는 반론도 만만치 않다. "학술출판의 좋은 결과물들이 시장논리 때문에 외면당하는 실정에서 대학출판부가 지적인 수원지(水源地) 역할을 담당해야 한다.", "대학출판부만이 할 수 있는 권위 있고 무거운 학술 서적의 출간이 위축될까 우려된다."(정연재 아카넷 출판팀장)는 지적을 겸허히 수용해야 할 의무 또한 우리 대학출판부에 있음을 잊지 말아야 한다.

그렇다면 우리 대학출판부의 미래는 어떠해야 할 것인가?

첫째, 학내 구성원들의 지적 호기심을 충족시켜줄 수 있는 출판물 출간을 통해 대학출판부 본연의 임무를 우선 수행해야 한다. 대학출판부 스스로 "교육에 필요한 각종 교육자료의 개발" 및 "연구결과의 문자화"를 통해 "교육 및 연구활동을 지원하고 진작시키는 역할"을 담당하는 곳이라는 점을 고백하고 있거니와, 이윤을 추구하는 상업출판사에서는 감히 출판하기 어려운 양질의 학술도서를 우리 대학출판부가 꾸준히 생산해냄으로써 대학에서의 연구결과를 일회성으로 사장시키는 일이 없어야 한다는 것이다. 그렇게 하려면 대학출판부에는 당연히 학문 분야별 전문 편집자들이 포진해야 한다. 학문 분야별 동향을 분석하고 해당 연구자를 섭외할 수 있는 인력이 상근해야 한다. 곧 대학출판부가 고급인력을 확보하고 활용할 수 있도록 구조적·재정적으로 아낌없이 지원하는 일이야말로 우리 대학이 무엇보다 먼저 해결해야 할 급선무가 아닐 수 없다.

둘째, 학내 구성원으로서의 필자들과 더불어 일반 독자들이 지적 공동체를 이룰 수 있도록 원활한 소통의 기능을 담당해야 한다. 오늘날에도 여전히 대학출판부를 통해 쏟아져나오는 출판물이 어떤 것들인지 일반 독자들은 알 수가 없다. 따라서 학내 교수들의 연구실적물 차원에 머무는 책이 아니라 일반 독자들이 쉽게 접근함으로써 그 효용성 점검 내지 연구성과의 공유가 이루어질 수 있도록 적극 홍보하는 일을 게을리해서는 안 된다. 그렇게 하려면 우선 필자와 그 원고의 내용에 대한 검증작업을 충실하게 진행해야 한다. 학내 교수 또는 연구자라고 해서 무조건 출간도서 필자목록에 올리는 것은 엄청난 낭비이자 직무유기가 아닐 수 없다. 곧 대학출판부로서는 어떤 것이 출판에 합당한 양질의 원고인지 따질 수 있는 내부 역량을 갖추어야 할 것이다.

셋째, 시대의 변화와 더불어 반드시 의미 있는 도서가 무엇인지 판단한 후에 출판하려는 강력한 의지가 있어야 한다. "팔릴 것이기 때문에 낸다"가 아닌 "우리가 냈기 때문에 팔린다"는 생각이 먼저 자리 잡아야 한다. 상업출판사와 똑같은 생각으로 경쟁한다면 대학출판부로서의 존엄성뿐만 아니라 출판사로서의 당위성도 상실할 것이 분명하기 때문이다. 비록 팔리지는 않았지만 도서목록에 올라 있어 자부심이 느껴지는 책을 먼저 챙기려는 자세야말로 대학출판부가 절대 잃지 말아야 할 정신의 실체가 아닐까 싶다.

결국 21세기에도 변치 않을 화두는 "베스트셀러가 곧 좋은 책은 아니다."라는 것일진대, 대학출판부마저 베스트셀러 만들기에 치중한다면 '좋은 책'을 찾아 헤매는 우리 고급 독자들은 더 이상 책을 숭상하지 않을지도 모른다. 좋은 책 만들기를 통해 대학출판부의 진정한 존재 의의를 각인시키려는 노력을 기대하며, 이러한 노력의 일환으로 고군분투하는 모든 대학출판부 종사자들에게 격려의 박수를 보낸다.

노인의 삶의 질을
향상하는 공공도서관
서비스 방안

들어가는 글

일반적으로 65세 이상 인구가 총인구를 차지하는 비율이 7% 이상이면 '고령화사회'(Aging Society), 14% 이상이면 '고령사회'(Aged Society), 20%가 넘으면 '후기고령사회'(Post-aged Society) 혹은 '초고령사회'라고 한다.[1]

그렇다면 우리나라는 전체 인구로 보면 아직 고령화사회 단계이지만, 지역별로 따지면 고령사회, 초고령사회도 혼재되어 있을 것으로 예상된다.

하지만 "고령화사회의 도래는 단순히 노인인구의 증가로만 이해되는 것이 아니라 사회 전체의 인구구성이나 사회경제에 미치는 영향 등의 관점에서 이해되어야 한다. 고령사회에서는 개인주의적 가치관의 만연, 핵가족화, 여성의 사회참여 증가 등으로 가족 자체의 부양기능이 약화되고 노인부양의 문제가 가족뿐만 아니라 국가·사회의 공동책임으로 전환되고 있다."(이인수, 2005:16)는 지적을 간과해서는 안 된다. 곧 노인의 '삶의 질'이 낮아지는 것을 경계해야 한다는 뜻이며, 국가와 사회 전체가 노인의 삶이 보다 나아

---

1 2008년 7월 현재 한국의 65세 이상 노인 인구는 501만 6천 명으로 전체 인구의 10.3%에 이르며, 2026년에는 전체 인구의 20%에 이를 것으로 추정된다. UN추계에 의하면 2025년에 65세 이상의 인구가 총인구에서 차지하는 비율은, 일본 27.3%, 스위스 23.4%, 덴마크 23.3%, 독일 23.2%, 스웨덴 22.4%, 미국 19.8%, 영국 19.4%로 예측되고 있다. 두산백과사전 EnCyber & EnCyber.com

질 수 있도록 힘을 모아야 한다는 뜻이다.

이러한 노인의 '삶의 질'이라는 관점에서 그 수준이 높은 인생을 살아왔다면 '성공적인 노화(successful aging)'를 이룬 것일 테지만, 과연 "당신은 당신의 삶의 질이 높다고 생각하십니까?"라는 질문에 "그렇다"라고 답변할 노인이 얼마나 될까 생각해보면 '성공적인 노화'의 단계는 결코 쉽게 달성될 수 있는 것이 아님을 짐작할 수 있다. 인생 주기 가운데 어느 한 시기에만 높은 삶의 질을 향유하고자 하는 사람은 없다. 누구랄 것도 없이 결국 '노년기'에 이르러 지난 생애를 돌아보면서 비로소 삶의 질이 좋았다거나 만족할 만한 삶을 살았다고 스스로 평가할 수 있을 뿐이다. 그럼에도 그동안 노인의 일상생활에서 정신건강이나 심리적 행복과 안녕의 정도를 측정하려는 시도가 여러 측면에서 있어 왔으며, 이러한 맥락에서 노인의 삶의 질은 "노인들 개개인이 갖고 있는 사회·환경적인 객관적 조건 속에서 개인이 느끼는 주관적 만족감"(김보현·안영선, 2008:146)이라고 정의할 수 있겠다.

그렇다면 '주관적 만족감'으로서의 삶의 질을 높이는 과정에서 우리 공공도서관이 기여할 만한 부분은 없을까? 우리 노인들의 삶에 있어 공공도서관의 서비스가 영향을 미칠 만한 부분은 없을까? 노인들이 가꾸어가는 삶의 질을 높여주기 위하여 우리 공공도서관이 개선해야 할 부분은 무엇일까? 지금까지 이 같은 질문이 심각하게 제기된 적이 별로 없다는 점에서 일단 노인의 삶과 공공도서관은 밀접한 관계에 있는 것으로는 보이지 않는다. 하지만 평생학습 내지 평생교육의 장으로 탈바꿈하고 있는 공공도서관의 특성에 비추어 인구 대비 비중이 점점 높아지고 있는 노인들을 위한 새로운 서비스 방안을 강구하는 것은 당연한 일이 아닐 수 없다. 이미 오래전부터 '북스타트 운동'을 비롯한 다양한 프로그램이 유아 및 아동, 그리고 청소년 대상으로 진행되어 왔다는 점에서 노인들을 위한 서비스 방안 강구는 상대적으로 때늦은 것이 아닐 수 없다.

이 글에서는 이러한 문제의식 아래 "노인의 삶의 질을 향상하는 공공도서관의 서비스 방안"에 대하여 살펴보기로 한다.

노인복지와 공공도서관

1981년에 제정(1997년 전문개정)된 '노인복지법'에 따르면 제3조에서 "국가와 국민은 경로효친의 미풍양속에 따른 건전한 가족제도가 유지·발전되도록 노력하여야 한다."고 전제하면서 그 기본이념을 다음과 같이 세 가지로 요약하고 있다.[2]

① 노인은 후손의 양육과 국가 및 사회의 발전에 기여하여 온 자로서 존경받으며 건전하고 안정된 생활을 보장받는다.
② 노인은 그 능력에 따라 적당한 일에 종사하고 사회적 활동에 참여할 기회를 보장받는다.
③ 노인은 노령에 따르는 심신의 변화를 자각하여 항상 심신의 건강을 유지하고 그 지식과 경험을 활용하여 사회의 발전에 기여하도록 노력하여야 한다.

아울러 이러한 노인들의 보건복지증진 책임[3] 에 관하여 "국가와 지방자치단체는 노인의 보건 및 복지증진의 책임이 있으며, 이를 위한 시책을 강구하여 추진하여야 한다."고 강조하면서 동시에 기본이념이 구현되도록 노력하여야 한다는 점을 분명히 밝히고 있다. 나아가 "노인의 일상생활에 관련되는 사업을 경영하는 자는 그 사업을 경영함에 있어 노인의 보건복지가 증진되도록 노력하여야 한다."는 점도 부연하고 있다.

그렇다면 이러한 노인복지와 관련하여 "공중의 정보이용·문화활동 및 평생교육을 증진하기 위하여 설치한 도서관"으로서의 공공도서관은 어떤 관계를 맺고 있을까?

---

2 노인복지법 제2조(기본이념) 참조

3 노인복지법 제4조(보건복지 증진의 책임) 참조

현행 도서관법 시행령에 따르면 공공도서관의 시설 및 직원은 봉사대상 인구를 2만 미만, 2만 이상~5만 미만, 5만 이상~10만 미만, 10만 이상~30만 미만, 30만 이상~50만 미만, 50만 이상으로 나누어 건물·열람석·기본장서의 연간증가량을 정하고 있다. 사서직원은 도서관 건물 면적이 330m^2 이하인 경우에는 사서직원 3명을 두되, 그 이상인 경우에는 그 초과하는 330m^2마다 사서직원 1명을 더 두며, 장서가 6천 권 이상 되는 경우에는 그 초과하는 6천 권마다 사서직원 1명을 더 두도록 하고 있다. 곧 노인을 위한 장서규모라든가 전용면적, 사서 배치 등에 관한 규정은 전혀 찾아볼 수 없다. 물론 노인을 배제한다는 규정 또한 없으므로 이용대상에 포함되어 있는 것이 분명하지만, 어린이나 청소년, 주부 등을 위한 별도의 공간이나 프로그램이 지속적으로 마련되고 있다는 점에서 노인들은 공공도서관 이용에 있어 소외되어 있는 것이나 마찬가지가 아닐까.

어떻게 할 것인가?

1. 대활자본 제작·보급 등 노인독서 환경 개선

얼마 전 문화체육관광부는 고령화 사회에 대응하기 위하여 노인들이 보다 쉽게 책을 접하고 읽을 수 있도록 이른바 '어르신을 위한 대활자본 도서 보급'을 추진한 바 있다. 2009년 7월, 대상도서 공모를 실시한 결과 13개 출판사에서 37종(40책)의 도서가 접수되었으며, 심사위원회를 개최하여 저작권을 해결한 도서로 노인들의 선호도, 내용의 적합성, 활자의 크기나 규격 등을 종합적으로 검토하여 최종적으로 20종(22책)을 선정한 것이다. 선정된 도서의 주제 분야는 현대문학 6종, 건강 5종, 고전 3종, 역사 2종, 취미 등 기타 4종이었다. 이렇게 선정된 도서는 1종당 400만 원 상당을 구입하여 2009년 5월부터 문화체육관광부가 주최하고 한국도서관협회가 주관한 '문학관, 도서관에 문학 작가 파견' 사업에 참여한 80개 도서관 및 문학관에 배포하여 노인독서 프로그램에 활용하고 있다.

이러한 노인용 대활자본 보급사업은 정부 이전에 지방자치단체에서 그 싹이 텄다. 충청북도 제천시가 시립도서관을 통하여 비매품으로 발간하고 있는 '대활자본' 표지 상단에는 다음과 같은 문구가 선명하게 새겨져 있다.

"이 책은 어르신들의 독서 편의를 위하여 저작권자와 출판사의 이용 허락을 얻어 별도로 제작한 대활자본입니다."

2008년 4월 이른바 '책세권(冊勢圈) 제천' 브랜드 선포식을 거행한 바 있는 제천시에서 관내 노인들을 위하여 전국 최초로 시행하기 시작한 정책이 바로 '대활자본 제작 및 보급사업'이었으며, 2010년 현재 10종을 발행하였다. 여기서 '대활자본'이란, 말 그대로 판형과 본문 활자가 일반 도서보다 큰 책을 가리킨다. 아동 대상의 도서를 보면 활자가 매우 크고 한쪽당 글자 수도 별로 많지 않지만 성인 대상 도서는 그렇지 않은 것이 현실이다 보니 시력이 좋지 않은 노인들은 연신 돋보기를 들이대가며 어렵게 책을 읽을 수밖에 없었다.

제천시는 도농복합도시라고는 하지만 실제로 노인들은 대부분 농업에 종사하고 있다. 이처럼 노인인구의 비중이 높은 농촌지역의 경우 농번기에는 여가 활동을 누릴 여유가 없지만, 연중 절반에 가까운 농한기에는 이렇다 할 소일거리가 없는 것 또한 현실이다. 마을마다 경로당이 자리 잡고 있지만 노인들은 잔돈·잔술 내기 화투놀이 또는 텔레비전 시청으로 무기력하게 하루를 보내기 일쑤다. 제천시가 선포한 '책세권'이란, "모든 시민이 책을 읽고 싶을 때 언제든지 책을 읽을 수 있도록 하고, 책과 멀리 있는 시민도 자연스럽게 책을 이용할 수 있는 마음이 행동으로 옮겨지도록 유도하며, 다양한 독서문화 프로그램 활성화와 함께 책이 있어 시민 모두가 항상 행복할 수 있도록 최선을 다한다."는 뜻을 담고 있다. 제천시는 장기비전으로 시민 7천 명당 1개의 도서관 건립과 100만 권 도서검색시스템 구성 등 '책세권 도시'로서의 기반구축, 그리고 이를 뒷받침할 각종 프로그램을 지속적으로 발굴·운영해 나갈 방침임을 동시에 천명하였다. 실제로 제천시는 그동안 시립도서관 이외에도 전국 유일의 여성전용도서관과 의병전문도서관, 전국

두 번째로 개관한 기적의 도서관 등 다양한 도서관 시설 구축과 내실 있는 자료 확충으로 책 읽는 분위기를 조성하여 왔다.

독서의 중요성은 새삼 강조할 필요가 없을 것이다. 그래서 언제부턴가 자연스러운 사회운동으로 정착된 것이 북스타트 운동이 아닐까 싶다. 이는 생후 1년 미만의 영유아에게 그림책을 무상으로 선물해 주는 프로그램으로, 아이가 책을 읽게 하는 데 주안점이 있는 것이 아니라 책을 장난감 삼아 친숙하게 놀 수 있도록 권장하는 데 초점이 맞추어져 있다. 이러한 과정 속에서 책과 함께 삶을 시작하면서 책 읽는 즐거움을 누리게 하고, 성장 과정에서 자연스럽게 독서에 흥미를 갖도록 유도하는 운동으로, 현재 서울뿐 아니라 여러 지방자치단체에 의해서도 활발하게 추진되고 있는 중이다.

그렇다면 제천시가 벌이고 있는 대활자본 보급사업은 '북피니시' 운동이라고 할 수 있겠다. 삶의 시작단계에서 책을 만나는 일이 중요했듯이 열심히 살아온 인생을 정리해야 할 시기에도 책과 더불어 자신의 삶을 관조하는 것 또한 권장할 만한 일이 아닐까. 물론 대활자본 보급만이 능사는 아닐 것이다. 눈은 어두워졌지만 귀는 밝은 노인들을 위한 오디오북 서비스를 비롯하여 출판사에 의한 전문적인 노인용 도서로서의 실버북 발행사업도 필요할 것이다.

특히 어르신들이 읽고 싶어 하는 콘텐츠를 발굴하여 직접 읽어 드리는 봉사활동에 우리 젊은이들이 적극 나선다면 더욱 큰 성과를 거둘 수 있을 것이다. 요즈음 동화구연가라는 버젓한 직업이 말해주듯이 '책 읽어주는 남자' 혹은 '책 읽어주는 여자'들이 각광받는 곳은 주로 어린이 시설이다. 하지만 어르신들을 위한 낭독봉사는 아직 낯선 일이다. 어디 그뿐인가. 시각장애인 시설에서 오디오북 제작을 위한 녹음봉사에 대해서는 많은 사람들이 관심을 갖지만 정작 자신의 늙은 부모를 위하여 책 한 줄 읽어드리는 일은 별로 없는 듯하다.

대활자본 보급사업과 더불어 오디오북 제작 및 낭독봉사 등을 통한 노인 독서 환경의 개선에 우리 공공도서관이 선봉장 역할을 해야 한다. 사실 이 같은 사업은 일반 상업출판사에서는 엄두를 내기가 쉽지 않다는 점에서 공공도서관의 역할을 기대할 수밖에 없다. 이에 더하여 노인전담 사서를 배치

한다면 더욱 좋겠지만 현재 인력만으로도 가능한 일일 뿐만 아니라, 자원봉사자들을 중심으로 노인독서 환경 개선을 꾀할 수도 있다. 나아가 교육청과 연계하여 각급 학교 학생들로 하여금 여가 활동의 일환으로 노인독서 도우미 내지 낭독봉사활동가로 활동할 수 있도록 교육하고 홍보하는 것도 바람직한 일이 아닐 수 없다.

2. 노인복지시설을 활용한 독서복지 개선활동

노인복지법에서 규정하고 있는 각종 노인복지시설을 활용하는 것도 매우 큰 효과를 기대할 수 있다. 공공도서관의 업무에 대하여 규정하고 있는 도서관법 제28조에서는 "지역 특성에 따른 분관 등의 설립 및 육성"을 명시하고 있거니와, 노인복지시설을 분관 개념으로 여긴다면 그 의미가 더욱 커질 것이기 때문이다. 이처럼 공공도서관이 적극 연계함으로써 활용 가능한 노인복지시설의 종류는 다음과 같다.[4]

① 노인주거복지시설
- 양로시설: 노인을 입소시켜 급식과 그 밖에 일상생활에 필요한 편의를 제공함을 목적으로 하는 시설
- 노인공동생활가정: 노인들에게 가정과 같은 주거여건과 급식, 그 밖에 일상생활에 필요한 편의를 제공함을 목적으로 하는 시설
- 노인복지주택: 노인에게 주거시설을 분양 또는 임대하여 주거의 편의 · 생활지도 · 상담 및 안전관리 등 일상생활에 필요한 편의를 제공함을 목적으로 하는 시설

② 노인의료복지시설
- 노인요양시설: 치매 · 중풍 등 노인성 질환 등으로 심신에 상당한 장애가 발생하여 도움을 필요로 하는 노인을 입소시켜 급식 · 요양과 그 밖

---

4 노인복지법 제4장 "노인복지시설의 설치 · 운영" 참조.

에 일상생활에 필요한 편의를 제공함을 목적으로 하는 시설

• 노인요양공동생활가정: 치매 · 중풍 등 노인성 질환 등으로 심신에 상당한 장애가 발생하여 도움을 필요로 하는 노인에게 가정과 같은 주거여건과 급식 · 요양, 그 밖에 일상생활에 필요한 편의를 제공함을 목적으로 하는 시설

• 노인전문병원: 주로 노인을 대상으로 의료를 행하는 시설

③ 노인여가복지시설

• 노인복지관: 노인의 교양 · 취미생활 및 사회참여활동 등에 대한 각종 정보와 서비스를 제공하고, 건강증진 및 질병예방과 소득보장 · 재가복지, 그 밖에 노인의 복지증진에 필요한 서비스를 제공함을 목적으로 하는 시설

• 경로당: 지역노인들이 자율적으로 친목 도모 · 취미 활동 · 공동 작업장 운영 및 각종 정보교환과 기타 여가 활동을 할 수 있도록 하는 장소를 제공함을 목적으로 하는 시설

• 노인교실: 노인들에 대하여 사회활동 참여욕구를 충족시키기 위하여 건전한 취미생활 · 노인건강 유지 · 소득보장 기타 일상생활과 관련한 학습 프로그램을 제공함을 목적으로 하는 시설

• 노인휴양소: 노인들에 대하여 심신의 휴양과 관련한 위생시설 · 여가시설 · 기타 편의시설을 단기간 제공함을 목적으로 하는 시설

④ 재가노인복지시설

• 방문요양 서비스: 가정에서 일상생활을 영위하고 있는 노인으로서 신체적 · 정신적 장애로 어려움을 겪고 있는 노인에게 필요한 각종 편의를 제공하여 지역사회 안에서 건전하고 안정된 노후를 영위하도록 하는 서비스

• 주 · 야간보호 서비스: 부득이한 사유로 가족의 보호를 받을 수 없는 심신이 허약한 노인과 장애노인을 주간 또는 야간 동안 보호시설에 입

소시켜 필요한 각종 편의를 제공하여 이들의 생활안정과 심신기능의 유지·향상을 도모하고, 그 가족의 신체적·정신적 부담을 덜어주기 위한 서비스

- 단기보호 서비스: 부득이한 사유로 가족의 보호를 받을 수 없어 일시적으로 보호가 필요한 심신이 허약한 노인과 장애노인을 보호시설에 단기간 입소시켜 보호함으로써 노인 및 노인가정의 복지증진을 도모하기 위한 서비스
- 방문 목욕 서비스: 목욕 장비를 갖추고 재가노인을 방문하여 목욕을 제공하는 서비스
- 그 밖의 서비스: 그 밖에 재가노인에게 제공하는 서비스로서 보건복지부령으로 정하는 서비스

한편, 이 같은 각종 노인복지시설에서는 노인들의 신체활동 또는 가사활동 지원 등의 업무를 전문적으로 수행하는 '요양보호사'를 두어야 한다. 그리고 요양보호사가 되려는 사람은 요양보호사 교육기관에서 교육과정을 마치고 시·도지사가 실시하는 요양보호사 자격시험에 합격하여야 한다. 따라서 요양보호사 자격시험 또는 교육과정에 노인독서를 위한 사항을 신설한다면 보다 전문적인 서비스가 이루어질 수 있을 것이며, 이러한 조치가 당장 실행하기 어려운 일이라면 공공도서관 사서와 요양보호사와의 긴밀한 협조관계를 구축함으로써 노인독서복지를 좀 더 앞당길 수 있을 것이다.

나오는 글

노인은 젊은이의 미래일 뿐만 아니라 평생을 "후손의 양육과 국가 및 사회의 발전에 기여하여 온" 우리의 선배라는 점에서 존중받아 마땅한 존재이다. 그럼에도 당장의 정책을 입안하고 시행하는 사람들이 젊다고 해서 노인관련 정책을 소홀히 취급한다면 이는 곧 스스로 자신의 미래를 암울하게 만

드는 것이나 다름없다.

이 글에서는 노인복지 차원에서 노인의 삶의 질을 향상할 수 있는 방안으로서 공공도서관의 서비스에 대하여 살펴보았다. 이에 공공도서관이 전국에 산재해 있을 뿐만 아니라 상대적으로 열악한 여가 활동을 누릴 수밖에 없는 계층이 바로 노인이라는 점에서 노인복지와 공공도서관은 밀접하게 연결될 수 있다는 것을 확인하였거니와, 구체적으로 다음과 같은 서비스 방안을 제시하고자 한다.

첫째, 우리 공공도서관은 '북스타트' 운동뿐만 아니라 '북피니시' 운동의 거점이 되어야 한다. 삶의 시작단계에서 책을 만나는 일이 중요함을 강조하는 북스타트 운동의 취지를 되살려 열심히 살아온 인생을 정리해야 할 시기에도 책과 더불어 자신의 삶을 관조함으로써 삶의 질을 한 단계 드높이게 하는 북피니시 운동 또한 노인복지 차원에서 권장할 만한 사업이 아닐 수 없다. 이를 위하여 대활자본을 직접 제작하고 보급하는 사업이야말로 공공도서관이 당장 시행하여야 할 서비스가 아닐까. 대활자본뿐만 아니라 눈은 어두워졌지만 귀는 밝은 노인들을 위한 오디오북 서비스도 함께 검토하고 시행하여야 할 사업이며, 이러한 서비스를 토대로 점진적으로는 상업출판사에 의한 전문적인 노인용 도서로서의 실버북 발행사업이 자리 잡을 수도 있을 것이다.

둘째, 우리 공공도서관은 노인들의 자발적인 독서뿐만 아니라 노인들을 모시는 낭독봉사 등 노인독서복지의 진원지가 되어야 한다. 노인전담 사서를 배치할 수 없다면 자원봉사자들을 중심으로 낭독봉사를 시행함으로써 노인독서 환경을 개선할 수 있을 것이다. 공공도서관 내에 노인을 위한 전용공간을 마련하고 시간을 정하여 노인들이 평소 읽고 싶었던 책을 선정하여 낭독해 드린다면 소일거리에 목말라하는 노인들에게는 더할 나위 없는 귀중한 시간이 될 것이다. 나아가 지역교육청과 연계하여 각급 학교 학생들로 하여금 여가 활동의 일환으로 노인독서 도우미 내지 낭독봉사활동가로 활동할 수 있도록 기회를 마련해주는 것도 매우 바람직한 일이다.

셋째, 우리 공공도서관은 각종 노인복지시설과 연계하여 찾아가는 서비스를 펼치는 적극적인 노인복지의 동반자가 되어야 한다. 특히 노인복지법에서 규정하고 있는 각종 노인복지시설과 연계하여 지역 공공도서관의 분관을 설치함으로써 큰 효과를 기대할 수 있을 것이다. 더욱이 보다 전문적인 서비스를 위하여 요양보호사 자격시험 또는 교육과정에 노인독서를 위한 사항을 신설하려는 노력과 함께 공공도서관과 기존 요양보호사와의 긴밀한 협조관계 구축을 통하여 노인독서복지를 앞당길 수 있도록 노력해 나가야 할 것이다.

여러 차례 검증된 바와 같이 "노인의 삶과 밀접한 관련이 있는 여가 활동은 사회적 역할 상실에 따른 고독감의 해소, 자아존중감의 실현, 자아정체성 유지, 여가 만족 및 생활 만족에 기여하는 중요한 역할을 한다. 특히 여가 활동은 노년기에 발생하는 경제적 · 정신적 · 심리적 문제 등을 완화시킴으로써 노후생활의 무료함에서 벗어날 수 있는 효과적인 활동이다."(이동수, 2004/ 김보현 · 안영선, 2008:156 재인용) 결국 우리 공공도서관은 노인의 삶의 질을 좌우하는 여가 활동을 책임지는 공간이 되어야 하며, 이를 위한 다양한 프로그램을 개발하고 시행함으로써 우리 어르신들의 친근한 이웃이자 동반자로 거듭나야 할 것이다.

참고문헌

김기태(2009). 북피니시 운동 아세요?. ≪국민일보≫(2009. 1. 28.)

김보현 · 안영선(2008). 노인의 여가 활동과 삶의 질에 관한 탐색적 연구. 동국대학교 사회과학연구원 편, 『사회과학연구』. 제15권 1호.

이동수(2004). 노인의 여가 활동 참여가 인지된 삶의 질에 미치는 영향. 경상대학교 대학원 박사 학위논문.

이인수(2005). 『노인주거복지와 실버산업』. 서울:일진사.

두산백과사전 EnCyber & EnCyber.com

중국에 대한 저작권
수출 전략과 유의사항

———

문제의 제기

대한출판문화협회에서 대행한 납본 결과에 따르면 2009년도 전체 발행 종수(42,191종) 가운데 번역서가 차지하고 있는 비중은 27.6%(11,681종)로 2008년도(31%)에 비해 감소하였지만, 여전히 해외 도서의 저작권 수입에 의한 국내 출판의 번역서 구성비는 지속적으로 증가 추세를 보이고 있다. 전체 도서 발행 종수 중 번역서의 비중은 1990년대 중반까지만 해도 15%대에 머물렀으나, 번역출판 점유율이 점차 높아지면서 2000년대 이후로는 30%에 육박할 만큼 대폭 증가하는 추세를 보이고 있다. 지난 10년 사이 번역서 발행 종수가 5천 종 대에서 1만 종대로 늘어나면서 그 비중도 자연스럽게 배가된 것이다. 아울러 이는 학습참고서 등의 일부 분야를 제외하고 출판 콘텐츠의 자급자족률이 매우 취약함을 보여주는 결과이기도 하다.

그 밖에 일본과 미국에 편중된 번역서 비중도 두드러지고 있다. 분야별로는 문학(2,425종), 만화(2,398종), 아동(2,330종), 사회과학(1,528종) 순으로 나타났으며, 언어권별로는 일본(4,403종), 미국(3,746종), 영국(996종), 프랑스(542종), 독일(500종), 중국(376종), 이탈리아(155종) 순으로 나타났다.

그렇다면 우리 저작물의 해외에 대한 저작권 수출 현황은 어떠한가?

백원근(2008)에 따르면 한국출판연구소가 국내의 주요 저작권 에이전시를 대상으로 조사한 결과 지난 2000년부터 2006년까지 해외로 수출된 국내 도서는 총 1,605종 2,992권으로 추계되었다. 여기에 조사 대상업체 이외의 에이전시, 출판사와 저자에 의한 직접 수출 등을 감안하여, 같은 기간에 대략 2,000종 4,000권 정도의 저작권 수출이 이루어진 것으로 추산하고 있다. 하지만 정확한 근거에 의한 통계 수치가 존재하지 않다 보니 이후 오늘날까지의 현황은 제대로 파악하기가 쉽지 않다.

여기서는 이 같은 구체적인 정보의 부재 상황에도 불구하고 우리 저작권 수출은 계속될 수밖에 없으며, 머지않은 미래에 필연적인 저작권 수출 강국으로의 도약을 위해서 반드시 알아야 할 저작권 관련 해외 동향을 점검해 보고자 한다. 곧 우리 저작권 수출과 비교적 밀접한 관련이 있는 중국, 일본, 동남아시아 및 미국 등을 중심으로 우리 출판사 및 저작권대리 · 중개업체가 저작권 수출 현장에서 주의해야 할 사항들을 살피는 한편, 국내 저작자들의 2차적저작물작성권에 기반을 둔 저작물 수출에 필요한 시사점을 정리해 보고자 한다.

도서 저작권 수출 현황

앞서 언급한 백원근(2008)의 보고서에 나타난 년도별 추이를 보면 2002년 전후로 시작된 한류 열풍을 배경으로 저작권 수출이 점차 증가하고 있음을 알 수 있다.(이하 모두 같은 자료에서 인용한 것임.)

다음 조사에서 3년간(2004~2006년) 수출된 한국 도서 저작권의 수입국 비중을 살펴보면 중국(32%), 대만(27%), 태국(16%), 일본(16%) 등 아시아권이 전체의 94.5%로 절대적 비중을 차지하고 있으며, 미국과 유럽이 각각 2.6%, 기타가 0.3% 정도이다(〈그림 1〉 참조). 이 비율은 인접국인 중국, 대만, 일본, 그리고 한류의 기류를 따라 점차 동남아로 저작권 수출 권역이 확대되고 있지만, 서양으로의 수출은 거의 미미한 수준에 머물러 있음을 확인시켜 준다. 출판 분야별로는 아동/학습과 만화 등 주로 어린이 대상 출판물이 수출되는

| 표 1 | 도서 저작권 수출 추이 (저작권 에이전시 경유)

구분	2000년	2001년	2002년	2003년	2004년	2005년	2006년	누계
종수 (권수)	3	15	186	258 (506)	337 (659)	378 (788)	428 (835)	1,605 (2,992)

▶ 조사 내용: 최근 3년간(2004~2006년) 국내 도서 저작권의 국가별 · 분야별 수출 종수 및 정책 제언

※ 2000~2003년 통계는 한국출판연구소 편, 「한국 출판의 수출 활성화 방안 연구」 (문화관광부, 2004. 12), 129쪽에서 인용.

▶ 조사 기간: 2007. 6. 21~28.

▶ 응답 업체: 도서 저작권 전문 주요 에이전시 8개사 ▷ 신원에이전시, 에릭양에이전시, 임프리마코리아, KCC, 북코스모스, 베스툰코리아, 엔터스코리아, 캐럿코리아

　　출처: 한국출판연구소

저작권 전체의 42%이며, 유명인이 쓴 에세이나 한류 관련 원작소설 등의 순으로 높은 비중을 차지하는 것으로 나타났다.

해외에서 선호하는 한국 출판 콘텐츠를 보면 일본은 한류 관련서와 순수 문학 · 영어학습 · 논픽션, 중국은 인터넷소설과 학습만화, 대만은 아동서와 영어학습서, 동남아는 인터넷소설과 만화, 미주는 만화 위주인 것으로 파악 되고 있다. 그리고 한류 붐이 주춤하면서 드라마와 영화의 원작소설 등 한 류 관련서 및 아동서 중심이던 수출 분야가 비소설, 실용(건강 · 취미), 경제경영, 학습, 과학, 인문 분야에 이르기까지 저변이 확장되는 경향을 보인다.

| 그림 1 | 해외에 수출된 한국 도서 저작권의 국가별 비중(최근 3년간, 수출 종수 기준)

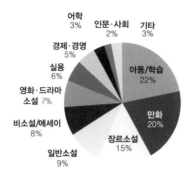

| 그림 2 | 해외에 수출된 한국 도서 저작권의 분야별 비중(최근 3년간, 수출 종수 기준)

한편, 이번 조사에서 저작권 수출과 관련하여 저작권대리 · 중개업체들이 꼽은 애로 사항으로는 ① 저작권 수입과는 비교할 수 없을 만큼 많은 선투자(인력, 시간, 정보)가 요구되는 수출을 위한 기회비용 지출의 과다, ② 외국어로 된 도서 소개 자료(초록, 샘플 번역 등)의 부족 및 외국어 번역자 구인난, ③ 낮은 선불금 수준 등이 지목되었다.

현재 저작권 수출을 위해 선두권 에이전시에서는 저작권 수출전담부서를 별도로 두는가 하면, 해외 도서전에서의 마케팅 활동, 해외에서 좋은 반응이 기대되는 작가나 작품의 집중적인 소개, 한국도서 관련 자료의 외국어 이메일 발송(1주일 단위) 등 적극적인 활동을 펼치고 있다. 저작권 수입과 수동적 수출 중개 업무가 전부이던 상황에서 크게 발전된 것이다. 그러나 대다수 저작권 에이전시에서는 수입에 비해 시간과 비용이 많이 소요되는 반면 기대효과가 턱없이 낮은 저작권 수출에 그다지 적극성을 띄기 어려운 처지에 놓여 있는 것으로 보인다. 이에 "수입 경로는 동시에 막강한 수출 경로이기도 하므로, 저작권 에이전시 업계의 체질 변화와 동기부여를 위한 집중적 정책 지원이 관건"이라는 주장(백원근)이 제기되고 있는 것이다.

이와 관련, 에이전시 업체들이 꼽은 정책지원 요망사항으로는 ① 해외에 소개할 도서정보의 외국어 작성 지원, ② 도서 소개용 카탈로그 제작비 지원 및 마케팅 지원 확대, ③ 한국문학번역원의 '한국도서 해외저작권 수출 지원' 사업의 지역(구미권 한정) 및 출판 분야(문학 · 예술 한정)의 전면적 확대, ④ 해외

출판사의 한국도서 번역출판 시 번역비 지원, ⑤ 한국어 도서를 자국어로 번역할 유능한 외국인 번역가 양성 등이었다.

한국출판연구소의『2007년 출판사 실태조사』에 의하면, 응답 출판사(766개사) 가운데 창립 이래 자사의 출판물이 외국에서 번역되어 출간된 경험이 있는 경우는 전체의 17.4%(125개사)이며 그 누계 종수는 평균 6.7종인 것으로 나타났다(〈표 2〉 참조). 지난 1999년 조사(『한국 출판산업 실태조사』) 결과에서 저작권 수출실적 출판사 비율 9.5%, 평균 4.0종 수출하던 것에 비해 상당히 증가한 것이다. 또한 2006년에 저작권 수출실적이 있는 곳은 조사 응답 출판사의 12.0%(92개사)로 평균 2.2종의 도서 저작권을 수출한 것으로 집계되었다.

| 표 2 | 출판사의 저작권 수출 실적

(단위: %, 종)

구분		사례 수 (출판사)	외국에서의 출간 여부		계	사례 수 (출판사)	누계 (종수)	사례 수 (출판사)	2006년 (종수)
			있다(%)	없다(%)					
전체		766	17.4	82.6	100.0	125	6.7	92	2.2
경영 형태	독립 출판사	563	20.1	79.9	100.0	106	6.9	79	2.2
	잡지/인쇄겸업	92	10.9	89.1	100.0	9	6.4	6	2.2
	부설 출판사	36	2.8	97.2	100.0	1	3.0	1	2.0
	학교법인 출판사	18	11.1	88.9	100.0	2	7.0	2	6.0
	기타	57	12.3	87.7	100.0	7	4.1	4	0.3
주력 출판 분야	일반 단행본	358	14.2	85.8	100.0	49	2.8	37	1.3
	전문/학술 도서	200	14.0	86.0	100.0	25	6.4	18	2.1
	아동도서	80	32.5	67.5	100.0	25	13.7	18	4.4
	학습 참고서	28	10.7	89.3	100.0	3	12.3	1	2.0
	기타	42	16.7	83.3	100.0	6	13.7	6	3.5
	종합 출판	45	37.8	62.2	100.0	16	4.9	11	1.5
연간 매출액	주력분야 없음	13	7.7	92.3	100.0	1	3.0	1	2.0
	5천만 원 미만	164	5.5	94.5	100.0	9	3.3	7	1.0
	5천~2억 미만	149	9.4	90.6	100.0	13	2.8	7	3.4
	2~5억 미만	118	12.7	87.3	100.0	14	2.5	10	0.8
	5~20억 미만	112	38.4	61.6	100.0	42	4.6	32	1.7
	20억 이상	54	59.3	40.7	100.0	30	16.5	25	3.8
	무응답	169	11.8	88.2	100.0	17	2.9	11	1.5

출처: 한국출판연구소, 『2007년 출판사 실태조사』, 2007. 6.

|표 3|도서 저작권의 주요 수출국

(단위: %, 종)

구분		사례수	중국	일본	대만	미국	프랑스	태국	독일	영국	베트남	기타 동남아
전체		133	28.8	28.0	16.7	9.6	3.5	2.1	1.7	1.2	1.0	2.3
경영 형태	독립 출판사	113	28.1	29.9	17.2	9.2	3.6	2.2	1.3	1.3	0.7	2.2
	잡지/인쇄겸업	10	30.8	23.1	25.6	7.7	5.1	2.6	2.6	0.0	0.0	0.0
	부설 출판사	1	50.0	33.3	0.0	0.0	0.0	0.0	0.0	0.0	0.0	0.0
	학교법인 출판사	2	75.0	0.0	0.0	0.0	0.0	0.0	0.0	0.0	25.0	0.0
	기타	7	15.0	5.0	0.0	30.0	0.0	0.0	10.0	0.0	0.0	10.0
주력 출판 분야	일반 단행본	51	31.6	37.8	15.8	6.1	0.0	0.5	0.0	1.5	0.0	2.6
	전문/학술 도서	28	29.5	23.2	8.4	20.0	3.2	2.1	5.3	1.1	2.1	0.0
	아동도서	26	23.6	20.8	19.8	10.4	7.5	2.8	2.8	1.9	2.8	5.7
	학습 참고서	3	41.7	8.3	41.7	0.0	0.0	0.0	0.0	0.0	0.0	0.0
	기타	7	17.2	10.3	0.0	20.7	13.8	10.3	0.0	0.0	0.0	3.4
	종합 출판	17	29.5	30.8	24.4	2.6	3.8	2.6	1.3	0.0	0.0	0.0
	주력분야 없음	1	40.0	0.0	60.0	0.0	0.0	0.0	0.0	0.0	0.0	0.0
연간 매출액	5천만 원 미만	9	12.1	30.3	9.1	33.3	9.1	0.0	0.0	3.0	0.0	0.0
	5천~2억 미만	14	17.6	44.1	8.8	8.8	0.0	0.0	0.0	0.0	0.0	8.8
	2~5억 미만	15	22.4	24.1	10.3	13.8	3.4	0.0	8.6	5.2	3.4	0.0
	5~20억 미만	43	26.3	31.0	19.3	7.0	4.1	1.8	1.8	1.2	1.8	2.9
	20억 이상	32	35.3	29.4	14.4	6.5	3.9	3.9	0.7	0.0	0.0	2.6
	무응답	20	38.9	12.5	27.8	8.3	0.0	2.8	0.0	0.0	0.0	0.0

※ 수출된 국가 1~3순위 응답의 가중종합, 1% 미만 생략
출처: 한국출판연구소, 『2007년 출판사 실태조사』, 2007. 6.

특히 기업 규모가 큰 아동도서 출판사의 실적이 평균치의 2배로 나타나, 앞의 에이전시 집계와 상응한다. 기타 일반단행본 분야에서는 실용(2006년 실적 기준 평균 2.1종)이 문예(동 1.2종)보다 높으며, 전문·학술서 분야에서는 사회과학(동 3.1종)이 인문과학(0.6종) 및 자연과학(동 1.0종)보다 상당히 높게 나타났다. 그리고 출판사 설립 이래 도서 저작권 수출 경험이 있다고 응답한 곳에 주요 수출국이 어디인가를 물은 결과, 중국(28.8%)과 대만(16.7%), 일본(28%), 동남아 등 아시아권이 대부분을 차지했다(〈표 3〉 참조).

중국 저작권 법제의 최신 동향

지난 6월 한국저작권위원회 주최로 열린 '한·중저작권포럼'에서 발표된 중국인민대학 '김해군(金海軍)' 교수의 『중국 저작권 법제화 최신 동향』이란

발표문에 따르면, 중국은 2001년 저작권법의 전면 개정을 통해 WTO 가입에 따른 지적재산권협정(TRIPs)의 저작권 보호 수준을 반영하였고, 인터넷의 발달로 인해 발생하는 저작권 보호 문제와 중국 경제 사회 및 문화 발전에 따른 문제를 고려하고자 했다.

1. 저작권 보호 대상

먼저 2001년 개정 저작권법에서 '기예예술작품', '건축작품', '영화작품 및 영화촬영기법과 비슷한 방법으로 창작한 작품', '총집작품'을 추가하고 있어 주목된다. 또 최근 등장한 엔터테인먼트 산업 및 디지털 산업의 특성을 반영하여 가라오케를 사용해 얻는 수익과 디지털 베이스 구축 및 이용에도 저작권이 미치는 것으로 규정하고 있다.

한편, 사회주의 국가인 중국의 특성상 '민간문학예술작품'의 저작권 문제가 대두되곤 하는데, 1990년 및 2001년 개정 저작권법 제6조에서 "민간문학예술작품의 저작권보호법은 국무원에서 따로 규정한다"고 하였고, 2007년 국무원 법제처에서는 '민간문학예술작품저작권보호조례'를 입법 계획에 포함시킨 바 있다. 하지만 아직도 정식으로 절차를 통과하지 못하고 있으며, 따라서 여러 분야에서 논란의 여지가 남아 있는 것이 현실이다.

2. 금지 작품

중국은 그동안 "법에 의해 출판 및 전파가 금지된 작품은 보호하지 않는다"(중국 저작권법 제4조 제1호)는 원칙을 고수하고 있다. 실제로 미국과의 WTO 지적재산권 분쟁 과정에서 2009년 WTO 분쟁기구는 이 조항이 지적재산권협정(TRIPs) 및 베른협약을 위반했다고 판결하기에 이르렀다.

이에 중국은 2010년 저작권법 개정을 통해 이 조항을 삭제하고 다른 조항과 결합하여 이를 "저작권자가 저작권을 행사할 때 헌법과 법률을 위반해서는 안 되며, 공공의 이익을 해쳐서는 안 된다. 국가는 작품의 출판, 유포에 대하여 법적으로 감독하고 관리한다."고 개정하였다.

3. 저작권의 내용 및 한계

2001년 저작권법에서는 저작권의 내용에 구체적인 방식을 제시하고 있으며, '대여권', '방영권', '인터넷전송권'을 추가하였다. 또 '실연권'에는 "각종 도구를 사용하여 공개적으로 작품을 방영하는 권리"(기계실연권)를 포함시켰다. 아울러 저작재산권 양도를 명확하게 허가하고 있으며, 2006년에는 '인터넷전송권보호조례'를 공표하기도 했다.

한편, 2001년 저작권법은 '합리적 사용' 규정을 수정하여 제22조에 "이미 발표한 작품을 불가피하게 재현하거나 인용할 수 있다.", "하지만 작가가 게재 및 방영을 불허한 경우에는 제외한다."는 등의 제한조건을 추가하여 규정하고 있다.

그 밖에 "교과용 도서에서 타인의 작품이나 작품의 일부를 사용하는 경우"에는 법적으로 허가한다고 규정하고 있지만, 저작권법으로 '합리적 사용'에 대한 일반적 규정은 별도로 없는 것으로 파악되고 있다. 나아가 일부 규정에서는 '합리적 사용'이라는 표현이 '법적 허가'로 바뀌고 있어 주목된다.

4. 저작권 집중관리

중국은 2001년 저작권법 제8조에 "저작권자와 저작권 관련 권리자는 저작권 집중관리단체에 저작권 또는 저작권 관련 권리를 양도할 수 있다"는 내용을 추가한 바 있다. 따라서 저작권집중관리단체는 저작권 및 관련 권리를 양도받은 후 자신의 명의로 저작권자와 저작권과 관계있는 권리자에게 권리를 주장할 수 있으며, 당사자로서 저작권 또는 저작권과 관계있는 권리 소송 및 중재 활동에 참여할 수 있다.

이러한 저작권 집중관리단체는 비영리 단체로 운영되며 설립 방식, 권리 및 의무, 저작권 이용허락 수수료의 수취와 분배, 감독 및 관리 등에 대해서는 국무원이 별도로 규정한다.

이와 관련하여 2004년 국무원 '저작권집중관리조례'가 통과되어 2005년 3월부터 시행하고 있으며, 현재 저작권집중관리단체는 다음과 같이 모두 5개가 있다.

- 중국음악저작권협회 (1992년 설립)
- 중국음악집중관리협회 (2008년 설립)
- 중국문자저작권협회 (2008년 설립)
- 중국촬영저작권협회 (2008년 설립)
- 중국영화저작권협회 (2010년 설립)

저작권등록제도

2009년 3월 2일 오전, "중국판권보호중심 저작권 등록 정보관리시스템"(中国版权保护中心著作权登记管理信息系统)이 정식 서비스를 시작하였다. 이는 현재 중국에서 첫 저작권 등록 시스템으로 온라인상 서류 제출, 등록 수리, 심사, 심사 허가, 등록증 발급, 공고 등 기능이 구비되어 있다. 시스템의 운영은 등록신청과 등록업무를 네트워크화로 실현시켰다.

저작권 등록 시스템의 도입으로 현재 중국판권보호중심에서 담당 처리하는 각종 저작권 등록 업무(그중 소프트웨어 저작권, 소프트웨어 양도 및 독점허가계약, 작품 저작권 등록, 저작권 계약 등록, 저작권 담보 계약 등이 포함)는 모두 온라인상으로 진행할 수 있게 되었다.

신청자는 중국판권보호중심의 공식 사이트(www.ccopyright.com.cn/cpcc)에서 가입신청을 한 후 로그인 상태로 각항 저작권등록 신청을 할 수 있다. 이외, 중국판권보호중심 등록홀도 정식 운영중에 있다. 신청자들의 보다 편리한 신청절차를 위해 등록홀에서는 저작권등록신청 전문용 컴퓨터를 설치하고 있어 신청자들은 직접 등록홀에 가서 전문용 컴퓨터를 이용할 수도 있다.

중국판권보호중심 관계자의 소개에 따르면, 등록 시스템을 운영하는 가운데 계속하여 신청자와 사회 각계인사의 의견을 수렴할 것이고, 시스템의 각항 기능을 업그레이드시켜 등록업무의 전면적인 정보화를 실현하는 데 역점을 두겠다고 하였다. 이외, 저작권등록 시스템은 국적 제한 없이 중국 경내에 있는 모든 사람들에게 적용할 수 있는 것으로 알려져 있다.

| 표 4 | 중국판권보호중심 저작권 자원 등록 수금 표준 (2008. 10. 30.)

구분		계산단위	수금 표준(위안)	비고
문자, 구술 작품		건	100자 이하 100위안	시리즈 작품, 협상 후 결정
			100~5,000 150위안	
			5001~10,000 200위안	
			1만 자 이상 300위안	
음악 작품		건	곡, 가사 300위안, 곡 200위안	시리즈 작품 등록, 2건부터 건당 100위안
연극 작품		건	300위안	시리즈 작품 등록, 2건부터 건당 100위안
곡예 작품		건	300위안	시리즈 작품 등록, 2건부터 건당 100위안
무용 작품		건	300위안	시리즈 작품 등록, 2건부터 건당 100위안
미술 작품		건	300위안	시리즈 작품 등록, 2건부터 건당 100위안
촬영 작품		건	300위안	시리즈 작품 등록, 2건부터 건당 100위안
공정 설계도		건	500위안	시리즈 작품 등록, 2건부터 건당 100위안
제품 설계도		건	500위안	시리즈 작품 등록, 2건부터 건당 100위안
지도		건	500위안	시리즈 작품 등록, 2건부터 건당 100위안
설명도		건	500위안	시리즈 작품 등록, 2건부터 건당 100위안
모형 작품		건	500위안	시리즈 작품 등록, 2건부터 건당 100위안
건축 작품		건	1,500위안	시리즈 작품 등록, 2건부터 건당 100위안
등록 변경		차	등록 신청 수금 표준의 50%에 따라 징수	
등록 취소		차	80위안	
기타 등록	영화 작품	건	2,000위안	시리즈 작품 등록, 2건부터 건당 100위안
	영화 촬영 유사 작품	건	단편영화 〈1분 200위안	시리즈 작품 등록, 2건부터 건당 50위안
			1~5분 300위안	시리즈 작품 등록, 2건부터 건당 50위안
			5~10분 400위안	시리즈 작품 등록, 2건부터 건당 100위안
			10~25분 800위안	시리즈 작품 등록, 2건부터 건당 200위안
			25~45분 1,000위안	시리즈 작품 등록, 2건부터 건당 300위안
			45분 이상 2,000위안	시리즈 작품 등록, 2건부터 건당 400위안
			드라마 100위안/편	
	편집 작품	건	2,000위안	시리즈 작품 등록, 2건부터 건당 100위안
	멀티미디어 편집 작품	건	2,000위안	시리즈 작품 등록, 2건부터 건당 100위안
	기타 작품	건	2,000위안	시리즈 작품 등록, 2건부터 건당 100위안
	등록건 문의	건	200위안	
	녹음 제품	건	원곡 300위안/곡, 앨범 2,000위안	시리즈 작품, 협상 후 결정
		건	기타 반 시간 이내 300위안	
		건	반 시간 이상 500위안	
	녹화 제품	건	반 시간 이내 300위안	시리즈 작품, 협상 후 결정
		건	반 시간 초과 시, 반 시간당 100위안 추가	
	포맷 설계	건	500위안	시리즈 작품, 협상 후 결정
	TV 방송 프로그램	건	반 시간 이내 300위안	시리즈 작품, 협상 후 결정
		건	반 시간~1시간 500위안	
		건	1시간 이상 800위안	
	공연	건	공연 작품의 유형 및 저작권 등록 수금 표준에 의해 수취	

소결

　중국은 저작 활동을 명예의 소산으로 여기는 동양 사상의 본거지답게 전통적으로 저작권에 관한 인식이 투철하지 않았던 것으로 판단된다. 청나라 말기였던 1910년 '대청저작권율'이라는 이름으로 서양 저작권법제가 도입된 이래 100년의 세월이 흘렀지만, 이후 중화민국 시기 및 개혁개방 시기를 거치는 동안 이렇다 할 법적 발전성과를 보여주지는 못한 것이 그 증거가 아닐까 싶다. 실제로는 1990년에야 비로소 '중화인민공화국 저작권법'이 제정되었고, 2001년 1차 개정에 이어 2010년에야 2차 개정이 이루어질 정도로 더딘 변화 양상을 보이고 있다.

　하지만 개혁개방 이후의 추세로만 보면 "세계적인 추세에 부합해야 하며 새로운 기술과 경제에 따른 문제점도 극복해야 한다"는 인식이 높아짐에 따라 "중국 저작권 법제가 그 운용에 있어 다른 나라보다 많은 문제점을 내포하고 있다"는 내부 비판의 목소리 또한 커지고 있는 중이다. 나아가 입법 수준을 세계적 수준으로 높이는 것은 어려운 일이 아니지만 그것을 실제로 적용하고 국민의 의식 수준까지 높이는 것은 결코 쉬운 일이 아니라는 자각 또한 높아지고 있는 것으로 보인다.

　그 밖에 국영기업 체제로 운영되고 있는 출판업에 대한 이해와 저작권 관련 계약의 효력이 미치는 범위, 계약 주체 등에 대한 다각적인 정보가 아직도 체계적으로 정리되지 못한 것은 아쉬운 일이 아닐 수 없다.

중국 출판산업의 특성과
저작권 계약 시 주의사항

중국 저작권법의 역사적 배경

중국의 현대 지적재산권 보호 수준을 살피려면 이른바 '개혁개방'의 과정을 살피지 않을 수 없다. 개혁개방의 근본적 이유는 무엇보다도 중국 인민들의 생활 수준을 향상시켜 빈곤에서 오는 불만을 잠재우고, 결과적으로 중국 공산당의 독재를 보다 더 확고하게 다지고자 하는 목적에서 찾을 수 있다. 여기서 '개혁'이란 정치적 개혁을 말하고, '개방'이란 대외에 대한 문호의 개방을 뜻한다. 당시 이러한 '개혁 개방'을 이끈 지도자는 덩샤오핑(鄧小平)으로, 그 배경에는 중국 권력층 내부의 여러 가지 사정이 작용한 것으로 보인다.

당시 소련과 북한, 그리고 중국은 사회주의 체제를 고수하고 있었고, 우리나라를 비롯한 미국과 일본 등은 자본주의 체제를 발전시켜 나가고 있었다. 잘 알려진 것처럼 1949년 중국은 공산화된 이후 계획경제를 통한 사회주의 국가를 건설하려고 애썼다. 그러나 계획경제에 따른 국가 발전의 한계가 드러남으로써 더 이상 경제가 발전하지 못하고 침체기에 접어들었으며, 1970년대에 이르자 굶어 죽는 사람까지 생겨날 정도로 경제는 어려워졌다. 중국 역사를 보면 대부분 굶주린 농민들의 반란이 결국 왕조 교체라는 결과로 나타나고 있다는 점에서 심각한 문제가 아닐 수 없었다.

반면에 자본주의의 시장경제는 계속 눈부신 발전을 거듭하고 있었다. 결국 이러한 경제 문제를 타결하기 위하여 이념이 다른 자본주의 시장경제 논리를 수용할 수밖에 없었던 것이 정치적 개혁이었다. 곧 계획경제에서 시장경제로의 전환을 모색하지 않을 수 없었다는 점에서 공산주의 이론에 정면으로 배치되는 상황이 발생한 셈이었지만, 경제를 살려 백성들을 잘살게 하기 위해서는 어쩔 수 없는 선택이었다. 그리하여 '중국 특유의 사회주의'라는 구호를 내세워 사회주의자들의 불만을 잠재우면서 자본주의 요소를 받아들이게 되었던 것이다.

그러나 경제를 살리기 위해서는 막대한 자본이 필요한데 당시 가난한 중국으로서는 이렇다 할 자본이 없었다. 이러한 자본을 어떻게 마련하느냐 하는 문제의 해결 방안이 바로 대외 개방을 통해서 외국의 자본을 끌어들이는 것이었다. 그리하여 생겨난 것이 '경제특구'였다. 경제특구를 지정하여 외국에 문호를 개방함으로써 보다 많은 외국 기업을 유치함으로써 사람들에게 일자리를 제공하고 돈을 벌게 하면서 비로소 중국 경제가 살아나기 시작하였고, 이후 경제 성장이 계속 이어짐으로써 오늘날의 중국으로 성장하게 되었던 것이다. 그렇지만 기본적으로 중국은 사회주의 노선을 견지해 온 국가이다 보니 지적재산권에 대한 제도적 장치가 미약할 수밖에 없었다. 실제로 개혁개방 이후 각종 반대 여론 등 여러 가지 난제에도 불구하고 상표법은 1982년에, 특허법은 1984년에 각각 공포되어 실시된 바 있다. 저작권법의 경우에는 초안 제정과 공포 과정에서 훨씬 강력한 반대에 부딪혀서 표류하는 바람에 1990년이 되어서야 공포할 수 있었으며, 1991년부터 그 효력이 발생하게 되었다. 그 과정을 요약하면 다음과 같다.

- 1986년: '중화인민공화국 민법통칙' 등 민사 기초법률에서 최초로 저작권을 지식재산권에 포함하기로 규정
- 1990년: '중화인민공화국 저작권법' 제정
- 2001년: '중화인민공화국 저작권법' 1차 개정
- 2010년: '중화인민공화국 저작권법' 2차 개정

중국의 출판산업 발전 과정

중국의 개혁개방이 시작될 무렵이었던 1978년, 중국에서 연간 출판된 도서의 전체 규모는 1만 5천 종을 넘지 않았으며, 1인당 국내 총생산량(GDP)은 겨우 130달러 정도였다. 그러나 그로부터 30년이 지난 2008년에 이르게 되면 연간 도서 발행 종수는 27만 종을 넘어섰고, 1인당 국내 총생산 규모 또한 3,315달러를 넘어섬으로써 각각 18배와 25배 이상 증가되었음을 알 수 있다.[5]

이러한 중국 출판산업의 눈부신 발전 역시 개혁개방 정책 및 출판체제의 개혁에 따른 결과였다. 1980년대 말에 이르러 중국을 비롯한 사회주의 국가의 경제체제 전환은 전 세계에 막강한 영향력을 미친 사건 중 하나였다. 경제체제 전환에 따른 대대적인 제도적 변화는 "인류가 상상할 수 있는 가장 복잡한 경제사회 과정"이었다. 특히 거대 중국의 체제 전환은 사회 분열 등 예상하지 못했던 문제점 때문에 어려움을 겪어야 했던 동유럽 국가의 경우와는 완전히 달랐다. 당시 서양 경제학자들은 중국의 성공적인 경제 개혁이 이러한 체제 전환 과정에서 '가장 긍정적인 의외의 결과'라고 입을 모았다.

중국은 다른 사회주의 국가보다 일찍 사회경제체제 전환을 추진한 바 있다. 1978년, 중국 공산당 제11회 제3차 중앙위원회 전체회의에서 "전통적인 계획경제 체제에서 시장경제 체제로의 전환을 통하여 시장 메커니즘이 자원 분배에 있어 기본적인 조절 역할을 발휘할 수 있도록 한다. 동시에 정치, 문화, 사회, 생태 환경 등 다양한 영역의 대대적인 변화를 수반한다.'라고 선언하였고 이 회의를 기점으로 체제 전환이 시작되었던 것이다. 체제 전환의 결과로 정치, 경제, 문화 등 다양한 영역에서 변혁의 물결이 거세게 일어나면서, 이러한 변혁에의 시대적 요구는 출판업계에도 그대로 반영되었다. 출판업계의 변혁도 결국에는 중국 경제사회체제 전환의 일환이었던 셈이다.

중국 출판업계의 체제전환은 1979년 12월 장사(長沙)에서 열린 중국 출판

---

5 http://www.gov.cn/test/2005-07/27/content_17464.htm 참조.

업 좌담회 석상에서 시작되었다. 출판업계는 중국 공산당 제11회 제3차 중앙위원회 전체회의에서 제기된 정신을 핵심으로 "계급투쟁을 강령으로 삼아 정치를 위하여 봉사한다"는 기존의 출판 방침에서 벗어나 "경제 건설을 중심으로 당과 정부를 위하여 과학 문화 지식을 선전하고 전승하며, 국민의 문화생활 등을 위한 서비스를 제공한다"는 새로운 방침을 수립하였다. 또한 이 회의에서 "지방 출판사는 현지를 토대 삼아 전국으로 발전하여 나간다"는 방침이 제시됨으로써 중국 출판산업 구조개선에 크게 기여한 것으로 평가되고 있다.

1983년, 중국 중앙정부는 『출판업 진흥에 관한 결정(關於加强出版工作的決定)』을 발표하였다. 이로써 "출판업계는 사회에 미치는 영향에 대하여 주목해야 하고 경제적 효과를 고려하여야 한다"는 원칙이 확립되었고, 출판 개혁을 위한 기틀이 마련되었다. 1992년에 열린 전국 신문출판국장회의에서는 '사회주의 시장경제체제에 부합하는 출판체제 건설'이라는 개혁 목표가 처음으로 제시되었다.

한편, 2001년에는 중국공산당 중앙위원회 판공청과 국무원판공청에서 '신문·출판·방송·영화업계 개혁 강화를 위한 몇 가지 의견'을 중앙선전부, 국가방송총국, 신문출판총서에 전달하게 된다. 이는 출판업을 포함한 모든 매스미디어 업계의 집단화, 업종과 지역의 경계를 뛰어넘는 경영, 경영자산의 상장 허용 등을 골자로 하는 개혁노선을 제시한 것이다. 2003년, 중국 공산당 중앙위원회 판공청의 제21호 문건에서는 문화산업의 전면적인 체제개혁을 주문하고 있다. 신문출판총서는 뒤이어 '신문출판체제 개혁을 위한 시범업무 실시방안' 등의 문건을 하달함으로써 중국의 출판업계를 비롯한 모든 매스미디어 업계 스스로 전면적인 개혁을 추진할 것을 강조하게 된다. 2006년 신문출판총서는 전국문화체제개혁 업무회의 정신에 따라 '출판발행체제 개혁강화를 위한 업무 실시방안'을 제정하여 배포한 바 있다. 여기에는 출판체제 개혁에 대한 목표, 원칙, 지도사상, 구체적인 방법 등이 전면적이고 체계적이며 명확하게 기술된 것으로 알려져 있다.

이 같은 30년 동안의 출판산업 개혁과정을 살펴보면 출판산업은 각 시기마다 서로 다른 사회적 기능을 부여받아왔음을 알 수 있다. 출판산업의 체제개혁은 궁극적으로 보면 중국 경제사회의 개혁과 마찬가지로 점진적인 제도 변천 과정이라고 할 수 있다. 또한 계획경제체제 아래에서 정치선전의 도구였던 출판이 사회주의 시장경제 아래에서 문화산업의 구성요소로 전환되는 과정이기도 하였다.

중국 출판산업의 규모 및 저작권 수출·수입 현황

빠른 속도로 발전하고 있는 경제에 발맞추어 도서출판시장의 성장 가능성도 그만큼 높은 것이 오늘날 중국의 진면목이다. 더욱 중요한 것은 이러한 거대시장이 세계를 향하여 그 문을 활짝 열어젖히고 있다는 사실이다. 실제로 세계 최대의 프랑크푸르트 도서전을 비롯한 유수의 국제도서전에는 매년 수백 명의 중국 출판산업 종사자들이 몰려들고 있다.

그뿐만 아니라 중국 정부는 외국의 출판기업이 중국에서 사무소를 설립하여 교류 내지 대리, 도매, 인쇄, 제작 등 관련업무를 수행할 수 있도록 허락하고 있다. 예를 들어, 독일의 베르텔스만, 영국의 DK사, 캐나다의 톰슨(Thomson)사, 영국의 피어슨(Pearson)사, 독일의 스프링거(Springer)사, 네덜란드의 엘스비어(Elsevier)사, 일본의 고단샤(講談社) 등 세계 유명 출판기업들이 각기 베이징 또는 상하이에 대표 사무소를 설립하였다. 지금까지 약 100여 개 이상의 해외 도서출판업체들이 중국에 지사 및 영업본부를 확보하고 있는 것으로 알려지고 있다.[6]

한국콘텐츠진흥원에서 올해 초에 펴낸 『2009 해외콘텐츠시장조사』 자료에 따르면, 세계 출판시장 규모는 2008년도에 약 1,352억 5,800만 달러에서 2009년 1,312억 7,200만 달러로 감소한 것으로 추정되며, 2014년까지 1.0%의 연평균 성장률을 기록할 것으로 전망된다. 전 세계적인 경기 침체의 영

---

6 徐升国(2008), "外资进国业现状与趋势", 한국출판학회 편(제10회 한·중출판학술회의 논문집)(2008.10.), p.65.

향으로 2008년부터 출판시장 규모가 지속적으로 감소하고 있으나, 2011년 이후에는 점차 성장세를 회복할 것으로 전망된다. 권역별로는 2009년 기준 유럽권이 571억 8,500만 달러로 가장 큰 시장을 형성하고 있으며, 북아메리카가 372억 8,400만 달러로 그 뒤를 잇고 있다. 중국을 비롯한 아시아태평양권, 남아메리카권은 향후 성장세가 두드러질 것으로 전망되며, 일본은 현재보다 시장 규모가 감소할 것으로 전망된다.

이처럼 세계 출판시장 규모가 감소하고 있는 데 반하여 중국 출판시장은 2008년 57억 4,500만 달러에서 2009년 59억 7,500만 달러로 전년 대비 4.0% 성장한 것으로 추정되며, 2014년까지 3.9%의 연평균 성장률을 보이며 72억 3,900만 달러 규모의 시장을 형성할 것으로 전망된다.

도서 발행 규모를 살펴보면, 2007년도에만 중국 전역에서는 약 24만 8,283종에 달하는 도서가 출판되었으며, 발행 부수는 약 62억 9,300만 부를 기록한 데 이어 2008년에는 발행 종수 약 27만 종, 발행 부수는 69억 3,600만 권에 이르고 있는 것으로 추정된다.

2005년 9,832종이던 해외도서 저작권 수입 규모가 2006년에는 1만 950종으로 증가하였으며, 도서 저작권 수출 규모도 2005년 1,434종에서 2006년에는 2,050종으로 증가 추세를 보이고 있다. 2007년에는 수입과 수출이 각각 1만 255종과 2,571종을 기록했고, 2008년에는 1만 5,776종과 2,440종을 기록한 바 있다. 2008년도에 중국 저작권 수입 물량에서 1위를 차지한 나라는 타이완으로 6,040종에 이르고 있으며, 미국은 2007년 1위에서 2008년에 2위로 밀려났다. 저작권 수출의 경우, 중국의 대 타이완 수출은 603건이었고, 한국과 홍콩이 각각 2위와 3위를 기록하고 있다.[7]

한국과 중국 간 출판교역 상황에도 큰 변화를 보이고 있다. 2005년, 한국이 중국에 저작권을 수출한 도서가 554종, 수입도서가 304종이었으나 2006년에 들어오면서 수출 315종, 수입 322종으로 역조현상을 보이기 시작하였

---

7 이재민(2009), "중국 도서출판산업 현황", 한국콘텐츠진흥원,《글로벌 콘텐츠 동향과 분석》2009년 9월호(제298호).

다. 이처럼 중국 도서의 저작권이 국경을 넘어 세계를 향하여 빠르게 퍼져 나가는 이유는 2006년부터 시작된 중국 정부의 이른바 출판을 통한 '세계로 (走出去)' 전략과 맞물려 있다. 중국 도서의 내용이 과거 사회주의 일변도 시절과 달리 세계인들의 입맛에 맞게 창작되고 나아가 '세계로'의 기치를 내걸 정도로 국제적인 경쟁력을 갖출 수 있었던 배경에는 역시 중국의 개혁개방 정책에서부터 촉발되어 오늘날의 상업화를 추구하는 민영 출판업이 출현하기까지 중국 출판업계에 많은 지각변동이 있었기 때문이다.

그 밖에 한국과 중국 출판업계의 교류도 활발하게 진행되고 있다. 웅진 씽크빅은 중국 최대 출판그룹인 중국출판집단공사와 합작으로 현지법인인 '웅진 베이징 교육출판 자문유한공사'를 설립하여 도서를 공동으로 기획하고, 편집하며, 제작한다는 데 합의하였고, 2008년 9월에 양측 대표들이 참가한 가운데 조인식을 가졌다. 웅진씽크빅은 한국 출판기업으로는 최초로 중국에 현지법인을 설립한 것이다.[8] 물론 업계 이전에 학계에서는 이보다 훨씬 이전부터 활발한 교류를 진행하여 왔다. 한국출판학회와 중국출판과학연구소가 공동으로 마련하여 올해 10월에 서울에서 열린 '한·중출판학술회의'를 예로 들 수 있겠다. 올해로 12회째를 맞이한 이 행사는 매년 중국과 한국을 오가며 열리고 있다.

판례-중국 도서 번역출판 시 주의할 점[9]
: 서울중앙지방법원 2008.6.20. 선고, 2007가합43936 판결

1. 사안의 개요

1) 중국인 A와 B는 일상생활에서 감동을 주는 이야기 99가지(그중 상당수는 기존의 미담 등 널리 알려진 이야기를 A와 B가 정리한 것이고, 일부 이야기들은 A가 스

8 http://www.woongjin.com/prcenter/news_view.aspx?IDX=118 참조.

9 이상정(2008), "출판권자로부터 번역출판허락을 받은 경우와 2차적저작물작성권 침해", 《저작권문화》(서울: 저작권위원회) 2008년 12월호(통권 172호), pp.28~29 참조.

스로 창작한 것임)를 모은 후 이야기별로 서두에 간단한 서문과 말미에 독자들에 대한 제언을 추가하여 2003년경 『일생에 해야 할 99가지 일』이라는 제목의 책(이하 '이 사건 중국도서'라 한다)을 저술하였다.

2) A 등은 저작권재산권을 원고에게 양도하였다.

3) 원고는 이 사건 중국도서를 북경 소재 북경출판사에서 5년간 독점 출판권을 주는 조건으로 출판하였다.

4) 피고는 2003년 말경 북경출판사와 접촉, '저작권 사용허가 계약'을 체결하였다.

5) 피고는 이 사건 중국도서에 실려 있는 99가지 이야기 중 45가지를 선별하여 번역하고, 네 가지는 스스로 창작한 후 말미에 짧은 감상과 삽화를 넣어 책을 완성하여 2004년 12월 『살아있는 동안 꼭 해야 할 49가지』라는 제목으로 초판을 발행하였고(이하 '이 사건 번역도서'라 한다), 현재까지 100만 권 이상 판매되었다.

6) 원고는 이 사건 중국도서를 자신의 허락 없이 피고가 발행하였으므로 저작권 침해라고 주장하면서 침해의 정지 및 손해배상을 청구하였다.

2. 피고의 주장과 법원의 판단

1) 피고는 우선 "이 사건 중국도서는 기존에 존재하는 흔한 이야기들을 단순히 수집하여 수록한 것이므로 창작성이 없다."고 주장하였다. 이에 대하여 법원은 "비록 기존에 존재하던 이야기를 소재로 하였다고 하더라도 이 사건 중국도서에 이야기를 수록하는 과정에서 단어, 문장 및 문체 등을 전반적으로 다듬고 조절하여 기존의 이야기와 구체적인 표현에는 차이가 있어 창작성이 인정된다."고 판시하였다.

2) 또 피고는 "북경출판사로부터 이용허락을 받아 이 사건 번역서적을 출판하였으므로 원고의 저작재산권을 침해하지 않았다"고 주장하였다. 이에 대하여 법원은 "북경출판사는 이 사건 중국도서에 대한 중국 내에서의 독점적인 출판권만을 가지며, 해외 번역출판을 허락할 권한이 없다. 따라서 원고허락 없이 번역·출판한 것은 2차적저작물작성권 침해

에 해당한다."라고 판시하였다.

3) 그 밖에 피고는 "설사 북경출판사가 출판을 허락할 권한이 없다고 하더라도 원고는 북경출판사에 이용허락을 대리할 권한이 있음을 표시하였고, 피고는 이를 믿었으므로 민법 제125조의 표현대리가 성립한다.", "원고는 피고의 번역사실을 알았음에도 그 사이 아무런 이의를 제기하지 않았으므로 북경출판사의 이용허락행위를 묵시적으로 승낙 내지 추인하였다.", "저작재산권에 대한 침해가 인정된다 하더라도 피고에게 침해에 대한 고의, 과실이 있었다고 할 수 없으므로 불법행위책임이 인정되지 않는다."는 등의 주장을 제기하였으나 어느 것도 법원에 의해 받아들여지지 않았다.

3. 시사점

1) 이전부터 존재하였던 이야기는 이미 공유영역(자유이용상태)에 있는 것으로, 보호받지 못하는 아이디어에 해당하는 부분이다. 그러나 이를 이용하여 나름대로 이야기를 완성하는 경우에는 필연적으로 다시 쓰는 사람 특유의 독자적인 단어, 문장 및 문체 등이 반영될 수밖에 없다. 이범위 내에서는 창작성이 있는 것이고, 따라서 그것을 그대로 이용하였다면 저작권 침해로 연결된다. 반대로 이미 있는 이야기를 누군가에게서 듣고 그 아이디어를 이용하여 독자적으로 다른 이야기를 작성하였다면 저작권 침해가 성립하지 않는다. 이 사건에서는 중국도서를 그대로 번역하여 이용하였으므로 저작권 책임을 피할 수 없게 된 것이다.

2) 출판권자는 저작권자(복제권자)로부터 출판권을 설정받은 자에 불과하다. 따라서 허락받은 출판의 범위 안에서 제3자에게도 자신의 권리를 주장할 수 있다. 하지만 이 경우 제3자에 대하여 주장할 수 있는 권리는 소극적인 것이다. 다시 말하면 그 출판권이 침해되는 한도에서 자신의 권리를 주장할 수 있다. 제3자에 대해서는 그 권리는 소극적인 것이다. 다시 말하면 그 출판권이 침해되는 한도에서 자신의 권리를 주장할 수 있을 뿐이다. 우리 저작권법에서도 출판권은 양도할 수 있지만 반드시

저작권자의 동의를 받아야 한다고 규정하고 있다.

3) 중국에서는 출판권자는 그 출판한 도서 또는 정기간행물의 판면(版面)을 타인으로 하여금 사용하도록 허락할 수 있다. 하지만 어떤 경우에도 출판권자가 그 출판권에 기하여 다시 출판권을 설정한다는 것(다른 사람에게 출판권을 양도하는 것)은 있을 수 없는 일이다. 그것은 오로지 저작권자의 몫이기 때문이다. 물론 출판권자가 저작재산권을 양도받을 수는 있다. 그렇게 되면 그는 이미 출판권자가 아닌 상위의 저작재산권자가 되는 것이다.

4) 이 사건에서 피고의 도서는 이 사건 중국도서 원문을 그대로 출판한 것이 아니라 우리말로 번역하여 출판한 것이다. 따라서 이는 저작재산권자의 2차적저작물작성권(번역권)이 미치는 행위가 되므로 저작재산권자의 이용허락이 필요하다.

▶ **중국 저작권법 제10조**: 저작권은 다음의 저작인격권과 재산권을 포함한다.

(1) 공표권(發表權), 즉 저작물을 공중에 공개할 것인지를 결정할 수 있는 권리

(2) 성명표시권(署名權), 즉 저작자의 신분을 표시하고, 저작물상에 서명할 수 있는 권리

(3) 수정권(修改權), 즉 저작물을 수정하거나 타인에게 수정하도록 할 수 있는 권리

(4) 동일성유지권(保護作品完整權), 즉 저작물이 왜곡(歪曲), 수정(篡改)되지 않도록 보호할 수 있는 권리

(5) 복제권(復制權), 즉 인쇄(印刷), 복사(復印), 탁본(拓印), 녹음(錄音), 녹화(錄像), 번안녹취(飜錄), 번안촬영(飜拍) 등의 방식으로 저작물을 1부 또는 여러 부를 제작할 수 있는 권리

(6) 발행권(發行權), 즉 판매 또는 증여의 방식으로 공중에게 저작물의 원본 또는 복제물을 제공할 수 있는 권리

(7) 대여권(出租權), 즉 영화저작물 및 영화제작과 유사한 방식으로 창작한 저작물 또는 컴퓨터소프트웨어를 유상으로 타인이 임시사용 할 수 있도록 허가할 수 있는 권리, 다만 컴퓨터소프트웨어가 대여의 주요 목적이 아닌 경우는 제외한다.

(8) 전시권(展覽權), 즉 미술저작물이나 촬영저작물의 원본 또는 복제본을 공개적으로 진열할 수 있는 권리

(9) 실연권(表演權), 즉 저작물을 공개적으로 실연하거나 각종 수단을 이용하여 저작물의 실연을 공개적으로 방송할 수 있는 권리

(10) 상영권(放映權), 즉 영사기(放映機), 환등기(幻燈機) 등 기술적 설비를 통하여 미술(美術), 촬영(撮影), 영화(電影) 또는 이와 유사한 방식으로 창작한 저작물 등을 공개적으로 재현할 수 있는 권리

(11) 방송권(廣播權), 즉 무선방식(無線方式)으로 저작물을 공개적으로 방송 또는 전파하거나, 유선으로 전파(傳播) 또는 중계(轉播)하는 방식으로 저작물을 공중에 전파, 방송하거나 또는 확성기(擴音機) 또는 기타 부호(符號), 음성(音響), 그림(圖像)을 전송하는 유사한 수단으로 저작물을 공중에 전파, 방송할 수 있는 권리

(12) 정보통신망 전파권(信息網絡傳播權), 즉 유선 또는 무선방식으로 저작물을 공중에 제공하여 공중으로 하여금 자신이 선택한 시간과 장소에서 저작물을 받아볼 수 있도록 하는 권리

(13) 촬영권(攝制權), 즉 영화촬영 또는 영화제작과 유사한 방식으로 저작물을 유체물(載體)에 고정할 수 있는 권리

(14) 각색권(改編權), 즉 저작물을 개작하여 독창성을 갖는 새로운 저작물을 창작할 수 있는 권리

(15) 번역권(飜譯權), 즉 저작물을 하나의 언어와 문자에서 다른 언어와 문자로 바꿀 수 있는 권리

(16) 편집저작권, 즉 저작물 또는 저작물의 단편적 부분을 선택 또는 편집, 배열하여 새로운 저작물로 집성할 수 있는 권리

(17) 저작권자가 당연히 향유하는 기타 권리: 저작권자는 타인이 위 제5호 내지 제17호에 규정된 권리를 행사하도록 허가할 수 있으며, 계약 또는 이 법의 관련 규정에 따라 보수를 받는다. 저작권자는 이 조 제1항 제5호 내지 제17호에 규정된 권리의 전부 또는 일부를 양도할 수 있으며, 계약 또는 이 법의 관련 규정에 따라 보수를 받는다.

5) 중국에서는 저작재산권을 양도하는 경우 우리나라와 달리 반드시 서면으로 해야만 한다. 또 서면계약에는 양도하는 권리의 종류 및 지역의 범위를 명시하여야 하며, 이용허락계약 또는 양도계약에 있어서 저작재산권자가 명확하게 허락 또는 양도하지 않은 권리에 대해서는 상대방 당사자는 저작재산권자의 동의를 얻지 않고는 행사할 수 없도록 규정하고 있다(중국 저작권법 제26조[10] 참조). 따라서 피고로서는 북경출판사가 2차적저작물작성권 중 번역권을 명백하게 양도받았는지, 또는 북경출판사가 번역허락을 할 권리가 있는지에 대한 확인을 먼저 거쳐야 했던 것이다.

6) 결론적으로 법원은 "피고는 전문적인 출판업자로서 저작재산권 문제에 대하여 더욱 세심한 주의를 기울일 의무가 있었다는 점을 고려할 때 피고에게는 계약체결 시 저작재산권의 귀속관계를 충분히 조사해 보지 않은 과실이 인정되어 불법행위책임을 부담한다"고 판시하였다. 외국 저작물, 특히 중국 저작물을 번역 출판하려는 사람들이 모두 유념해야 할 판결이 아닐 수 없다.

결론-합리적인 외국 저작물 이용을 위하여

저작권은 저작권자 자신에 의해 직접 관리되는 것이 가장 이상적이다. 그러나 엄청나게 다양해지고 있는 저작물과 그것을 이용하려는 사람들의 폭발적인 증가에 따라 적절한 저작물 또는 이용자를 선별하기가 사실상 어려워지는 추세에 있다. 우선 저작권자의 측면에서 보면, 저작권에 관한 전문지식이 부족하여 자신의 권리를 적절히 행사하지 못하는 경우가 많고, 누군가에 의해 자신의 저작물이 이용되고 있는지 파악하기 어려우며, 따라서 저작

---

10 중국 저작권법 제26조 : 사용허락계약과 양도계약에 저작권자가 허락 또는 양도하는 권리를 명시하지 아니한 경우, 다른 당사자 일방은 저작권자의 동의를 받지 아니하고 권리를 행사할 수 없다.

물에 대한 권리자의 직접적인 관리가 거의 불가능한 경우가 많다. 또한 이용자의 측면에서 보면, 이용허락을 얻기 위해 저작권자와 개별적으로 접촉하는 일이 쉽지 않은 경우가 많고, 허락을 받아내는 절차에 있어서도 전문지식이 부족한 경우에는 어려움이 많을 수밖에 없다. 특히 그것이 국제적인 경우에는 어려움이 훨씬 더 커지는 것이 현실적인 문제라고 할 수 있다.

따라서 저작권에 관한 전문적인 지식과 계약관계의 절차 등에 관한 이해를 갖춘 단체가 저작권을 집중적으로 관리할 수 있도록 하여 저작권자가 그 저작물을 특정의 단체에 관리를 위탁함으로써 저작물의 이용에 따른 수익을 얻게 함은 물론 이용자 역시 이용하고자 하는 저작물에 대한 정보를 입수하거나 선별하기 쉽고, 계약에 있어서도 모든 면에서 편리를 추구할 수 있도록 하는 것은 합리적인 방법이 될 수 있다. 아울러 저작물의 국제적인 교류에 있어서도 각국의 저작권관리단체끼리 협의함으로써 개인 간의 교류에서 파생되는 문제점들을 극복할 수 있다는 이점도 있다. 이런 취지에 따라 우리 저작권법에서는 저작권위탁관리업에 관하여 규정하고 있다. 저작권위탁관리업에는 대리 및 중개 그리고 신탁의 유형이 있으며, 이중에 하나 또는 여러 분야를 동시에 업으로 삼을 수도 있도록 규정하고 있다.

결국 저작권위탁관리제도는 거래비용을 최소화하는 한편 저작물 이용허락의 활성화를 도모할 수 있다는 점에서 유용한 측면이 많으므로 더욱 정교한 연구가 필요한 분야로 보인다.

중국에서는 2001년에 저작권법 제8조[11]를 개정하여 "저작권자와 저작권 관련 권리자는 저작권집중관리단체(저작권단체관리기구)에 저작권 또는 저작권 관련 권리를 양도할 수 있다"고 규정하였다. 그리하여 저작권집중관리단체는 관련 권리를 양도받은 후 자신의 명의로 저작권자와 저작권과 관계있

---

11 중국 저작권법 제8조 : 저작권자와 저작권 관련 권리자는 저작권단체관리기구(著作權集體管理組織)에 권한을 부여하여 저작권 또는 저작권관련 권리를 행사할 수 있다. 저작권단체관리기구가 권한을 부여받은 후 자신의 명의로 저작권자와 저작권관련 권리자를 위하여 권리주장을 할 수 있고, 또한 저작권 또는 저작권관련 권리와 관련된 소송 또는 중재를 당사자 자격으로 수행할 수 있다. 저작권단체관리기구는 비영리조직(非營利性組織)이고, 그 설립방식, 권리의무, 저작권허가사용료의 징수와 분배 및 그 감독과 관리 등에 관하여는 국무원이 별도로 정한다.

는 권리자에게 권리를 주장할 수 있으며 당사자로서 저작권 또는 저작권과 관계있는 권리소송, 중재활동에 참여할 수 있게 되었다. 아울러 저작권 집중관리단체는 비영리단체로 설립방식, 권리의무, 저작권허가사용료의 징수와 분배, 감독과 관리 등에 관한 사항은 국무원이 별도로 정한다고 규정하고 있다.

한편, 중국 내 불법복제 및 불법서버 등을 통한 저작권 침해는 상당히 심각한 것으로 알려져 있다. 이에 따라 한국저작권위원회에서는 북경사무소를 설치하여 중국 현지에서 전문적인 저작권 법률상담서비스를 무료로 제공하고 있다. 한국저작권위원회 북경사무소에서는 현지 전문 법률사무소와 협력체계를 갖추고 중국 내 저작권 침해에 대한 대응뿐만 아니라 저작권 라이선스 수출입 계약 등에 관한 컨설팅 서비스도 지속적으로 제공하고 있다. 따라서 분쟁이 발생하였거나 발생할 가능성이 있는 경우 그것의 법적인 구제조치 방안에 대하여 상담해 보기를 권한다.

한·미자유무역협정(FTA)에 따른 저작권 수출전략과 쟁점

'소설 파는 남자'가 주는 교훈

한국 문학을 해외에 수출하기 위해 고군분투해 온 출판저작권에이전트 이구용 씨. 그가 직접 우리 문학을 해외에 수출한 과정에 대한 이야기를 풀어놓은, '출판 저작권 에이전트 이구용의 한국 문학 해외 수출 분투기'라는 부제가 붙어 있는 『소설 파는 남자』라는 책에서 저자는 '5-15-20'이라는 목표를 소개한다. 20년 동안 15개 이상의 언어권에서 우리나라 작가 한 사람 한 사람의 장편소설 다섯 작품 이상을 해외에 번역, 출간함으로써 현지 독자들이 오래도록 사랑하고 읽을 수 있도록 하겠다는 뜻이라고 한다. 저자는 본래 해외 도서를 국내 출판사와 연결하는 역할을 했으나 2004년 우리 문학을 해외에 소개하는 에이전트로서의 삶을 살겠다고 결심하고 행동으로 실천하기 시작했다고 한다. 그리고 마침내 그는 해외 저작물에 엄격한 미국과 유럽의 두꺼운 벽을 넘어 좋은 우리 문학 작품의 해외 출판을 성공적으로 이끌었고, 그 결과가 지금 눈앞에 펼쳐지고 있는 것이다.

이 책에서는 또 김영하, 신경숙, 조경란, 한강 등 해외출판시장에 성공적으로 진출했거나 진출을 목전에 두고 있는 작가들과 작품에 관한 느낌과 더불어, 해외진출전략을 구상 중이거나 한국문학으로는 훌륭하지만 세계인이 즐기기에는 한계를 지닌 작품에 대한 에이전트의 고민과 에이전트로서 미래에 도전하고 싶은 과제도 보여준다. 글 중간중간에 우리 문학 작가와 문학에 대한 이야기도 수록했다. 그는 우리 문학작품을 세일즈하기 위해 영문 시놉시스와 영문 샘플 번역을 준비하고, 영자신문의 리뷰자료까지 꼼꼼히 챙기며 한국문학을 소개하는 데 최선을 다했던 과정들을 통해 해외 출판저작권에이전시를 꿈꾸는 이들에게 귀한 정보와 조언을 제공한다. 아울러 에이전트의 일이란 어떤 것인지, 에이전트가 우리 문학의 어떤 점을 강조하고 이를 세일즈로 연결하는지를 실감 나게 보여주기 위해 번역원고를 읽은 미국 에이전트의 감상 등을 원문 그대로 담고 있기도 하다.

하지만 이 같은 열정과 남다른 테크닉만으로는 해외시장을 완벽하게 공략할 수 없다. 아마도 이구용 씨가 에이전트로서 성공할 수 있었던 배경에는 저작권을 둘러싼 해외시장의 특성과 더불어 그 나라의 법적, 제도적 환경에 대한 이해가 뒷받침되었을 것이다. 아울러 우리나라와의 관계적 특성에 입각한 친화적 접근방법이 큰 힘을 발휘했을 것이다.

최근 우리 교역무대의 주요한 이슈로 부상하고 있는 자유무역협정(FTA)도 저작권 환경에 큰 영향을 미치고 있다. 특히 우리가 주로 저작권을 수입하고 있는 문화선진국으로서의 미국 및 유럽연합(EU)과 잇따라 FTA를 체결함으로써 앞으로 그 지형도가 어떻게 펼쳐질 것인지 기대와 우려가 교차하고 있는 중이다. 이에 필자는 우여곡절 끝에 체결되었지만 재협상 과정을 거쳐 국회 비준을 통해 발효된 한 · 미자유무역협정(FTA)을 중심으로, 주요 내용을 살펴봄으로써 대미 저작권 수출의 시사점을 제시하고자 한다.

한·미 FTA 중 저작권 분야의 주요 내용

지난 2007년 4월 2일 타결된 한 · 미 자유무역협정(FTA)이 최근 재협상 과정을 거치면서 국민적 관심사로 떠올랐다. 대체로 야당에서는 반대의사를 굽히지 않는 가운데, 여당의 주도 아래 국회 비준을 위한 여러 가지 절차가 진행되고 있는 것으로 알려졌다. 어쨌든 향후 국회 비준을 거쳐 한 · 미FTA

가 발효된다면 더불어 전개될 한·유럽연합(EU) FTA와 맞물려 엄청난 후폭풍이 예상된다. 무역을 통한 국익 창출이 중요할 수밖에 없는 우리로서는 여러 산업 분야에 걸쳐 다양한 이익을 예상할 수도 있지만, 일부 산업 분야에서는 부정적인 영향을 우려하는 목소리도 높아지고 있다. 특히 상대적으로 경쟁력이 약한 문화산업 분야는 문화 선진국의 공세 앞에 무력해질 수밖에 없는 구조적 한계를 노정하고 있어 만반의 준비가 필요한 것으로 판단된다. 한·미 FTA의 내용 중 저작권 관련 부분을 살펴보면 다음과 같다.

1. 일시적 저장의 복제권 인정

보통 컴퓨터의 RAM(전원을 끄면 기억되어 있던 모든 데이터가 지워지는 메모리)에서 실행되는 일시적 복제에 대해 저작자에게 권리(복제권)를 준다.

▶ **관련조문**: 제18.4조 저작권 및 저작인접권

1. 각 당사국은, 저작자·실연자 및 음반제작자가 어떠한 방식이나 형태로, 영구적 또는 <u>일시적으로(전자적 형태의 일시적 저장을 포함한다)</u>, 그의 저작물·실연 및 음반의 모든 복제를 허락하거나 금지할 권리를 가지도록 규정한다.

2. 저작권 보호기간 연장

저작자 사후 기준 또는 저작물 발행(또는 창작) 기준에 관계없이 동일하게 70년으로 연장하되 경과규정에 따라 2년의 유예기간을 둔다.

▶ **관련조문**: 제18.4조 저작권 및 저작인접권

4. 각 당사국은 저작물(사진저작물을 포함한다)·실연 또는 음반의 보호기간을 산정하는 경우, 다음을 규정한다.

   가. 자연인의 수명에 기초하는 경우, 그 기간은 저작자의 생존기간과 저작자의 사후 70년 이상이다. 그리고

   나. 자연인의 수명 이외의 것에 기초하는 경우, 그 기간은

   1) 저작물·실연 또는 음반이 최초로 허락되어 발행한 년도 말로부터 70년 이상이다.

또는

2) 저작물·실연 또는 음반의 창작으로부터 25년 이내에 승인된 발행을 하지 못한
경우, 저작물·실연 또는 음반이 창작된 년도 말로부터 70년 이상이다.

3. 접근통제(Access Control) 기술적 보호조치 신설

저작물에 접근하는 것을 막는, 즉 접근통제(암호와 ID가 있어야 저작물을 이용할
수 있게 하는 것이 대표적인 예) 기술적 보호조치를 우회('뚫거나 깨는')하는 것을 금
지한다. 단, 고의·과실이 없을 경우(몰랐거나 알 수 없었던 경우) 저작권 침해가
되지 않으며, 향후 새로운 기술의 출현 등 필요시 추가적인 예외 도입을 가
능하게 함으로써 이용자 보호를 위한 근거로 삼는다.

▶ **관련조문**: 제18.4조 저작권 및 저작인접권

7. 가. 저작자·실연자 및 음반제작자가 자신의 권리행사와 관련하여 사용하고 그의
저작물·실연 및 음반과 관련한 허락받지 아니한 행위를 제한하는 효과적인 기술
조치의 우회에 대해 충분한 법적 보호와 효과적인 법적 구제를 제공하기 위하여,
각 당사국은 다음의 인이 제18.10조 제13항[12] 에 규정된 구제에 대하여 책임이 있
고, 그 적용대상이 되도록 규정한다.

1) 보호되는 저작물·실연·음반 또는 그밖의 대상물에 대한 접근을 통제하는 효
과적인 기술조치를 허락없이, 알면서 또는 알 만한 합리적인 근거를 가지고 우
회하는 인, 또는

---

12 제18.10조 지적재산권 집행 13. 제18.4조 제7항 및 제18.4조 제8항에 규정된 행위에 관한 민사 사법절차에
서, 각 당사국은 사법당국이 최소한 다음의 권한을 가지도록 규정한다.
　가. 금지된 행위에 관련된 것으로 의심되는 기기 및 제품의 압류를 포함한 잠정조치를 부과할 수 있는 권한
　나. 권리자가 입은 실제 손해배상액과 법정손해배상액 중에서 권리자가 선택할 수 있는 기회를 제공할 수
　　　있는 권한
　다. 민사 사법절차의 종결시 금지된 행위에 관여한 당사자가 승소자에게 소송비용과 수수료 및 합리적인 변
　　　호사 보수를 지급하도록 명령할 수 있는 권한, 그리고
　라. 금지된 행위에 연루된 것으로 판정된 기기 및 제품의 폐기를 명령할 수 있는 권한
　　　어떠한 당사국도 그 행위가 금지된 행위를 구성한다는 것을 인지하지 아니하였고, 그렇게 믿었을 만한 사
　　　유가 없었음을 증명한 비영리 도서관·기록보관소·교육기관 또는 공공의 비상업적 방송기관에 대하여
　　　는 이 항에 따른 손해배상을 이용가능하게 할 수 없다.

2) 다음의 장치 · 상품 또는 부품을 제조 · 수입 · 배포 · 공중에게 제의 · 제공 또는

달리 밀거래하거나, 다음의 서비스를 공중에게 제의 또는 제공하는 인

가) 효과적인 기술조치의 우회를 목적으로, 그 인이 또는 그 인과 함께 그리고 그 인

이 이를 알고 있는 상태에서 행동하는 다른 인이 홍보 · 광고 또는 판매하는 것

나) 효과적인 기술조치를 우회하는 것 이외에는 상업적 의미가 있는 목적 또는 용

도가 제한적인 것

다) 효과적인 기술조치를 우회하는 것을 가능하게 하거나 또는 용이하게 하는 것을

주목적으로 고안 · 제작되거나 기능하는 것

각 당사국은 비영리 도서관, 기록보존소, 교육기관 또는 비상업적 공공 방송국 이외

의, 어떠한 인이 고의로 그리고 상업적 이익 또는 사적인 금전적 이득을 얻을 목적을

위의 행위 중의 어느 하나에 관여된 것으로 판명되는 때에 적용될 형사절차 및 처벌을

규정한다. (이하 생략)

4. 법정손해배상제도 도입

실손해배상 원칙에 따라 법정손해배상제도(배상액의 하한을 법으로 미리 정하는

제도)를 도입한다.

▶ **관련조문**: 제18.10조 지적재산권 집행 중 '민사 및 행정절차와 구제'

6. 민사 사법절차에서, 각 당사국은 최소한 저작권 또는 저작인접권에 의하여 보호

되는 저작물 · 음반 및 실연에 대하여 그리고 상표위조의 경우에, 권리자의 선택에

따라 이용 가능한 법정손해배상액을 수립하거나 유지한다. 법정손해배상액은 장

래의 침해를 억제하고 침해로부터 야기된 피해를 권리자에게 완전히 보상하기에

충분한 액수이어야 한다.

5. 비친고죄의 도입

'상업적 규모'의 저작권 침해 시 비친고죄[13]를 적용한다.

▶ **관련조문**: 제18.10조 지적재산권 집행 중 '형사절차와 구제'

26. 가. 각 당사국은 최소한 상업적 규모의 고의적인 상표위조나 저작권 또는 저작
인접권 침해의 경우에 적용될 형사절차 및 처벌을 규정한다. 상업적 규모의 고의
적인 저작권 또는 저작인접권 침해는 다음을 포함한다.

　1) 직접적 또는 간접적인 금전적 이득의 동기가 없는 중대한 고의적인 저작권 또는
저작인접권의 침해, 그리고

　2) 상업적 이익 또는 사적인 금전적 이득을 목적으로 하는 고의적인 침해

　나. 각 당사국은 위조되거나 불법복제된 상품의 고의적인 수입 또는 수출을 형사처
벌의 적용대상이 되는 불법행위로 다룬다.

27. 제18.10조 제26항에 더하여, 각 당사국은

　가. 침해자의 금전적인 동기를 제거하려는 정책에 합치되게, 장래의 침해를 억제하
기에 충분한 벌금형뿐만 아니라 징역형 선고를 포함하는 형벌을 규정한다. 각
당사국은 나아가 사법당국이 형사적 침해가 상업적 이익이나 사적인 금전적 이
득을 목적으로 발생하는 때에 실형을 포함하여 장래의 침해를 억제하기에 충분
한 수준에서 형벌을 부과하도록 권장한다.

　나. 사법당국은 위조 또는 불법복제 의심상품과 위법행위를 행하는 데 사용된 모든
관련 재료와 도구, 위법행위에 관련된 증거서류 그리고 침해행위에 기인한 모
든 자산의 압수를 명령할 수 있는 권한을 가진다. 각 당사국은 압수의 대상이 되

---

13 친고죄(親告罪)란 "범죄의 피해자나 그 밖의 법률에 정한 사람의 고소(告訴)가 있어야 공소(公訴)를 제기할
수 있는 범죄"를 말하며 강간죄, 명예훼손죄, 모욕죄 등이 대표적이다. 형사상의 범죄는 형사소송법의 규정
에 따라 검사만이 공소의 제기, 즉 형사소추(刑事訴追: 검사가 특정 범죄에 대한 피고인을 기소하여 그 형사
책임을 추궁하는 일)할 수 있는데, 이처럼 피해자 등의 고소가 없으면 공소를 제기할 수 없는 범죄를 친고죄
라고 한다. 이러한 친고죄의 공소시효는 "범인을 알게 된 날로부터 6개월"이며 고소를 일단 취소한 경우에는
다시 고소할 수 없다. 반면에 '비친고죄'의 경우에는 범죄의 피해자나 고소권자가 아닌 제3자가 수사기관에 대
해 범죄 사실을 신고하여 범인을 처벌해 달라는 의사 표시를 할 수 있는 것으로 이를 '고발'이라고 하는데,
형사소송절차에서는 대체로 고소와 같은 것으로 취급한다. 누구든지 범죄가 있다고 판단되는 경우 관계기관
에 고발할 수 있으나 자기 또는 배우자의 직계존속은 고발하지 못한다. 고발은 제1심 판결선고 전까지 취소
할 수 있으며, 고소와 달리 고발은 취소한 후에도 다시 고발할 수 있다.

는 품목이 그 명령에 규정된 일반적인 범주에 해당하는 한, 개별적으로 그 품목을 적시할 필요는 없는 것으로 규정한다.

다. 사법당국은 특히 침해행위에 기인한 모든 자산의 몰수를 명령할 권한을 가지도록 규정한다.

라. 사법당국은 예외적인 경우를 제외하고, 다음을 명령하도록 규정한다.

1) 모든 위조되거나 불법복제된 상품과 위조표장으로 구성된 모든 물품의 몰수 및 폐기, 그리고

2) 위조되거나 불법복제된 상품의 제작에 사용되었던 재료와 도구의 몰수 및 폐기

각 당사국은 나아가 피고인에 대한 어떠한 종류의 보상도 없이 이 호와 다호에 따른 몰수 및 폐기가 이루어지도록 규정한다.

마. 형사사건에서, 사법 또는 그 밖의 권한 있는 당국은 폐기 예정인 상품과 그 밖의 재료의 목록을 유지하고, 손해배상을 위하여 민사 또는 행정소송의 제기를 희망한다는 권리자의 통보가 있는 경우, 증거 보존을 용이하게 하기 위하여 그러한 재료를 폐기명령으로부터 일시적으로 면제할 수 있는 권한을 가지도록 규정한다. 그리고

바. 자국의 권한 있는 당국은 이 장에 기술된 위법행위에 대하여 사인이나 권리자의 공식적인 고소 없이 직권으로 법적 조치를 개시할 수 있다.

29. 각 당사국은 공공 영화상영 시설에서 영화 또는 그 밖의 영상저작물의 실연으로부터 그러한 저작물 또는 그 일부를 전송하거나 복사하기 위하여 그러한 영화 또는 그 밖의 영상저작물의 저작권자 또는 저작인접권자의 허락 없이, 고의로 녹화장치를 사용하거나 사용하려고 시도하는 인에 대하여 형사절차가 적용되도록 규정한다.

6. 온라인서비스제공자의 책임 강화

권리자의 요청이 있을 경우 온라인서비스제공자(인터넷 서비스업체)는 온라인상 저작권을 침해한 자(네티즌)의 개인 정보를 저작권자에게 제공하도록 하여 그 책임을 강화한다.

▶ **관련조문**: 제18.10조 지적재산권 집행 중 '서비스 제공자의 책임 및 책임제한'

30. 10) 서비스 제공자가 침해주장 또는 외견상 명백한 침해에 기초하여 선의로 자료를 제거하거나 접근을 무력화한 경우, 각 당사국은 이로 인한 청구에 대한 책임으로부터 서비스 제공자가 면책되도록 규정한다. 다만, 이는 자료가 서비스 제공자의 시스템 또는 네트워크상에 존재하는 경우, 서비스 제공자가 그의 시스템 혹은 네트워크상에 자료를 이용가능하게 한 인에게 서비스 제공자가 그렇게 하였다는 것을 신속하게 통보하는 합리적 조치를 취하고, 그 인이 효과적인 반대 통보를 하고 침해소송에서 관할권의 적용대상이 되는 경우, 유효한 일차 통보를 한 인이 합리적인 시간 이내에 법적 구제를 구하지 아니하는 한, 온라인상 자료를 복구하기 위한 합리적인 조치를 취하여야 한다.

11) 각 당사국은 침해주장에 대한 유효한 통보를 한 저작권자가 서비스 제공자가 보유하고 있는 침해 혐의자를 확인하는 정보를 신속하게 획득할 수 있도록 하는 행정 또는 사법절차를 수립한다.

대응방안 및 제언

저작권 보호기간 연장 등 한·미 FTA에서 다룬 쟁점은 매우 광범위한 것이었음에도 실질적인 효과에 있어서는 우리에게 불리하게 타결되었다는 견해가 지배적이다. 특히 다음과 같이 두 가지 측면에서 이번 한·미 FTA 저작권 분야 협상결과에 대한 우려가 증폭되고 있는바, "저작권 제도의 근본적인 성격을 변경함으로써 제도의 순기능이 말살될 수 있다"는 주장을 살펴볼 필요가 있다.[14]

---

14 남희섭, "한미FTA 타결내용 분석 및 평가–저작권 분야를 중심으로", 문화연대 외(2007), "왜 협상 무효를 말하는가", 『한·미FTA 문화분야 협상결과 평가 토론회』 자료집(2007.5.2)

① 저작권 제도의 핵심은 '권리 보호'와 '이용' 사이의 균형이다. 따라서 저작권 정책의 핵심은 우리 사회에 필요한 적절한 균형의 유지이고, 이런 점에서 사회적 이용이 억제되지 않도록 권리를 적절히 제한하는 것이 가장 중요한 정책 목표다. 권리 제한을 위한 가장 대표적인 장치가 바로 보호기간의 제한이다. 한·미 FTA를 통해 저작권 보호기간을 20년 더 연장한 것은 사실상 저작권 보호기간을 영구화한 것이고, 권리 제한을 통한 균형 자체를 무력화하였다. 또한 권리의 보호 강화만 나열한 한·미 FTA 협상 결과는 권리 제한을 공공정책으로 추진할 영역을 크게 축소하였다.

② '일시적 저장'과 '접근통제형 기술적보호조치'를 통해 저작권자가 이용자를 직접 통제할 수 있도록 만들고, 집행 규정을 강화하여 개별 이용자를 쉽게 법정에 세울 수 있게 만들었다. 저작권 제도는 저작물 시장에서 저작권자와 경쟁하는 행위들을 저작권자가 통제할 수 있도록 함으로써 저작권자에게 경제적 이익을 취할 수 있도록 하여 창작을 장려하는 제도다. 저작권법에서 인정하는 '복제권'이나 '배포권', '전송권', '방송권' 등은 모두 경쟁자를 통제하기 위한 권리이다. 그런데, '일시적 저장'이나 '접근통제형 기술적 보호조치'는 경쟁자를 상대로 하는 것이 아니라 저작물의 최종 이용자를 대상으로 한 것이다. 이렇게 되면, 원래 저작권법에서 의도하지 않았던 결과가 생긴다. 즉, 디지털 환경에서 저작물을 보는 행위나 읽는 행위, 듣는 행위가 저작권자의 통제 아래에 놓인다. 저작권법에 '출판물 접근권', '독서권', '음악 청취권', '영화 감상권'을 집어넣는 것과 무엇이 다른가?

그 밖에 "최근 들어 미국에서 저작권 보호가 강화된 것은 디지털 환경에서 기득권을 포기하지 않으려는 콘텐츠 제작자들이 법원에서 힘겨루기와 의회 로비에 성공함으로써 나타난 결과다. 이들은 인터넷회사, 소프트웨어 개발자, 이용자들을 상대로 공격적인 소송들을 계속해 자신들의 권리를 확대하는 판례 규범을 만들어내는 데 성공했다. 나아가 이를 의회에서 법령화하도록 엄청난 로비력을 동원한 바 있다. 이렇게 만들어진 저작권법을 전 세계적으로 확대해 왔고 국제기구나 세계무역기구(WTO) 다자협상에서 관철하지 못한 부분을 양자협상을 통해 성취한 것이 자유무역협정 협상의 결과다."[15]라는 지적 또한 그냥 지나치기에는 너무나 무거운 울림으로 다가온다.

물론 "저작권 보호기간을 사후 70년으로 연장하는 문제는 EU·호주 등 선진국을 포함한 세계 약 50개국이 이미 연장 시행 중에 있는 현실을 고려할 때, 우리나라가 이를 채택하더라도 큰 문제는 없다."거나 "저작물에 대한 접근을 통제하는 기술적 보호조치의 우회 금지, 일시적 복제에 대한 권리 인정 역시 양국 모두 인터넷 강국이라는 측면에서 권리 강화라는 방향으로 의견일치를 보았다."는 전문가들의 견해도 있으므로 비관적으로만 볼 것은 아닐 것이다.

이제 협상의 과정이나 내용에 대해 왈가왈부할 때는 지났다. 어떻게 하면 집행과정에서 나타날지도 모르는 부작용을 최소화하고 나아가 전화위복의 계기로 삼을 수 있을 것인지 묘안을 짜내기 위해 관계자 모두가 머리를 맞대야 한다. 최근 급격하게 파급되고 있는 막연한 불안감을 해소시키기 위해서라도 정부에서는 관련 정보를 적극 공개 및 홍보해야 하고, 업계는 업계 나름의 대비책을 마련해 나가야 한다.

① 온라인서비스제공자의 책임강화, 저작권 집행의 강화와 관련하여 향후 형사처벌을 요구하는 고소나 손해배상을 둘러싼 민사소송이 폭주할 수 있다는 점에서 대비책이 있어야 한다.
② 가까운 시일 안에 국회비준 절차가 예상되며, 이후 국내 저작권법 또한 개정이 불가피할 것인 바, 저작권 보호 수준에 걸맞게 출판권 등 이용자의 기득권을 강화하기 위한 대책을 조속히 마련해야 한다.
③ 자유로운 이용의 대상이 되는 저작물(public domain)을 포함하여 연차별 저작재산권 소멸 저작물에 대한 데이터베이스를 구축할 필요가 있다.

---

15 우지숙, "공익 위협할 '저작권'", 《한겨레》 2007년 6월 7일자 31면.

아울러 시대 변화에 발맞추어 저작권을 존중하면서도 너그러운 이용 질서를 제공하려는 사회 운동이 점차 확산됨으로써 저작권자와 저작물 이용자의 상생을 실현해야 한다.

특히 2007년에 전부개정된 저작권법과 한·미 FTA에서 기존의 친고죄 부분을 일부 비친고죄로 수용한 데 따른 문제점에 유의할 필요가 있다. 이미 미국 등 선진국에서도 시행되고 있는 제도이기 때문이다. 아울러 이러한 개정의 취지는 대체로 저작권이 정신적 산물로서 개인의 이익이라는 측면의 가치뿐만 아니라 공익성 또한 매우 높은데, 이러한 저작권 침해에 대한 범죄를 친고죄로 규정하다 보니 이를 침해하는 범죄행위에 대한 처벌의 실효성이 떨어진다는 점에 있다. 하지만 이런 개정취지에도 불구하고 비친고죄 규정에 따른 고발의 남용이나 경쟁사끼리 무고가 난무하는 등 악용의 소지가 예상된다는 점에서 향후 시행령 제정에 있어 구체적인 침해행위에 대한 규정 및 적용범위를 정할 수 있도록 업계별로 중지를 모아야 할 것으로 보인다.

아무쪼록 이번 한·미 FTA를 통한 저작권 보호 수준의 강화가 일방적인 보호의무의 강화로 전락하지 않고 우리 문화산업 발전을 위한 긍정적 계기로 작용하려면 무엇보다 상대적으로 피해가 예상되는 분야 및 수출전략에 대한 강력한 대책이 수립되어야 한다. 주무부서인 문화체육관광부에서는 "크게 강화된 권리보호의 반대축에 있는 이용자들을 위한 저작권 이용 활성화 정책을 꾸준히 추진하고, 향상된 저작권을 우리 창작자 및 문화산업이 백분 향유할 수 있도록 창작 지원을 강화해 나갈 계획"이며, "저작물(콘텐츠) 창작 지원은 저작권 분야에 한정하지 않고 전체 기초예술, 문화산업 분야와 연계하여 대응할 것"임을 밝히고 있다. 나아가 정부는 "한·미 FTA를 통해 문화산업이 우리 경제의 핵심산업으로 성장해 나가도록 적극 지원해 나갈 계획"임을 밝힌 만큼 관련업계와의 허심탄회한 협의를 통해 실질적인 지원책이 마련되기를 기대한다.

출판과 잡지, 그리고 신문으로 대표되는 인쇄매체 산업은 그것의 막대한 영향력을 바탕으로 대중들의 생활을 지배해 왔다. 그럼에도 항상 부정적 측면에 대한 논란은 수그러들지 않고 있으며, 의제설정이라는 측면에서의 효과는 높게 평가되고 있는 반면 이용과 충족이라는 측면에서는 수용자들의 긍정적인 판단을 이끌어내지 못하고 있다. 따라서 유능한 커뮤니케이터들을 골고루 적극 활용해야만 비로소 우리 실제 업무 산업의 본질적 발전을 기대할 수 있다고 볼 때, 그 바탕에는 저작권이란 것이 존재한다는 점을 잊어서는 안 되겠다.

결국 양질의 콘텐츠를 통해 고도의 매체 기능을 수행하려면 반드시 저작권에 대한 인식과 보호 노력이 뒤따라야 한다. 규제수단으로만 인식되고 있는 저작권법이 곧 저작권자와 이용자들의 상생에 기여할 수 있는 문화산업 기본법으로 거듭나야 한다. 기왕에 적용되고 있는 저작권법을 비롯한 제도적 장치들이 내포하고 있는 여러 가지 문제점을 개선하기 위해서는 이를 실제 업무에서 적용해 나갈 미디어 실무종사자들의 이해와 관심이 절대적으로 필요하다는 점도 잊어서는 안 된다. 문화의 향상과 발전에 기여하는 것을 목적으로 제정된 저작권법을 전공학자들에게만 맡겨 두는 것은 또 다른 의미에서의 직무유기가 될 수 있기 때문이다.

한편, 최근 체결되어 비준절차를 거친 후 2011년 7월부터 발효 예정인 한·EU FTA 협상 결과는 우리나라 현행법상의 지적재산권 보호 정도를 상회하는 수준인 것으로 알려져 있다. 물론 한·미 FTA 체결 이후 상당한 수준의 후속 입법 및 개정이 이루어진 상태이지만, 저작권을 포함한 지적재산권 전반에 걸친 보호수준이 훨씬 더 강화될 것이라는 사실에는 변함이 없을 것으로 판단된다. 앞으로 국내 이행을 위한 후속 입법과정에서 이용자와 권리자에 대한 균형 있는 입법을 통해 국내적으로는 상호 만족할 수 있는 결과를 도출하고, 국제적으로는 협정의 이행과 관련한 신뢰를 확보함으로써 향후 지적재산권 선진국으로 발돋움해 나갈 수 있는 발판을 마련하는 기회가 되기를 기대한다.

『덕혜옹주』
표절 아니다

———

요사이 우리 중견작가들의 소설 작품이 잇달아 표절 시비에 휘말리면서 문단과 출판계를 긴장시키고 있다. 얼마 전 일본 여성사 연구가 '혼마 야스코'의 저서를 번역한 『대한제국 마지막 황녀 덕혜옹주』(이하 '덕혜희'라고 함)와 작가 '권비영'의 베스트셀러 소설 『조선의 마지막 황녀 덕혜옹주』(이하 '덕혜옹주'라고 함)가 표절 논란에 휩싸이는가 싶더니, 최근에는 작가 '황석영'의 소설 『강남몽』이 모 시사월간지 기자의 저서를 표절했다는 혐의에 시달리고 있다.

사실 우리 문단의 표절 시비는 어제오늘에 비롯된 일이 아니다. 오래전부터 있어 왔지만 인터넷 미디어의 발달과 더불어 그 논란이 급속도로 광범위하게 확산되다 보니 새삼스럽게 여겨질 뿐이다. 그럼에도 표절 논란이 불거지고 나면 말 그대로 이러쿵저러쿵 변명만 무성할 뿐 표절인지 아닌지에 대한 명확한 결론은 언제나 유보되곤 했다. 문제는 해당 사안에 대한 면죄부를 작가들 스스로 부여했다는 점이다. 관련 전문가나 전문기관(한국저작권위원회 등)이 엄연히 존재함에도 공론화 과정을 통해 시시비비를 가리려고 하지 않았다는 점에서 작가들의 주장은 설득력이 떨어진다는 점을 분명히 밝히지 않을 수 없다.

이 글에서는 표절과 저작권 침해의 뜻을 중심으로 '덕혜옹주'를 둘러싼 논란에 대해 필자 나름의 판단을 피력하고자 한다.

먼저 일본 저자 '혼마 야스코'의 주장은 《오마이뉴스》에 보도된 이른바 "『덕혜희』 작가 혼마 야스코의 '표절 검토 자료'"에 잘 드러나 있다. 이 자료에 따르면 『덕혜옹주』는 『덕혜희』에서 무려 43군데에 걸쳐 표절한 것으로 요약된다. 예를 들면 다음과 같은 지적이 그것이다.

"덕혜가 태어난 것은 조국이 멸망하고 난 2년 후였다. 망국의 쓸쓸함 속에서 그 전해인 1911년 고종은 믿고 의지하던 엄비마저 잃었다. 그에게 순진무구한 어린 자식의 미소는 더할 나위없는 위로가 되었음에 틀림없다."(『덕혜희』 41쪽)

"망국의 옹주로 태어난 것은 축복이 아니었다. 고종은 입술을 지긋이 깨물었다."(『덕혜옹주』 24쪽)

— 고종에게 있어 덕혜옹주 탄생에 대한 혼마 선생의 의미부여(구성, 발상) 도용.

"사미시라는 영혼과 비슷해서 / 사람의 숨결을 타고 온다 한다. / 한번 사람 맘 속에 들어가면 / 오래 눌러앉아 나가지 않는다 한다."(『덕혜희』 199쪽)

"제목은 '사미시라' 라고 해두었소. '사미시라' (중략) 사람 마음 속으로 들어와서 오랫 동안 나가지 않는 존재를 뜻한다오. 영혼처럼 사람의 숨결을 타고 와서 머무는 존재요."(『덕혜옹주』 272-273쪽)

— 원저의 '사미시라' 라는 시를 시 자체는 인용하지 않고 혼마 선생의 해석을 본문 속에 소설가의 해설처럼 삽입하는 형태로 표절. 번역문 표절.

그 밖에도 일본 저자 측의 주장은 다음과 같이 이어진다.

— 혼마 선생이 덕수궁 내 유치원 설치 사실에 대해 조사로 밝힌 부분을 도용.

- 유치원에 대한 에피소드 전체 도용.

- 혼마 선생이 원저에서 한일병합 후 조선 왕족의 일본인화 정책에 대해서 밝힌 부분을 그대로 도용.

- '덕혜' 명명이 일본 황적화 일환이었음을 밝힌 혼마 선생의 조사 내용을 그대로 도용.

- 덕혜옹주의 동경유학시 경성역 배웅 장면에 대한 혼마 선생의 조사·정리 내용을 발췌 도용.

- 덕혜옹주의 일본사회에 대한 비판적인 안목 및 정서, 민족감정에 대한 혼마 선생의 발상 도용.

- 소마 유키카의 회상을 도용하면서 일방적으로 이지메 광경으로 변조, 번역문 그대로 도용.

- 사실 및 체제기간에 대한 혼마 선생의 조사를 그대로 도용.

- 혼마 선생이 관물헌에 대해 조사를 통해 밝힌 부분을 도용.

- 덕혜옹주의 순종 장례식 불참 배경에 대한 혼마 선생의 조사를 그대로 도용.

- 덕혜옹주의 결혼상대 후보에 대한 혼마 선생의 조사를 그대로 도용.

- 덕혜옹주가 생모 양귀인의 장례식에 참석차 일시 귀국한 사실에 대해 혼마 선생이 조사한 것을 그대로 도용.

- 소 다케유키가 덕혜옹주와의 결혼을 '운명'으로 받아들인다는 혼마 선생의 발상을 도용.

- 덕혜옹주의 결혼 후 호칭에 대해 혼마 선생이 취재로 밝힌 부분을 소설가 권비영 씨가 취재도 하지 않고 도용(중략).

전체적으로 보면 '혼마 야스코'가 학자로서 조사한 것들 내지 발상 자체를 작가 '권비영' 씨가 허락 없이 가져다 쓴 것이 문제이며, 이를 '도용(盜用)'이라고 표현하면서 '표절(剽竊)'임을 강력히 주장하고 있는 것으로 보인다. 그렇다면 '표절'이란 무엇일까?

표절(plagiarism)이란 한마디로 '저작물 도둑질'이라고 할 수 있다. 특히 글쓰기에 있어 남의 글을 마치 자기 글인 양 가장하는 행위가 대표적인 표절의 유형이다. 곧 다른 사람이 창작한 저작물의 일부 또는 전부를 도용하여 자신의 창작물인 것처럼 발표하는 것을 말한다. 보통 학문이나 예술의 영역에서 출처를 충분히 밝히지 않고 다른 사람의 저작물을 인용하거나 차용하는 행위를 가리키며, 기본적으로는 도덕적·윤리적 문제로 간주한다.

반면에 '저작권 침해'는 저작인격권 또는 저작재산권이 현존해야 한다는 전제로부터 시작된다. 저작자 사후 50년이 지난 저작물의 경우에는 저작권 자체가 존재하지 않기 때문에 표절일망정 저작권 침해는 아닌 경우도 있기 때문이다. 특히 저작재산권의 경우에는 다음과 같은 세 가지 조건이 충족되어야만 침해가 된다.

① 창작적인 표현을 복제해야 한다. 저작권법에서는 창작물로서의 구체적인 표현만을 보호하기 때문이다.
② 어떤 기존의 저작물에 의거하여 작성했거나 혹은 작성된 복제물이 실질적으로 기존의 저작물과 유사해야 한다. 그런데 의거와 실질적 유사성의 관계는, 의거를 했으나 실질적 유사성이 없으면 2차적저작물 또는 별개의 저작물이 되는 것이며, 의거를 하고 실질적 유사성도 있으면 저작재산권의 침해물이 되는 것이고, 실질적 유사성은 있으나 의거를 하지 않았으면 우연의 일치로서 별개의 독립 저작물이 된다.
③ 불법적인 복제라야 한다. 저작권법에서는 저작재산권의 제한과 법정 허락 등이 있으므로 이러한 규정에 해당하여 불법복제가 아니라면 저작재산권의 침해문제가 있을 수 없기 때문이다.

그런데 작가 권비영 씨는 『덕혜옹주』 말미의 '지은이의 글'에서 "덕혜옹주의 이야기를 온전하게 쓴 이는 일본인 '혼마 야스코'이다. 그녀가 쓴 『덕혜희-이씨 조선 최후의 왕녀』는 가장 완벽한 참고자료였다."라고 밝히고 있다. 나아가 "나는 일본인이 쓴 그 덕혜옹주의 일생을 한글로 번역해가며 읽었다.", "혼마 야스코의 '덕혜희'를 번역한 책이 출판되었다는 걸 알았다. 나는 절망했다. 나보다 먼저 덕혜옹주에 관심을 가진 이가 있었다니. 뒷북을 친 꼴이 되고 말았다. 나는 그 책을 사서 다시 읽었고 다시 원점으로 돌아갔다."라고 자백(?)한다. 결국 작가 '권비영'은 '혼마 야스코'의 저작을 봤으며, 그것을 참고했다고 밝힘으로써 고의로 무단이용을 하겠다는 뜻이 전혀 없었음을 일찌감치 밝히고 있는 것이다. 아울러 국내에 번역서가 나오자 크게 실망한 나머지 '원점'으로 돌아가 1년여에 걸쳐 새로 고쳐 썼다는 점도 분명하게 밝히고 있다.

필자는 이참에 『덕혜희』 번역서와 소설 『덕혜옹주』를 통독했다. 그리고 혼마 야스코 측에서 제기한 43가지 부분에 대한 문제를 중심으로 다시 비교해봤다. 조심스럽게 내린 결론은 '표절이 아니다'였다. 그렇다면 저작재산권 침해 여부는 어떨까? 위에 제시한 기준을 중심으로 살펴보기로 하자.

① 창작적인 부분을 복제했는가? 혼마 야스코가 조사했다고 밝힌 부분들은 대개 역사적인 사실일 뿐 창작적인 표현이라고 보기 어렵다는 점에서 이 조건은 기각될 수밖에 없다.

② 실질적 유사성이 있는가? 의거한 것은 작가 자신도 밝힌 만큼 인정되지만, 구체적인 표현으로 거듭난 소설문장과 혼마 야스코의 저작 내용은 일부 역사적 사실에 대한 표현을 제외하고는 유사하다고 보기 어렵다.

③ 불법적인 복제인가? 앞서 살핀 것처럼 특정 역사적 사실을 바탕으로 작가의 상상력이 가미된 문학작품이라는 점에서 『덕혜옹주』는 불법적인 복제를 했다고 보기 어렵다.

나아가 2차적저작물로서의 번역에 대한 저작권 침해 문제도 제기하고 있으나, 위와 같은 이유를 근거로 살피건대 그 가능성은 매우 낮은 것으로 판단된다. 권영준 교수의 『저작권침해판단론』에서는 저작물의 창작성에 대하여 "일반적으로 어문저작물에서는 주제나 배경, 분위기 등 추상적인 요소들은 아이디어에 해당하지만, 구체적인 사건의 전개와 상세한 줄거리, 등장인물의 성격과 상호관계 등 구체적인 요소들은 표현으로서 보호받게 된다. 제호나 프레이즈(phrase) 같이 간결한 문구가 저작권의 보호를 받지 못하는 것도 구체성을 결하였기 때문이라고 이해할 수 있다."고 설명한다. 매우 적절한 설명이 아닐 수 없다.

일찍이 근대 이론과학의 선구자로 유명한 '아이작 뉴턴'은 "내가 이 세상을 멀리 볼 수 있는 것은 거인의 어깨 위에 올라서 있기 때문이다."라고 했다. 이는 앞서 창작 행위를 한 선배 저작자들이 난쟁이에 불과한 후배들을 거인보다 더 멀리 볼 수 있는 존재로 향상시켜 준 것이라는 숭고한 의미가 담겨 있는 말이다. '저작권'은 바로 이러한 '거인'들에 대한 최소한의 예의를 갖추자는 의미에서 출발한다. 이제 거인으로 남을 것인가, 아니면 난쟁이들 틈에서 아웅다웅할 것인가 판단해야 할 때가 되었다. 아무쪼록 공생 내지 상생하는 결과가 나오기를 기대한다.

법정 스님이
남긴 메시지

법정 스님이 남긴 말, 그리고 '무소유'

"이 책이 아무리 무소유를 말해도 이 책만큼은 소유하고 싶다."

발간 25주년 기념 『무소유』 개정판 표지를 감싸고 있는 띠지에 새겨진 김수환 추기경의 추천사다. 여기에 덧붙여 윤구병 선생은 "무소유는 공동 소유의 다른 이름이다."라면서 "나무 한 그루 베어내어 아깝지 않은 책"이라고 하여 찬사를 아끼지 않는다. 무엇이 그토록 법정 스님의 글을 감동으로 영글게 한 것일까. 한마디로 그것은 '꾸밈없음' 그리하여 '욕심 또한 없음'이 물씬 풍기는 까닭이리라. 미사여구(美辭麗句)로써 넘치게 하지 않고, 모르는 것을 아는 체하지도 않으며, 이래라저래라 간섭하지 않는 차분한 문체건만, 다 읽고 나면 가슴 쓸어내리며 '나'를 돌아보게 만드는 힘! 그런 힘이 스님의 글 속, 책갈피마다 흥건하게 배어 있는 까닭이리라. 광신(狂信)과 맹신(盲信)이 도처에서 갈등을 불러일으키는 종교사회에서조차 스님의 글은 모든 영역을 초월하여 읽히는 것으로 보아 이 시대의 참스승이 전하는 경전(經典)과도 같은 '말씀'일 수도 있겠다.

하지만 이제 그 '말씀'을 직접 들을 수 있는 기회는 영영 사라지고 말았다. 책으로나마 오래도록 들여다보고 있으면 좋으련만, 이마저도 스님은 냉정하게(?) 거두어들였다. 2010년 3월 11일 입적한 법정 스님은 "그동안 풀어놓은 말빚을 다음 생에 가져가지 않으려 한다."는 유언을 남김으로써 끝내 '무소유'의 삶을 굳게 지키셨다. 그런데 당신의 무소유 정신이 오히려 살아남은 자들의 소유욕을 자극한 것일까. 스님의 이름으로 발표한 모든 책을 절판해달라는 유언이 알려진 뒤 법정 스님의 책들은 '광풍'이라 할 수 있을 만큼 큰 인기를 누렸으니 말이다. 스님의 이름이 새겨진 모든 책들이 베스트셀러 목록을 뒤덮을 정도였으니……

하지만 법정 스님의 책을 출간한 출판사들은 유언을 따를 수도, 따르지 않을 수도 없는 묘한 상황에 처하고 말았다. 스님의 뜻을 따르는 게 당연한 도리이지만, 책을 찾는 사람들이 워낙 많았기 때문이다. 결국 법정 스님 책의 저작권을 가지고 있는 '맑고 향기롭게'와 출판사들이 합의를 통해 2010년 12월까지만 도서를 판매하기로 결정하기에 이르렀다. 그동안 법정 스님의 책을 열렬히 읽어왔거나 앞으로 읽으려고 계획했던 독자들로서는 아쉬운 소식이 아닐 수 없었다.

어쨌든 스님이 입적하신 후에 공표된 유언(남기는 말)은 우선 당신이 남긴 모든 것을 거두겠다는 것으로 요약된다. 세상을 향한 스님의 '남기는 말'은 다음과 같다.

남기는 말

1. 모든 분들에게 깊이 감사드립니다. 어리석은 탓으로 제가 저지른 허물은 앞으로도 계속 참회하겠습니다.

2. 내 것이라고 하는 것이 남아있다면 모두 '사단법인 맑고향기롭게'에 주어 맑고 향기로운 사회를 구현하는 활동에 사용토록 하여 주시기 바랍니다. 그러나 그동안 풀어놓은 말빚을 다음 생으로 가져가지 않으려 하니, 부디 내 이름으로 출판한 모든 출판물을 더 이상 출간하지 말아주십시오.

3. 감사합니다. 모두 성불하십시오.

2010년 2월 24일 법정 속명 박재철

평소 스님의 뜻을 받들어 '향기로운 사회'를 만들기 위해 노력해온 '사단법인 맑고 향기롭게'가 저작재산권 상속인으로 지정된 것 또한 눈여겨볼 대목이다. "그동안 풀어놓은 말빚을 다음 생으로 가져가지 않으려 하니, 부디 내 이름으로 출판한 모든 출판물을 더 이상 출간하지 말아주십시오"라고 유언하는 바람에, 이미 정식 출판계약을 통해 책을 내고 있던 상당수 출판사들로서는 일방적인 계약파기 상황에 직면했음에도 불구하고, 스님의 유지를 받들어야 한다는 여론 때문에 이러지도 저러지도 못하게 되고 만 터였다. 책을 보내달라는 서점과 독자들의 요구는 빗발치는데, 정작 스님은 가시면서 책을 풀지 말라고 하셨으니, 이런 사정을 누구에게 하소연해야 할지 막막했을 출판계로서는 그나마 '사단법인 맑고 향기롭게'를 상속인으로 지정해준 스님의 처사가 엎친 데 덮친 격을 피할 수 있는 방편이 되었던 것이다.

당시 법정 스님의 저서를 낸 출판사들은 대부분 "기본적으로 법정 스님이 남긴 뜻을 받아들이겠지만, 절차상 시간이 더 필요하다."는 반응을 보였다. 그런 가운데 서점에는 법정 스님의 책을 찾는 독자들의 발길이 끊이지 않았으며, 실제로 대형서점 종합 베스트셀러 중 7~8종이 10위권 이내에 들 정도로 법정 스님의 책은 연일 상한가를 치고 있었다.

당시 보도에 따르면, 1976년에 초판을 낸 이래 30년이 넘도록 범국민적인 스테디셀러로 자리 잡은 『무소유』를 출판해 온 '범우사' 윤형두 회장은 "『무소유』는 심신을 정화하고 베풀며 사는 데 이바지할 수 있는, 많은 국민에게 읽혀야 할 책이라 안타깝다."면서도 "법정 스님의 뜻을 따르려고 한다."고 말했다.

또 『오두막 편지』, 『진리의 말씀: 법구경』 등을 낸 '도서출판 이레'의 고석 대표는 "스님의 뜻은 존중해야 하지 않을까 한다."며 "절판이란 게 바로 될 수 있는 게 아니라 그 과정은 (저작권 승계자와) 의논을 더 해봐야 한다."고 했으며, 『텅 빈 충만』 등을 낸 '샘터'의 김성구 대표는 "다음 절차는 '맑고 향기롭게'에서 출판사들에 정식으로 통지를 할 텐데, 그를 존중해서 절판하겠다."고 말한 것으로 알려졌다.

그 밖에 『맑고 향기롭게』, 『살아 있는 것은 다 행복하라』 등을 낸 '조화로

운샒'의 최연순 편집장은 "스님의 뜻을 따라야 하지만, 출판사로서도 처리할 문제들이 있기 때문에 시간이 필요하다."고 했으며, 『아름다운 마무리』, 『일기일회』 등 스님의 최근작을 집중적으로 낸 '문학의숲'의 고세규 대표는 "이 문제에 대해 계속해서 언론을 통해서만 접하게 돼서 다소 유감"이라며 "의구심이 드는 유지 발표이지만 그것이 스님의 뜻이라면 그대로 따르도록 하겠다."고 말했다.

위의 언급을 보면, 무단복제가 아닌 적법한 계약절차를 거쳐 법정 스님의 책을 내고 있던 출판사들의 곤혹스런 표정이 잘 드러난다. 하지만 우리 국민들의 큰 스승으로 한평생을 살다 가신 스님이 남긴 말은 그 자체가 또한 가르침이기에 거스르기란 쉽지 않은 일. 더구나 한편에서는 책을 사려고 난리법석을 부리면서도 한편으로는 스님을 영리추구의 도구로 삼으려는 어떠한 행위도 용납할 수 없다는 듯 두 눈 부릅뜨고 노려보는 일반 국민들의 시선을 의식하지 않을 수 없었을 것이다.

절판 유언의 법적 효력과 전망

당시 필자도 마찬가지 견해를 냈지만, 저작권 전문가들은 비록 법정 스님의 유언에 모든 저서에 대한 절판을 당부하는 내용이 들어 있다 하더라도 해당 출판사들이 반드시 이를 그대로 따라야 하는 것은 아니라고 풀이한 바 있다. 법정 스님이 생전에 계약한 출판사들에는 엄연히 해당 저서를 계속 출판할 권리, 즉 '출판권'이 주어져 있기 때문이다. 출판권 계약기간이 남아 있다면, 저작재산권을 상속받은 사람이라도 일방적으로 그 계약을 깰 수는 없는 노릇이다.

그런데 법정 스님의 책은 상당수가 첫 출간으로부터 오랜 시간이 지났음에도 계약을 연장해왔기에 아직 계약기간이 많이 남아 있었다. 예컨대, 2008년 하반기부터 법정 스님의 근작을 집중적으로 출판하기 시작한 '문학의숲'은 법정 스님과 10년 계약을 맺어 『아름다운 마무리』, 『법정 스님의 내가 사랑한 책들』등의 계약기간은 8~10년이나 남아 있었으며, 범우사도 『무소유』에 대해 2009년에 계약을 10년 연장한 것으로 알려졌다.

현행 저작권법 제57조[16](2010년 당시 법률 기준. 이하 같음.)에서는 '출판권의 설정'에 대해 규정하고 있다. 여기서 '설정'이란 당사자의 계약에 따라 새로이 제한적인 물권(物權) 등의 배타적 권리를 발생시키는 것을 말하며, 출판권 역시 그러한 설정의 대상이 된다는 뜻을 담고 있다.

나아가 출판권의 내용에 대하여 "설정행위에서 정하는 바에 따라 그 출판권의 목적인 저작물을 원작 그대로 출판하는 권리"라고 규정하고 있다. 여기서 '설정행위에서 정하는 바'란 구체적인 계약의 내용을 말하는 것으로, 출판권을 설정하는 계약행위에 따라 만들어진 계약서에 나타나 있는 내용을 뜻한다. 따라서 출판시기, 출판방법, 발행 부수, 인세 조건 등이 그것이며, 출판권자는 그러한 내용대로만 출판권을 행사할 수 있다는 뜻이다.

또한, 현행 저작권법에서는 저작물의 수정증감, 출판권의 존속 기간 등, 출판권의 소멸통고, 출판권 소멸 후의 출판물의 배포 등에 대해 규정하고 있으며, 이는 곧 법정 스님의 유언과 맞물려 그 해석을 둘러싼 의미가 커지고 있다.

우선 저작권법 제59조 저작권법[17]에서는 저작물의 내용에 대한 수정 또는 증감할 수 있는 저작자의 권리에 대해 규정하고 있다. 저작물의 내용에 대한 수정 및 증감은 곧 저작인격권과 밀접한 관련이 있으므로, 여기서는 저작재산권자 또는 복제권자라고 하지 않고 '저작자'라고 표현한 것으로 보인다. 먼저, 저작물이 다시 출판되는 경우에 저작자는 정당한 범위 안에서 그

---

16 저작권법 제57조(출판권의 설정) ① 저작물을 복제·배포할 권리를 가진 자(이하 "복제권자"라 한다)는 그 저작물을 인쇄 그 밖에 이와 유사한 방법으로 문서 또는 도화로 발행하고자 하는 자에 대하여 이를 출판할 권리(이하 "출판권"이라 한다)를 설정할 수 있다.
　②제1항의 규정에 따라 출판권을 설정받은 자(이하 "출판권자"라 한다)는 그 설정행위에서 정하는 바에 따라 그 출판권의 목적인 저작물을 원작 그대로 출판할 권리를 가진다.
　③복제권자는 그 저작물의 복제권을 목적으로 하는 질권이 설정되어 있는 경우에는 그 질권자의 허락이 있어야 출판권을 설정할 수 있다.

17 제59조(저작물의 수정증감) ① 출판권자가 출판권의 목적인 저작물을 다시 출판하는 경우에 저작자는 정당한 범위 안에서 그 저작물의 내용을 수정하거나 증감할 수 있다.
　②출판권자는 출판권의 목적인 저작물을 다시 출판하고자 하는 경우에 특약이 없는 때에는 그때마다 미리 저작자에게 그 사실을 알려야 한다.

저작물의 내용을 수정하거나 증감할 수 있다고 규정한다. 그리고 특약이 없는 한 저작물에 대한 저작자의 정당한 수정·증감의 권리를 보장하기 위해 출판권자가 저작물을 다시 출판하고자 할 경우에는 그 사실을 미리 저작자에게 알려야 한다고 규정하고 있다. 이는 저작물에 대한 결정적인 오류를 뒤늦게 발견했거나 시간이 지나 저작물의 내용을 바꿔야 하는 중대한 사실이 있는 저작자가 새로운 출판시기를 알지 못해서 수정 또는 증감할 수 없게 되는 경우에 대비하고 있는 것으로 보인다.

다음으로, 저작권법 제60조[18]는 출판권의 존속 기간과 저작물의 분리이용에 따른 예외에 관하여 규정하고 있다. 이 규정에 따르면 출판권은 설정행위에 특약이 없는 한 맨 처음 출판한 날로부터 3년간 존속한다. 일반적으로 출판권의 존속 기간에 대해서는 설정행위로 정하는 것이 원칙이지만, 만약 그렇게 하지 않았을 경우와 일방적인 출판권자의 욕심 때문에 출판권 존속 기간이 무한대로 설정되었을 경우에는 이 규정에 따라 출판권 존속 기간은 3년이 된다는 뜻이다. 다만, 출판권 존속 기간 중이라고 하더라도 저작자가 사망한 경우에는 저작자의 유족 또는 친지들이 저작자를 위하여 해당 저작물을 분리하여 따로 출판하더라도 출판권 침해가 아니라는 점을 별도로 규정하고 있다.

그리고 저작권법 제61조[19]는 '출판권의 소멸통고'에 관한 것으로, 출판권

---

18 저작권법 제60조(출판권의 존속 기간 등) ① 출판권은 그 설정행위에 특약이 없는 때에는 맨 처음 출판한 날로부터 3년간 존속한다.
② 복제권자는 출판권 존속 기간 중 그 출판권의 목적인 저작물의 저작자가 사망한 때에는 제1항의 규정에 불구하고 저작자를 위하여 저작물을 전집 그 밖의 편집물에 수록하거나 전집 그 밖의 편집물의 일부인 저작물을 분리하여 이를 따로 출판할 수 있다.

19 저작권법 제61조(출판권의 소멸통고) ① 복제권자는 출판권자가 제58조제1항 또는 제2항의 규정을 위반한 경우에는 6월 이상의 기간을 정하여 그 이행을 최고하고 그 기간 내에 이행하지 아니하는 때에는 출판권의 소멸을 통고할 수 있다.
② 복제권자는 출판권자가 출판이 불가능하거나 출판할 의사가 없음이 명백한 경우에는 제1항의 규정에 불구하고 즉시 출판권의 소멸을 통고할 수 있다.
③ 제1항 또는 제2항의 규정에 따라 출판권의 소멸을 통고한 경우에는 출판권자가 통고를 받은 때에 출판권이 소멸한 것으로 본다.
④ 제3항의 경우에 복제권자는 출판권자에 대하여 언제든지 원상회복을 청구하거나 출판을 중지함으로 인한 손해의 배상을 청구할 수 있다.

자가 의무사항을 제대로 이행하지 않았을 때, 그리고 그 밖의 사유로 출판이 불가능하다고 판단될 때에 복제권자가 출판권의 소멸을 통고할 수 있다는 내용을 담고 있다. 먼저, 출판권자가 제58조 제1항에서 규정한 9개월 이내의 출판의무 또는 제58조 제2항에서 규정한 계속출판의 의무를 위반했을 경우에 다시 한 번 6개월 이상의 기간을 정해서 성실히 이행할 것을 알린 다음, 그래도 이행하지 않을 경우에는 출판권의 소멸을 통고할 수 있음을 규정하고 있다. 다만, 출판권자의 사정으로 보아 출판 자체가 불가능하거나 출판권자에게 출판할 의사가 없는 것이 명백한 경우에는 의무의 이행을 촉구할 필요 없이 즉시 출판권 소멸을 통고할 수 있다고 규정한다. 아울러 출판권 소멸의 효력발생시기와 관련하여 정당한 절차를 거쳐 복제권자가 출판권의 소멸을 통고한 경우에는 출판권자가 통고를 받은 때에 출판권이 소멸한 것으로 본다. 그리고 출판권 소멸 이후에 복제권자가 출판권자를 상대로 행사할 수 있는 원상회복청구권과 그로 인해 입은 손실에 대한 손해배상청구권에 대하여 규정하고 있다.

끝으로, 저작권법 제62조[20]에서는 출판권이 소멸한 후에도 계속해서 남은 출판물을 배포할 수 있는 경우에 대하여 규정하고 있다. 출판권 설정계약의 규정에 따라 출판권 존속 기간이 끝났거나 여러 가지 사유로 인하여 소멸된 경우에 그 출판권을 가지고 있던 사람은 두 가지 경우를 제외하고는 그 출판권이 존속하는 동안에 만들어진 출판물을 더 이상 배포해서는 안 된다. 먼저, 출판권설정행위에 특약이 있는 경우에는 출판권이 소멸되었더라도 판매에 의한 방법이든 아니든 남은 출판물을 배포할 수 있다. 또, 출판권 존속 기간 중에 복제권자에게 그 저작물의 출판에 따른 대가를 지급한 후에 그에 상응하는 부수의 출판물을 배포하는 것도 가능하다. 여기서는 "출판권

---

20 저작권법 제62조(출판권 소멸 후의 출판물의 배포) 출판권이 그 존속 기간의 만료 그 밖의 사유로 소멸된 경우에는 그 출판권을 가지고 있던 자는 다음 각 호의 어느 하나에 해당하는 경우를 제외하고는 그 출판권의 존속 기간 중 만들어진 출판물을 배포할 수 없다.
  1. 출판권 설정행위에 특약이 있는 경우
  2. 출판권의 존속 기간 중 복제권자에게 그 저작물의 출판에 따른 대가를 지급하고 그 대가에 상응하는 부수의 출판물을 배포하는 경우

의 존속 기간 중"이라고 명시하고 있으므로 출판권이 소멸한 이후에 지급된 대가는 이 규정에 해당하지 않는 것으로 해석된다.

결국, 앞서 살핀 대로, 법정 스님의 유언만으로는 출판사들이 법정 스님의 책을 계속 출판하는 데 아무런 법적 효력이 없음을 알 수 있다. 그럼에도 스님께서는 왜 그런 무리한 부탁을 남기셨을까? '살아남은 자의 슬픔'을 지켜보시려고 그랬다기보다는 '인생무상' 내지 철저한 '무소유'의 삶을 고스란히 완성하기 위해 결단을 내리신 측면이 강하리라.

한편, 스님의 저작권을 관리하는 '사단법인 맑고 향기롭게' 측에서도 출판계와 독자들의 혼란을 의식한 듯 "스님의 글을 읽고 싶은 독자들을 위해 언제든지 스님의 글을 읽을 수 있는 방법을 마련하도록 하겠다"고 함으로써 구체적인 것은 표현되지 않았지만 상업적 출판이 아니더라도 누구나 손쉽게 스님의 글을 읽을 수 있는 방법을 찾아보겠다고 밝히기에 이르렀다. 출판계와의 합의에 따라 자연스럽게 절판이 이루어지고 나면 인터넷 등 새로운 매체를 통해 스님의 글이 공개됨으로써 원하는 사람들은 누구든지 읽을 수 있을 것으로 보인다.

스님이 남긴 메시지

법정 스님의 저서 중에서 가장 먼저 절판에 따른 품귀현상을 빚은 책은 『무소유』였다. 중대형서점은 물론이고 상당수 인터넷 중고서점에서도 한동안 『무소유』는 품절 상태를 빚었다. 심지어 개인 사이에 중고책 거래가 이뤄지는 한 사이트에서는 한때 정가 8천 원짜리 1999년판 『무소유』가 정가의 4배도 넘는 금액인 3만 7천 500원에 거래되는 장면이 목격되기도 했다. 필자의 경험으로 미루어보건대, 해당 출판사와 특별한 인연이 있는 사람들이라면 아마 주변 사람들로부터 『무소유』를 구해줄 수 없느냐는, 매우 구체적인 청탁(?)을 받는 일이 많았을 것이다.

어디 그뿐인가. 법정 스님 당신의 저서뿐 아니라 스님이 평소에 추천한 책들도 불티나게 팔리는 현상까지 있었다. 최근작 『법정 스님의 내가 사랑한 책들』에 소개된 헨리 데이비드 소로의 『월든』, 말로 모건의 『무탄트 메시지』, 헬레나 노르베리 호지의 『오래된 미래』 등 에세이류들은 대형서점에서 평소보다 판매량이 급등한 것으로 나타났다. 서점 관계자들 역시 이구동성으로 "법정 스님 책이라면 어느 것 하나 안 나가는 것이 없다"며 "절판된 책들을 사러 왔다가 구하지 못한 손님들은 진열대에 나와 있는 다른 책이라도 구매해 간다"고 말할 정도였다.

이제 스님이 떠나신지도 몇 해가 되어 가는 시점에서 다시 서점가를 살펴보자. '말빚'조차도 싫다시며 자신의 책들을 절판시켜달라고 부탁했던 법정 스님. 그럼에도 2010년 한해를 마감하고 2011년 새해를 맞고 있는 출판계에서 여전히 가장 큰 화두 중 하나는 법정 스님이었다. 판매고에 있어 엄청난 파괴력에도 불구하고 출판업계는 법정 스님의 유지를 지키기 위해 2010년 말까지만 책을 판매하기로 합의했기 때문이다. 실제로 2010년 12월에 교보문고 등 대형매장에서는 절판을 앞두고 스님의 저서와 스님이 추천한 책들을 모은 기획전을 진행한 바 있다. 관계자에 따르면 "지난달과 비교할 때 법정 스님의 책 판매량이 5배 이상 늘어 하루 1,000여 권이 나가고 있다"며 "절판 소식으로 스님의 책에 대한 관심이 다시 높아졌다"고 한다. 그리고 법정 스님의 상좌 덕현 스님은 책은 절판되지만 글을 보고 싶어 하는 이들을 위해 '길상사'와 '맑고향기롭게'의 홈페이지에서 공개할 예정이라고 밝히기도 했다.

이처럼 지난해 3월 열반한 법정 스님이 삶 속에서 실천한 무소유의 향기는 시간이 지나도 사라지지 않고 있다. 2010년 가을 '맑고향기롭게' 홈페이지 게시판에 올라온 다음과 같은 글을 보면 스님의 향기가 얼마나 진하고 멀리 퍼지는지 여실히 느낄 수 있다.

스승님, 청안하신지요. 한 번도 뵙지 못하고 올해 가을 보내려나 생각했는데 꿈길에서 뵙게 되니 조금은 위안이 되는 듯합니다. 이생에서는 늘 스승을 기다리며 그리워한 제자이지만 다음 생 우리 스승님

을 다시 만나 뵐 때는 스승께서 저를 기다리며 그리워하시도록 차곡
차곡 신앙생활 잘 이루어 나가겠습니다. 만나는 사람마다 더욱 사랑
하겠습니다. 오늘이 마지막 그날처럼 살아가겠습니다.

(법명 '길상화' 님의 글)

 이 같은 법정 스님의 그늘은 특정종교의 영역을 넘어 넓고 깊었다. 2010
년 8월, 박석무 다산연구소 이사장 등 문화예술계에 종사하는 종교인 16명
이 쓴 추모집 『맑고 아름다운 향기』가 출간됨으로써 이를 입증하고 있다. 개
신교계의 어느 성직자는 "한국 교회의 대형화와 세속화에 대한 비판은 어
제오늘의 일이 아닌 시점에 '말빚마저 거두라'는 한마디로 상징되는 스님의
삶은 개신교계에 큰 부끄러움을 안겨줬고 스스로 반성하는 계기가 됐다"고
스님을 추모했는가 하면, 생전에 거리낌 없이 교분을 나누었던 김수환 추기
경과의 친분이 말해주는 것처럼, "스님이 생전 이웃 종교인들과 격의 없이
대화를 나눠 가까운 목사나 신부, 수녀님이 많았으며, 가톨릭 내부에서도 그
분의 삶에 공감하는 분이 적지 않았다"는 사실은 널리 알려져 있는 그대로다.
 하지만 안타깝게도 추기경은 법정 스님보다 1년여 앞선 2009년 2월 16일
선종하고 말았다. 그 뒤를 따라 법정 스님 또한 홀연히 먼 길을 떠났다. 우리
현대사의 질곡을 헤쳐가며 정신적 지도자로 솔선수범하신 김수환 추기경과
법정 스님은 그렇게 앞서거니 뒤서거니 이승을 건너가셨다. 아니, 육신은 비
록 떠났을망정 그 우렁우렁한 목소리 형형한 눈빛은 오롯이 남아 우리를 지
켜보고 계신다. 하릴없이 졸고를 끄적인 내 몰골이 부끄러워 스님이 '무소
유'를 강조하며 남긴 글 한 줄로써 이 글을 맺고자 한다.

 크게 버리는 사람만이 크게 얻을 수 있다는 말이 있다. 물건으로 인
해 마음을 상하고 있는 사람들에게는 한번쯤 생각해볼 말씀이다. 아
무것도 갖지 않을 때 비로소 온 세상을 갖게 된다는 것은 무소유의
또 다른 의미이다.

온라인 출판의
국내외 현황과 전망

___

출판환경의 변화가 필요한 이유

출판은 전통적으로 '종이' 그리고 '인쇄기술'과 불가분의 관계를 맺으며 인류의 정신유산을 구축하고 전파하며 전승하는 데 기여해 왔다. 하지만 21세기를 맞이한 오늘날 전반적인 환경에 비추어볼 때 출판산업 또한 '고비용 저효율'에서 '저비용 고효율' 산업으로 이동해야 할 필요성이 적극 제기되고 있다. 그 이유는 다음과 같이 몇 가지로 요약된다.

① 출판시장은 1997년 4조 원대 시장에서 2008년 2조 5천억 원대 시장으로 감소함으로써 위기상황을 반증하고 있다.
② 종이책의 90% 이상이 연간 100권 내외의 판매고를 보임으로써 도서 판매 대비 과도한 제작비용, 물류비용 때문에 출판사의 수익성이 악화되고 있다.
③ 대한출판문화협회에서 펴낸 『2009 한국출판연감』에 따르면, 국내 출판사 수가 3만 개를 돌파했으나 이 중에서 책을 단 한 권이라도 낸 곳은 2,777개(8.7%)였으며, 무실적 출판사가 무려 2만 8,962개(91.3%)에 이를 정도로 편중현상이 심하다.

그 밖에 지구 온난화에 대응하는 친환경 출판환경을 구축해야 한다는 목소리도 높아지고 있다. 국내 도서출판에 소비되는 종이 소비량은 곧 30년생 나무 3,500만 그루에 해당하는 것으로 집계되고 있기 때문이다. 따라서 종이책 대신 다양한 디지털 매체를 활용함으로써 친환경 출판산업으로 체질을 개선해야 한다는 주장이 제기되고 있는 것이다.

온라인 출판의 어제와 오늘

최종 매체의 형태에 따라, 종이를 이용한 출판에서 제작공정을 전산화하는 것을 '종이책 전자출판(paper book computer aided publishing)', 뉴미디어 소재를 이용한 전자출판물 제작 및 출판물 생산을 '비종이책 전자출판'으로 나누어 부르기 시작한 지 오래지 않아 이제 '온라인 출판(online publishing)'이 떠오르고 있다. 그리고 그 중심에는 '전자출판(electronic publishing)'에 따른 결과물로서의 '전자책(e-Book)'이 자리하고 있다.

이러한 전자책 출판 부문은 개별 전자매체에 정보를 수록하는 패키지(package) 형태와 통신을 이용한 온라인(online) 형태로 나뉘어 진화해 왔는데, 패키지형으로는 오디오책(audio book), 비디오책(video book) 외에 컴퓨터의 저장매체인 메모리나 디스크에 출판물을 수록하는 디스크책(disk book) 등이 있다. 전자수첩·시디롬·시디아이(CD-I) 등의 형태가 대표적인 예로서, 문자 외에 음향과 화상자료를 함께 수록한 멀티미디어책(multimedia book) 등 정보를 고집적(高集積)한 형태로 발전해 왔다.

또 전자책이나 데이터베이스 자료를 통신을 통해 컴퓨터나 텔레비전으로 받는 온라인형은 방송을 이용한 무선계와 전화·광섬유통신망을 이용한 유선계가 있다. 종합유선방송(CATV)·문자방송(teletex)·비디오텍스 등의 형식으로 이용되며, 전자신문 서비스 등이 대표적인 예이다. 그리고 이제 전자출판은 모바일 등 첨단 뉴미디어와의 결합을 통해 새로운 영역을 계속해서 개척하고 있는 중이다.

구분	2006년	2007년	2008년	2009년	2010년	2011년	2012년	2013년	'08~'13 CAGR
세계	1,002	1,340	1,839	2,523	3,527	4,918	6,667	8,941	37.2%
미주권	796	976	1,209	1,588	2,005	2,488	2,984	3,447	23.3%
유럽권	1	12	37	98	298	705	1,322	2,228	126.9%
일본	131	189	247	348	521	809	1,072	1,341	40.3%
중국	3	6	16	47	156	313	614	1,151	145.2%
아·태권	71	157	330	442	547	603	675	774	18.8%

출처: PWC, Global Entertainment and Media Outlook 2008-2012 / (단위: 백만 달러)

전자출판 산업의 동향과 전망

온라인형 전자책이 가지고 있는 융·복합(convergence) 특성은 관련산업에도 다음과 같이 큰 영향을 미칠 것으로 예상된다.

① 콘텐츠: 온라인 출판을 위한 콘텐츠의 경우 오디오북, 멀티미디어북, 전자사전, 디지털 교과서 등의 다양성 때문에 출판사는 물론 e러닝, 게임, 교육콘텐츠, 멀티미디어콘텐츠 등 관련업계의 참여가 확대될 것이다. 특히 콘텐츠 생산에 있어서 '프로슈머' 개념의 강화에 따라 1인 기업이 각광을 받게 될 것으로 보인다.

② 유통: 도서유통사와 인터넷 서점 외에도 포털업체, 이동통신사, IPTV 사업자 등이 참여하는 유통시장으로 더욱 넓게 발전할 것이다. 온라인 출판을 기반으로 기존 도서유통사는 새로운 성장동력을 찾으려고 할 것이며, 포털업체 등은 'Book Search'와 'e-Book 서비스'를 확대할 것으로 예상된다.

③ 단말기: 온라인 출판용 단말기는 뛰어난 해상도를 통해 가독성이 뛰어나고 e잉크 기술이 구현된 '전자책 전용 단말기'가 대표적이다. 해외에서는 아마존, 소니, 반스앤노블 등이 있고 국내에서는 삼성전자, 아이리버, 네오럭스 등이 있다. 또, 터치스크린 기반의 멀티미디어복합단말기

도 있다. 휴대용은 7인치에서 10인치 내외로 태블릿이나 아이폰이 진화 발전된 제품으로, 2010년 상반기에 애플사와 MS사가 출시할 예정이다. 가정에서는 20인치 내외의 데스크톱 제품이 윈도우7 출시를 계기로 멀티 터치스크린으로 대체될 것으로 보이고, IPTV를 기반으로 한 50인치 고품질 디지털TV가 대세를 이룰 것으로 보인다. 그리고 학교에서는 최근 80~100인치 크기의 전자칠판이 보급되고 있는 중이다.

④ 기술업체: 하드웨어 단말기를 제외한 전자책 관련 기술 분야는 디스플레이 패널, 배터리, 폰트, DRM, 퍼블리싱(뷰어 및 제작툴), DB 설계·구축, 디지털도서관시스템 등의 다양한 업체가 참여하고 있으며, 이러한 기술업체의 참여는 앞으로 더욱 왕성해질 것으로 전망된다.

이상에서 살핀 것처럼 온라인을 통한 전자출판의 발전 가능성은 무궁무진한 것으로 보인다. 문제는 이로 인해 발생하게 될 다양한 저작권 문제와 더불어 기존 출판사들이 보유하고 있는 출판권과의 충돌을 어떻게 슬기롭게 극복할 것인가 하는 점에 있다. 그동안 종이책으로 인류문화를 뒷받침해 온 전통출판의 위상을 예우하는 가운데 아날로그와 디지털이 상생을 도모하는 계기가 되기를 바라마지 않는다.

진짜 같은 가짜 혹은
가짜 같은 진짜 구별하기

다니엘 부어스틴 지음, 정태철 옮김(2004), 『이미지와 환상』(사계절출판사)

시뮬라크르 혹은 이미지의 시대를 건너는 법

대학원 박사과정 재학시절 장 보드리야르(Jean Baudrillard)의 '시뮬라시옹 (simulation)'을 개념화하면서 가장 어려웠던 점은 "실제로는 존재하지 않는 대상을 존재하는 것처럼 만들어놓은 인공물을 지칭하는 것"으로서의 '시뮬라크르(simulacres)'를 이해하는 일이었다. 그리하여 마침내 다음과 같은 결론에 도달해 놓고도 토론이 있을 적마다 헷갈릴 수밖에 없었던 까닭은 아마행간을 흐르는 또 다른 개념, 즉 '이미지'라는 단어 때문이었을 것이다.

이미지는 실재의 반영이다. 이미지는 실재를 감추고 변질시킨다. 이미지는 실재의 부재를 감춘다. 이미지는 그것이 무엇이든 간에 어떠한 실재와도 무관하다. 이것이 바로 지시 대상도 테두리도 없는 끝없는 시뮬라시옹의 순환 속 시뮬라크르이다. 무언가를 감추는 것으로부터 아무것도 없음을 감추는 것으로의 결정적인 전환이 시작된다.
(장 보드리야르, 하태환 옮김, 『시뮬라시옹』, 민음사, 2001)

여기서 나는 '이미지(image)'를 구체적으로 인식하는 데 큰 어려움을 느꼈다. 왜냐하면 이미 나의 뇌리 속에는 무수한 이미지들이 선입관이라는 이름으로 굳건히 자리 잡고 있었으며, 그것들은 새로운 이미지의 유입을 쉽사리 허락하지 않았으므로.

2004년 번역된 다니엘 부어스틴(Daniel J. Boorstin)의 『이미지와 환상』(원제 『Image』)을 읽으면서 두 번 놀라움을 금할 수 없었다. 우선 내가 그토록 개념화하기 어려워했던 '이미지'라는 단어를 도처에 널려 있는 일상의 잔해만으로도 이처럼 쉽게 설명할 수 있다는 점에서, 그리고 이 책의 원전이 1962년에 출간된 것이었음에도 50여 년의 시공을 초월해서 여전히 유효하다는 점에서 또 한 번 놀라지 않을 수 없었던 것이다. 특히 우리가 선망의 대상이자 기꺼이 두려워해 마지 않는 매스미디어의 속성을 더도 덜도 아닌 '이미지 생산공장' 정도로 간단히 해부해 버린 다니엘 부어스틴의 선견 앞에서는 오싹함마저 느껴야 했다. 모두 6장에 걸친 본문 내용을 일별하고 나면 이번에는 '나의 실체' 나아가 '내가 알고 있는 세계의 실체'에 대한 의심이 새록새록 피어나기 시작한다. 가짜 같은 진짜와 진짜 같은 가짜가 전혀 구별되지 않는 상황에 맞부닥뜨리게 되는 것이다.

1. 뉴스 모으기가 뉴스 만들기로 _ 가짜 사건의 범람
2. 영웅이 유명인사로 _ 인간 가짜 사건들
3. 여행이 관광으로 _ 여행 본질의 상실
4. 형태가 그림자로 _ 와해되는 형태
5. 이상이 이미지로 _ 자기만족적 예언의 추구
6. 미국의 꿈이 미국의 환상으로 _ 위엄이란 자기 기만적 마술

장별 제목에서도 고스란히 드러나듯이 한마디로 부어스틴은 "오늘날 우리가 본말이 전도된 세상에서 살고 있다"고 이야기한다. 반세기 전에 한 말임에도 여전히 큰 울림으로 다가오는 까닭은 무엇일까? 20세기에 이르러 실물보다 이미지가 중요하고, 진본보다 모사나 축약이 대접받는 세상이 도래했다면 21세기가 깊어가는 오늘날 그러한 이미지화 양상은 더욱 심화되고 있기 때문일 것이다. 악화(惡貨)만 양화(良貨)를 구축(驅逐)하는 게 아니라 악인이 양인을 구축하고, 가상공간이 현실공간을 지배하고, 우체국의 위상

을 이메일과 문자메시지가 위협한다. 영웅의 자리에는 어느샌가 스타 시스템이 생산해 낸 유명인들이 자리 잡은 지 오래다. 그렇기에 우리가 나누는 대화는 뜬구름이라도 잡으려는 것처럼 겉돌고, 구체적인 삶의 실체를 돌이켜볼 때마다 온통 공허함이 배어나는지도 모른다. 『이미지와 환상』은 그래서 '시뮬라크르 혹은 이미지의 시대를 무사히 건너는 법'으로도 읽힌다.

우리는 왜 이미지를 벗어나지 못하는가?

『이미지와 환상』은 인물 중심의 서구 지성사인 '창조자들', '탐구자들' 시리즈로 국내에도 알려진 미국 역사학자 다니엘 부어스틴의 대표 저서 가운데 하나다. 미국에서 TV나 영화가 비로소 그 위세를 떨치기 시작할 무렵이었던 1962년에 초판이 나왔지만, 예증이나 이면 분석이 50년 세월이 무색할 정도로 탁월하고 예리하다. 책갈피마다 알알이 박힌 활자에서는 도저한 기운이 피어나고, 그것들은 마치 바로 이 순간 우리의 모습을 그대로 찍은 즉석 사진처럼 생생하다. 1960년대 미국뿐만 아니라 오늘날 세계 도처에서 여전히 진행 중인 일들에 대한 신랄한 비판으로도 손색이 없다.

언론 자유는 이제 인위적으로 만든 뉴스라는 상품을 팔기 위해 기자들이 갖는 특권을 점잖게 표현한 말에 불과하다.

무슨 일이 일어났고, 누가 무슨 말을 했는지 그대로 보도하는 진짜 뉴스가 점차 보도자료의 형태로 미리 제공된 뉴스로 대체되는 현실을, "이게 진짜냐?"라는 질문보다는 "이것이 뉴스 가치가 있느냐?"는 질문이 더 중요한 현실을 이처럼 매우 간명하게 표현한 글을 나는 본 적이 없다.

실제로 20세기 초반 10여 년 동안 유명인의 전기 분석에 따르면 유명인(진정한 영웅이 아닌)의 74%는 정계·재계·전문직 종사자였다고 한다. 하지만 1922년 이후 절반 이상을 연예인들이 차지했고, 그 명단에서 순수예술계 인사의 수는 점차 감소했다. 최근까지 전체 유명인 중 점유 비율이 항상 증가하고 있는 분야는 프로 스포츠계와 연예계라는 사실만 보아도 이미지 조작을 통한 가짜 사건의 홍보가 얼마나 일상적인 일이 되었는지 짐작할 수 있다.

이러한 스타 시스템의 영향력은 출판시장에서도 예외가 아니다. "베스트셀러란 베스트북을 말하는 것이 아님"을 사람들은 망각한 지 오래다. 진정한 창작열과 편집자 정신의 소산으로 태어난 책보다는 지극히 말초적이고 감성적인 내용으로 일관한 책들이나, TV 또는 신문에서 소개된 책들이 베스트셀러 목록을 장식하는 것이 현실이기 때문이다. 그리고 그것들은 현재가 과거가 되는 순간 바로 잊히는 책들이기 일쑤다.

부어스틴은 이런 본말이 전도된 사회의 배후에 이른바 '그래픽 혁명'이 자리 잡고 있다고 한다. 이는 1830년대 전신기가 발명되고 통신사가 등장하고 인쇄와 현상 기술이 급격히 발달하면서 사람, 풍경, 사건을 인쇄된 이미지로 만들고 보관하고 전달하고 배포하는 기술이 급격히 진보한 현상을 혁명에 비유한 것이다. 저자는 이러한 혁명이 1928년 라디오로 정치 집회가 미국 전역에 최초로 중계되고, 10여 년 뒤 TV가 상업화하고, 이어 컬러TV가 나오면서 더욱 진전됐다고 진단한다. 그리하여 "미국인들은 환상이 현실보다 더 진짜 같은 세상, 그리고 이미지가 실체보다 더 위엄을 갖는 세상에 살고 있다. (중략) 우리는 가짜 사건의 애매모호함을 즐겁고 환상적인 경험으로 여기고 있으며 인위적인 현실을 사실로 믿음으로써 위안받고 있다."고 분석한다. 그렇다 보니 "진짜 서부 카우보이보다 가짜 존 웨인을 더 멋있는 카우보이로 여기게 되었다"고 개탄한다. 이처럼 '이미지'로 포장된 가짜 현실 또는 가짜 사건이 문제가 되는 이유는 그것이 우리로 하여금 '진짜'에서 관심이 멀어지도록 만들기 때문이다. 진짜 현실이란 우리 삶의 실제 조건을 통해 파생되는 문제들, 예컨대 우리가 무슨 일을 해서 돈을 벌며, 먹는 것은 무엇이고, 어떤 과정을 거쳐 집을 장만하는가 하는 문제들이다. 그런데 가짜 현실은 정작 우리에게 중요한 문제, 즉 진짜 현실을 방치하도록 만든다. 우리에게 정말로 필요한 경험을 방해하고 우리가 정말로 알아야 할 가치 있는 정보를 습득하지 못하게 한다. 우리가 해결해야 할 모순을 망각하게 하고,

아무런 상관도 없는 문제에 집착하게 만든다. 이처럼 가짜에 집착하는 이유에 대해 저자는 "우리는 세상이 우리에게 줄 수 있고 우리가 세상에서 얻을 수 있는 것 이상을 기대하기 때문"이라고 말한다.

이미지를 넘어 진정한 경험의 세계로

부어스틴은 미국의 산업화, 민주화, 영상화가 사람들의 사고방식과 행동방식을 바꾸었으며, 여기서 사람들이 날마다 생각하고 행동하는 일상적인 활동을 가리켜 '경험(experience)'이란 개념으로 표현하고 있다. 부어스틴은 이러한 미국인들의 경험이 가짜 사건을 통해서 가짜 이미지를 믿고 진짜 현실을 외면하는 방향으로 변질되었다고 보고 있는 것이다.

그렇다 보니 혹자는 이 책의 저자 '다니엘 부어스틴'을 가리켜 '지나치게 정통을 추구하는 보수주의자'라고 비판한다거나 "가짜 사건을 만들어 내는 언론의 속성을 효과적으로 비판할 수 있는 것 역시 언론"이라는 주장의 아이러니를 지적함으로써 '이미지'에 대한 폄하를 과도한 것이라고 반박할 수도 있을는지 모르겠다. 하지만 그 정도의 비판으로는 "하나의 가짜 사건은 연관된 다른 가짜 사건을 또 부추기고 증폭하는 특징이 있다"거나 "언론 플레이는 또 다른 언론 플레이를 낳고, 우리가 한 스타를 숭배하면 다른 스타의 출현을 끝없이 기대하게 된다는 것", 그리고 "이런 식으로 가짜 사건은 다른 분야로까지 계속 이어져 가짜 여행, 가짜 베스트셀러, 가짜 광고, 가짜 현실, 가짜 이미지, 가짜 예술 등으로 전체 사회에 퍼지게 된다는 것" 등을 지적하는 부어스틴의 목소리를 거둬들이기에는 역부족이 아닐까 싶다.

아울러 여러 해에 걸쳐 수집한 자료를 원서의 내용과 잘 배합하여 공들인 역주로 번역을 마무리한 정태철 교수(경성대)의 노고에 또한 감탄하지 않을 수 없다. 옮긴이 덕분에 편안한 읽기를 할 수 있다는 점에서, 그리하여 『이미지와 환상』은 더욱 값진 사회·문화비평서로 거듭날 수 있었다는 점에서 주목할 만한 역작임이 틀림없다.

과거와 현재를 통해
미래를 내다보다

이덕일(2011), 『윤휴와 침묵의 제국』(다산초당)

되살아난 윤휴를 만나다

한때 "지금 알고 있는 걸 그때도 알았더라면"이라는 제목의 책이 베스트셀러가 된 적이 있다. 시집 제목이긴 하지만 이는 개인적으로 아쉬운 역사의 뒤안길에 대한 상징적 표현으로도 손색이 없다. 그때나 지금이나 "그때 우리는 왜 그런 사실을 몰랐을까?" 싶은 일들이 많은 요즈음이다.

진작 알았더라면 좋았을 역사 속 인물이 여기 있다. 윤휴(尹鑴), 그는 17세기 당대 조선의 세력가 송시열과 그를 따르던 노론 세력으로부터 사문난적(斯文亂賊)과 역적으로 몰려 사형당하고, 이후 철저하게 금기시되다가 잊힌 인물이다. 1617년(광해군 9년) 대사헌 윤효전(尹孝全)의 아들로 태어나 1680년(숙종 6년)에 사약을 받은 유학자이자 정치가였던 그는 과거에 합격하지 않고 포의(布衣)의 신분으로 숨어 지내다가 숙종의 거듭된 요청으로 조정에 들어가 북벌과 사회개혁의 꿈을 펼치려 했으나 끝내 이루지 못한 비운의 주인공이었다. 그런 윤휴가 재야 역사학자 이덕일의 저서 『윤휴와 침묵의 제국』을 통해 되살아났다.

저자에 따르면 정치가로서 윤휴는 남인-청남의 영수로, 남인 실학파를 이끌었던 허목(許穆, 1595~1682), 윤선도(尹善道, 1587~1671)와 더불어 이른바 예송(禮訟) 논쟁—조선 현종 때 궁중의례의 적용문제, 특히 복상(服喪) 기간을 둘러싸고 서인과 남인 사이에 크게 논란이 벌어진 두 차례의 사건—을 통해 송시열 등이 이끄는 서인들과 대립하였다. 또한 서인들이 북벌에 소극적이 거나 실제로는 북벌을 반대한 데에 비해, 실질적인 북벌을 실현시켜 청나라 에 복수하고 춘추시대의 제나라 환공과 같은 동아시아의 맹주로 자리 잡길 원했다. 당시 강희제의 청나라는 '삼번의 난' 등으로 한창 어지러웠기에 윤 휴는 이때를 잘 이용하면 북벌에 성공할 수 있다고 믿었다.

이를 위해 가장 먼저 실행에 옮긴 것은 국내 정치와 사회 구조의 개혁이 었다. 예컨대, 신분마다 다른 재질로 호패를 만들어 차고 다니도록 했던 법 을 폐지하고 모든 사람들이 종이에 신분을 적어 주머니에 차고 다니는 지 패법을 실시하여 신분 차별을 없애려 하였다. 또한 양반에게도 군포를 걷 어 재정을 충당함으로써 백성의 고통을 덜어주고자 했다. 그리고 만인과(萬 人科)를 설치하여 누구나 과거에 응시할 수 있는 계기를 만드는 등 사회 전 반에 걸친 개혁을 시도했다. 그뿐 아니라, 송시열 등이 주도한 주자학 일변 도 분위기에 반발하여 "어찌 천하의 이치를 주자만 알고 나는 모르겠는가? 주자가 다시 살아온다면 내 견해에는 동의하지 않겠지만, 공자는 동의할 것 이다."라고 일갈하면서 독창적이고 자유로운 학문을 주창하였다. 이러한 윤 휴의 학문 자세는 당색을 초월하여 칭송이 자자했으나, 송시열 일파에 의해 끝내 사문난적으로 몰리게 되었다. 그의 개혁 시도는 이처럼 서인 세력의 반발과 숙종의 변심으로 인해 실패로 돌아가고 만다.

조선 중후반기 최대 라이벌, 송시열과 윤휴

저자는 윤휴와 송시열을 당대의 모든 면에서 경쟁 관계였던 것으로 파악 한다. 송시열이 주자학 유일주의를 주장하고 기틀을 세웠다면, 윤휴는 공자 와 맹자의 원전으로 돌아가길 강조하면서 자유롭고 독창적인 학문을 모색 했다는 것이다. 나아가 송시열이 송자(宋子)라고 불리기까지 한 거유(巨儒)라 고 한다면, 윤휴는 천문, 지리, 병법, 역사를 넘나드는 자유로운 사상가였다 고 한다. 송시열이 1·2차 예송논쟁에서 양반 사대부 기득권 세력의 입장을 대변했다면, 윤휴는 왕권의 정통성을 지지하며 양반 사대부보다 일반 백성을 위하는 입장을 취했다는 점도 강조한다. 그리고 가장 눈에 띄는 진단은 송시열이 북벌에 대해 내용상의 반대를 한 반면에, 윤휴는 실질적인 계획을 바탕으로 북벌을 실행하려 했다는 점이 아닐까 싶다.

한편, 제도 개혁에 있어서도 송시열과 윤휴는 정반대의 입장을 유지했다. 송시열이 서인-노론의 영수로서 세상을 주무른 권력자였다면, 윤휴는 개혁적이고 비판적인 시각을 견지한 정치가였다. 이렇듯 조선 중후반기에 송시열과 윤휴는 정치적·사회적·학문적인 최대 경쟁자였다. 그렇기에 송시열은 윤휴를 끝까지 배척하고 증오하며 사문난적으로 규정할 수밖에 없었을지도 모른다. 나아가 백성의 안위보다는 자신이 속한 집단의 기득권을 지키는 일이 더욱 중요하다는 판단을 했을 법하다.

오늘날의 우리 정치판을 보더라도 국민을 위하는 정치인이 반드시 중용되는 것은 아니다. 오히려 기득권 보호에 헌신하고 당리당략에 얽매여 스스로 '꼴통'임을 자임하는 사람들이 정치의 중심부를 장악하는 경우가 많다. 어디 그뿐인가. 정치인 개인의 자질이나 능력, 소신보다는 당색에 따라 그 사람이 평가되는가 하면, 모두들 손가락질하는 사람인데도 총선에서 막상 뚜껑을 열어보면 당선되는 사례도 부지기수다. 그래서 정치판을 '개판'에 비유하면서도 민의에 따라 개혁하기란 결코 쉬운 일이 아니다.

당시 백성들 입장에서는 당연히 윤휴 같은 정치가 또는 학자의 실천력이 힘을 얻었더라면 좋았겠지만, 이를 뒷받침해야 할 임금은 그럴 마음이 없었던 모양이다. 왕권 유지를 위해 정의로움을 포기하고 기득권 세력과 손을 잡았으니 말이다. 그렇게 당시 조선의 위정자들은 정의와 민의를 저버리고 윤휴 같은 이의 간절한 소망을 짓밟은 채 당리당략에 따라 철저히 그들만의 철옹성을 쌓아갔던 것이다.

윤휴 이후, 침묵의 나날을 끝낼 수 있을까

윤휴가 이룩한 학문적 성과와 정치적·사회적 개혁 노력은 실학자들을 중심으로 후대에 이어졌으나, 그의 죽음 이후 기득권 세력에 대항하여 개혁을 주장하는 유학자와 정치가는 조정에 발을 들여놓지 못했다고 한다. 윤휴의 죽음 이후 붕당정치가 붕괴되기 시작했고, 노론이 절대적인 권력을 갖게 되었다. 이후 윤휴는 송시열과 노론 세력에 의해 배척당하고 금기시되었기에, 그 누구도 쉽게 '윤휴'라는 이름과 업적에 대해 말하지 못했던 것이다. 예컨대, 『수옥문답』이라는 책에서 윤휴의 행적과 사상을 전하고 있지만, 끝내 지은이는 자신의 이름을 밝히지 못할 정도였다. 그리하여 1927년에 이르러서야 윤휴의 문집이 발간될 정도로 윤휴는 철저하게 금기시되고 숨겨진 인물로 남았다.

저자 이덕일은, 윤휴를 말하는 게 단지 오래전에 잊힌 어느 흥미로운 인물을 재조명하는 일이 아니라, 조선 후기부터 일제 강점기를 거쳐 지금까지 이어져 내려온 왜곡된 정치 현실과 역사를 바로잡는 일임을 강조한다. 그렇기에 이미 10여 년 전부터 윤휴를 주목해왔음을 밝히고 있다. 또한 저자는 서문에서 "윤휴가 사형당한 후 조선은 침묵의 제국이 되었다. 더 이상 그와 같은 생각은 허용되지 않았다. 윤휴와 같은 생각은, 특히 그런 생각을 표출하는 것은 사문난적으로 가는 초청장이고, 저승으로 가는 초청장이었다."라고 한다. 그만큼 조선 후기사회는 다른 생각을 전혀 허용하지 않는, 아주 경직된 사회였던 것이다. 이러한 분위기가 세도정치와 일제 강점기 당시 기득권 세력으로 이어졌고, 지금의 정치계와 학계에도 고스란히 이어져 내려왔다고 저자는 주장한다. 그러므로 윤휴는 현재 기득권 세력이 감히 드러내지 못하는 치부를 건드리고 있다고 할 수 있다. 이만큼 윤휴의 죽음은 조선 사회의 결정적인 분기점이 되었다.

그러나 이덕일은 다시 서문에서 "나와 다른 너를 인정하지 않았던 시대, 나와 다른 너는 죽어야 한다고 생각했던 시대, 그리고 실제 그렇게 죽여왔던 시대, 그런 증오 시대의 유산은 이제 청산할 때가 됐다. 백호 윤휴의 인생은 그렇게 말하고 있다."고 한다. 곧 윤휴의 삶과 사상을 복원하고 왜곡된 역사를 바로잡음으로써 화해와 상생의 시대를 앞당겨야 한다고 주장하는 듯하다. 따라서 "과거와 현재를 통해 미래를 내다본다"는 저자의 소신이 잘 담겨 있는 책이다. 바로 이 지점이 이 책을 더욱 '아까운 책'으로 다가오게 만든다.

그렇다면 저자의 다른 저서들, 예컨대 『조선왕 독살사건』(다산초당, 2009)을 필두로 한 베스트셀러에 비해 이 책이 덜 주목받은 이유는 무엇일까. 아마도 독자들로서는 저자가 다룬 인물들 중에 가장 생소한 '윤휴'가 주인공이다 보니 적극적으로 이 책을 선택하기 어려웠을 것이다. 수많은 책들이 명멸하는 서점가에서 보란 듯이 살아남기에는 무언가 부족했다는 뜻이리라. 그럼에도 그대로 묻어두기에는 아까운 저자의 목소리가 들리는 듯하여 몇 번을 망설이던 끝에 이 책을 다시 펼쳐볼 수밖에 없었다.

총선과 대선이 연달아 치러지는 2012년은 가히 정치의 해라고 할 만했다. 여당과 야당 모두 정체성의 혼돈 속에서 오직 정권을 향한 욕심으로 이합집산을 거듭하고 있는 상황에서 이 책은 어쩌면 오래전 잊힌 '윤휴'라는 인물을 통해 정치지도자들에게 준엄한 경고의 메시지를 전하고 있는지도 모른다. 상대방 죽이기에만 매달리지 말고 국민의 목소리를 들으라고. 듣고 나서 즉시 실천하라고. 다만, 이 책 『윤휴와 침묵의 제국』에서 아쉬운 점은 윤휴의 삶이 전반적으로 소개되지 못하고 한때에 머물러 있다는 것이다. 핍박받던 시대 이전에 어린 시절부터 젊었을 때 어떻게 학문적 경지를 구축했으며, 누구한테 사상적 영향을 물려받았는지, 또 가족관계는 어떠했는지 등 윤휴라는 인물의 삶이 고스란히 드러나기를 기대한 독자들에게는 그만큼 아쉬움이 컸을 것으로 보인다. 역사서임에도 마치 소설을 읽는 듯한 흥미진진한 표현력이 돋보이는 장점을 살려 다시 한 번 윤휴의 삶을 오롯이 살려내는 작업이 뒤따르기를 기대해 본다.

함께 읽으면 좋은 책

『한국사 그들이 숨긴 진실』, 이덕일 (역사의아침, 2009)
『김종서와 조선의 눈물』, 이덕일 (옥당, 2010)
『조선 왕을 말하다』, 이덕일 (역사의아침, 2010)
『사도세자가 꿈꾼 나라』, 이덕일 (역사의아침, 2011)
『권력과 인간』, 정병설 (문학동네, 2012)

공지영『의자놀이』를 통해 본
올바른 인용의 원칙과 출처 표시

사건 개요

　　최근 트위터 등 SNS를 중심으로 출판사 휴머니스트에서 발행한 "공지영의 첫 르포르타주 쌍용자동차 이야기"라는 부제의 도서 『의자놀이』를 둘러싼 논란이 급속히 번지고 있다. 논란의 핵심은 이 책의 내용 중 22쪽부터 24쪽에 걸쳐 게재된 일부 인용문이 마치 공지영 작가의 창작물인 것처럼 게재되었다는 당사자들의 문제 제기와 작가의 해명을 둘러싼 공방, 그리고 문제 도서의 출처 표시 방법이 과연 적절한 것인가 하는 데 있는 것으로 보인다. 나아가 작가의 법적, 윤리적 책임 소재에 대한 불특정 다수의 공방으로 확산되고 있다는 점에서 향후 결과에 대한 세간의 이목이 집중되고 있다. 여기서는 저작권 연구자로서의 객관적 관점에 입각하여 공지영의 『의자놀이』를 둘러싼 이 같은 공방을 저작권법에서 규정하고 있는 '공표된 저작물의 인용'과 '저작물의 공정한 이용'이라는 측면에서 살펴보고자 한다. (편의상 인용문의 원저작자로 알려진 이선옥 작가를 A, 이를 먼저 인용한 하종강 교수를 B, 『의자놀이』의 저자 공지영 작가를 C로 표기한다.)

저작권법상 인용 및 공정이용의 뜻

저작권법 제28조에서는 '공표된 저작물의 인용'에 관하여 "공표된 저작물은 보도 · 비평 · 교육 · 연구 등을 위하여는 정당한 범위 안에서 공정한 관행에 합치되게 이를 인용할 수 있다."고 규정한다. 아울러 제35조의3에서는 '저작물의 공정한 이용'에 관하여 "저작물의 통상적인 이용방법과 충돌하지 아니하고 저작자의 정당한 이익을 부당하게 해치지 아니하는 경우에는 보도 · 비평 · 교육 · 연구 등을 위하여 저작물을 이용할 수 있다."고 규정한다. 곧 다른 사람의 저작물을 이용함에 있어 그것이 '인용' 또는 '공정이용'에 해당한다면 저작권자의 허락이 없었더라도 문제가 되지 않는다는 뜻이다. 여기서 '보도 · 비평 · 교육 · 연구'란 저작물의 이용방법을 한정한 것이 아니라 규정의 내용을 쉽게 설명하기 위한 예시에 불과하므로 저작물의 이용목적에 관계없이 '인용' 또는 '공정이용'은 성립된다.

따라서 보다 중요한 것은 특정 저작물을 인용함에 있어서 그것이 '정당한 범위' 안에서 이루어졌는가, 그리고 '공정한 관행'에 합치되는 것인가 하는 점이다. 나아가 저작권법에서는 '공정이용'이란, 누군가의 저작물을 가져다 씀에 있어 그것의 '영리성 또는 비영리성 등 이용의 목적 및 성격', '저작물의 종류 및 용도', '이용된 부분이 저작물 전체에서 차지하는 비중과 그 중요성', '저작물의 이용이 그 저작물의 현재 시장 또는 가치나 잠재적인 시장 또는 가치에 미치는 영향' 등을 종합적으로 살펴서 판단할 문제임을 분명히 밝히고 있다.

『의자놀이』 인용의 적절성 여부

위와 같은 판단기준에 따라 『의자놀이』의 22쪽에서 24쪽까지의 내용을 살폈을 때, 우선 도서 말미의 '출처 및 참고문헌'에 B의 성명표시와 더불어 《경향신문》 "고통을 외면하는 사회는 불행하다"(2012. 4. 26.)라고 밝히고 있다는 점에서 일단 무단 또는 불법적으로 이를 이용하려는 의도가 없었음이 명백히 드러난다. 물론 본문의 해당 부분에 인용문에 대한 별도의 표시 없이 도서 말미에 출처를 밝힘으로써 본문만 읽은 독자들이라면 해당 부분이 B가 아닌 C가 작성한 부분일 것이라고 오해할 수 있으리라는 지적이 가능하다. 즉, 저작권법에서 말하는 '공정한 관행'에 합치되게 출처를 표시한 것인가 하는 논란이 있을 수 있다는 뜻이다. 만일 『의자놀이』가 르포르타주 형식이 아닌 학술적 성격의 논문이었다면 해당 부분에 대한 각주 형식의 직접적인 출처 표시를 했어야 마땅하다. 하지만 『의자놀이』는 이 같은 형식에 얽매이지 않는, 특별히 고통 받고 있는 쌍용 노동자들을 위한 고발 형식의 헌정 도서라는 점에서 출처 표시 그 자체를 문제로 삼을 수는 없다고 본다.

나아가 그 부분이 원래 A가 작성한 것임에도 A에 대한 양해나 출처 표시가 누락되었다는 논란에 대해 살펴보기로 하자. 인용문이 들어 있는 B의 칼럼 내용을 보건대, 필자 B가 또 다른 저작자의 글을 가져다 썼으리라는 추측이나 예상이 불가능하다는 점에서, 설사 칼럼 내용 중 제3자의 글이 포함되어 있었다 하더라도 『의자놀이』 필자인 C가 B의 칼럼을 원전으로 판단하여 출처를 표기한 것이 잘못되었다고 보기는 어렵다고 본다. 아울러 출판사 편집진에서 칼럼 필자(B)에게 인용에 따른 동의를 구했다는 점에서도 이용과정에서의 정당성과 선의를 파악할 수 있다.

『의자놀이』, 이제 어떻게 해야 하는가?

남의 저작물을 가져다 쓰면서도 출처를 밝히지 않음으로써 마치 자기 것인 양 꾸미는 행위를 '표절'이라 하고, 출처를 감추거나 밝혔더라도 저작권자의 이용허락 없이 저작물을 이용하는 행위를 '저작권 침해'라고 한다. 지금 SNS에서는 C의 『의자놀이』를 둘러싸고 표절이다 아니다, 저작권 침해다 아니다, 또는 인격적 모독이다 아니다 하는 공방과 함께 차마 입에 담을 수 없는 표현들이 난무하고 있다. 논란의 핵심에서 벗어난 불필요한 오해와 억측들이 SNS를 장식하고 있는 것이다. 아마도 핵심 당사자들이 우리 사회에 미치는 영향력이 그만큼 크기 때문이리라.

필자는 이미 출판사 휴머니스트 대표의 정중한 의뢰에 따라 이 글의 내용과 비슷한 논지로 의견서를 작성해준 바 있다. 아마 A, B, C 중 한 사람이라도 필자와 개인적 친분이 있었다면 거절했을 것이다. 하지만 객관적 판단이 가능할뿐더러 저작권 분야의 연구자로서, 그리고 교육자로서 얄팍한 지식이나마 피력함으로써 불필요한 논란을 줄여보고자 하는 소망 때문에 의견서를 작성하게 되었다. 이제 결론을 내리고자 한다.

C의 르포르타주 『의자놀이』는 도서 전반에 걸쳐 나름대로 공정한 관행에 걸맞게 출처를 정확하게 밝히고 있고, 해당 저작자들로부터 이용허락을 받았거나 받으려고 노력했다는 사실과 더불어 해당 저작자들에 대한 감사의 표시를 적절히 밝히고 있는 점, 그리고 표지에 "이 책은 여러 사람의 자발적인 재능기부로 만들어졌으며, 인세와 판매 수익금 전액은 쌍용자동차 해고 노동자들을 위한 후원금으로 기부됩니다."라고 밝힘으로써 영리성 또한 배제하고 있다는 점에서 저작권법 제28조의 '공표된 저작물의 인용' 및 제35조의 3 '저작물의 공정한 이용'에 해당하는 것으로 판단된다. 다만, 누군가 『의자놀이』를 다시 인용하는 과정에서 본의 아니게 원저작자가 아닌 C를 원저작자로 표기할 우려가 있다는 점에서 이를 방지할 수 있는 방법이 강구되어야 할 것으로 보인다. 예컨대, 표지를 포함하여 작은 제목이 시작되는 부분마다 "이 글의 내용을 인용할 때에는 반드시 도서 말미의 참고문헌을 확인해 주시기 바랍니다!"라는 식의 안내문이 첨가된다면 어떨까 싶다.

한편, 원전을 오해하여 정확한 출처 표시가 이루어지지 않은 부분, 즉 A에 대한 출처 표시 누락 등의 문제는 의도적이거나 고의적이라기보다는 B의 칼럼을 원전으로 여길 만한 정당한 사유에 의한 것이므로, 추후 이를 바로잡거나 원전 저작자 A의 견해를 존중하여 처리되기를 바란다. 다만, 이 같은 문제점을 소급하여 『의자놀이』 발행 자체의 불법성 여부를 판단하는 저작권법의 근본목적에 반하는 행위일 뿐만 아니라, 이 책을 위해 아낌없이 재능을 기부한 수많은 사람들의 선의와 노고를 외면하는 일이 아닐 수 없다. 아무쪼록 『의자놀이』를 둘러싼 논란이 고통 받는 이들을 위로하는 치유의 대화합으로 마무리되기를 간절히 빌어본다.

한국 전자책 산업의
현황과 전망

─────

한국 전자책 산업의 현황

최근 한국 전자책 시장을 들여다보면 긍정적인 징후들이 여기저기서 엿보이고 있다. 우선 e-Pub과 APP-Book을 통틀어 누적 다운 횟수 10만 회 이상 판매되는 전자책이 증가하고 있다. 베스트셀러의 범위도 로맨스 등 장르소설 일색에서 점차 자기 계발 및 인문사회 분야로 넓어지고 있는 양상으로 변하고 있는 것도 눈에 띈다. 나아가 서로 배타적이던 종이책과 동시 출간되는 전자책도 늘어나고 있다. 실제로 대표적 전자책 유통업체인 예스24에서 발표한 2014년 상반기 전자책 분야별 베스트셀러 점유율을 살펴보면, 장르 문학이 57.9%로 가장 높은 점유율을 보였다. 만화 분야는 3.5%로 점유율 7위를 차지한 반면, 문학과 인문·사회 분야는 장르 문학의 뒤를 이어 12.8%와 6.2%의 점유율로 각각 2위와 3위를 차지했다. 문학 분야에서는 조정래의 『정글만리』가, 인문·사회 분야에서는 강원국의 『대통령의 글쓰기』와 『강신주의 감정수업』이 각광을 받았으며, 이것들은 종이책으로도 베스트셀러가 되었다는 공통점을 지니고 있어 주목된다.

| 표 1 | 매출액 규모별 출판산업 분야 매출 현황 (단위: 백만 원)

업종/매출액 규모		1억 원 미만	1~10억 원 미만	10~100억 원 미만	100억 원 이상	2012년 매출액
도서 출판업	서적 출판업	29,198	165,620	453,231	628,171	1,276,220
	교과서 및 학습서적 출판업	62,342	353,634	967,747	1,341,281	2,725,004
출판 유통업	서적 및 잡지류 도매업	65,221	369,961	1,012,425	1,403,205	2,850,812
	서적 및 잡지류 소매업	92,894	526,935	1,441,998	1,998,587	4,060,414
	인터넷 서점 (만화 제외)	–	–	65,217	1,150,598	1,215,815
전자 출판업	전자출판 제작업	4,362	24,744	67,714	93,851	190,671
	전자출판 서비스업	2,820	15,994	43,769	60,663	123,246

출처: 한국출판문화산업진흥원 『KPIPA 출판산업 동향 2013 하반기/연간』

| 표 2 | 전자출판물 인증 추이 (단위: 종)

구분	2009년	2010년	2011년	2012년	2013년	합계
총류	52,594	22,182	4,790	19,967	23,268	122,462
철학	28,506	7,176	234	7,569	4,014	47,499
종교	99,527	37,118	198	13,731	11,384	161,958
사회과학	479,038	71,886	5,131	106,947	59,888	722,890
순수과학	125,898	17,766	251	22,409	22,670	188,994
기술과학	803,925	107,015	8,699	169,141	159,841	1,248,621
예술	130,580	23,229	7,282	104,055	27,281	292,427
언어	67,192	6,781	1,510	14,179	5,281	94,943
문학	86,450	34,282	16,753	34,291	48,304	220,080
역사	81,162	14,168	310	12,926	8,909	117,475
합계	1,954,532	341,603	45,159	505,215	370,840	3,217,349

출처: 한국전자출판협회 전자출판물인증센터

〈표 1〉에서 볼 수 있는 것처럼 한국출판문화산업진흥원 통계자료에 따르면, 한국의 출판산업 중 도서출판업으로 분류할 수 있는 일반 단행본에 해당하는 '서적출판업'의 매출액은 2012년 기준 약 1조 2,760억 원으로 전년 대비 1.2% 감소한 반면, '교과서 및 학습서적 출판업'은 약 2조 7,250억 원으로 전년 대비 2.5% 증가하였다. 학습참고서와 학습지 등 학습교재 시장

은 매년 지속적으로 성장하고 있는 반면, 단행본 시장은 지속적으로 하락하고 있다. 한편, 전자책을 포함한 전자출판업의 경우에는 약 3,139억 원 정도의 매출을 보임으로써 매출 규모만으로 보면 도서출판업의 약 0.8% 수준을 보이고 있는 것으로 분석된다. 하지만 중소형 전자책 제작업체의 매출이 대폭 증가하였고, 100인 이상 제작업체와 50인 이상 서비스업체가 등장하면서 전자출판이 활성화되고 있는 것으로 분석된다.

〈표 2〉에서 알 수 있는 것처럼 전자출판물 발간 현황의 경우, 2009년부터 2013년 12월까지 5년간 부가가치세 면제를 받기 위해 한국전자출판협회에서 인증을 받은 전자출판물은 약 320만 건에 이를 정도로 그 규모가 점차 커지고 있음을 알 수 있다.

| 표 3 | 출판산업(정기간행물 제외) 사업체 수 및 종사자 수 추이

분류		2008년		2009년		2010년		2011년		2012년	
		사업체 수	종사자 수	사업체 수	종사자 수	사업체 수	종사자 수	사업체 수	종사자 수	사업체 수	종사자 수
도서 출판업	서적 출판업	2,011	11,477	2,032	10,057	2,018	9,926	2,002	9,617	1,907	9,596
	교과서 및 학습서적 출판업	652	13,178	659	13,038	663	13,695	671	14,295	677	14,639
출판 유통 및 서비스업	서적 및 잡지류 도매업	1,920	11,436	1,889	11,327	1,832	11,081	1,713	10,745	1,669	10,714
	서적 및 잡지류 소매업	5,323	22,022	5,221	21,054	5,013	20,782	4,625	19,904	4,471	19,782
	인터넷 서점 (만화 제외)	–	7,713	–	8,919	–	9,021	–	9,037	–	9,026
	서적 임대업 (만화 제외)	3,322	2,269	2,904	2,198	2,675	2,037	2,037	2,068	2,574	2,038

전자출판업	전자출판제작업	125	920	136	1,165	148	1,203	161	1,325	174	1,471
전자출판업	전자출판서비스업	35	297	38	319	41	338	43	356	42	381
합계		13,388	69,312	12,879	68,077	12,390	68,083	11,823	67,347	11,514	67,647

출처: 한국출판문화산업진흥원 『KPIPA 출판산업 동향 2013 하반기/연간』

이 같은 전자책 산업의 활성화는 해당 업체의 수와 종업원 수의 증가에도 영향을 미친 것으로 보인다.(〈표 3〉참조) 그리하여 다양한 포맷과 플랫폼 구축을 통한 사업 다각화가 모색되고 있는 것으로 판단되며, 그 결과 뷰어·DRM·디바이스 난립에 따른 기술 표준화의 문제가 시급한 과제로 떠오르고 있는 것으로 보인다.

발전 방향 및 전망

2014년 2월, 시장조사전문기관에서 전국 만 19~59세 성인 남녀 1,000명을 대상으로 국내 전자책 및 종이책 이용과 관련한 설문조사를 실시한 결과 전자책 인지도(97.5%)는 매우 높았으나, 직접 이용한 경험자는 44.1%로 지난 2013년(43.9%)과 비교했을 때 큰 차이가 없어 전자책 시장이 정체 상태에 머물러 있는 것으로 분석되었다. 전자책 관련 인식평가에서는 향후 전자책 시장에 대한 긍정적인 시각과 유보적인 전망이 엇갈렸다. 향후 전자책 시장이 활성화될 것이라는 의견은 연령이 높을수록 많은(20대 42.8%, 30대 44.4%, 40대 52.8%, 50대 56.8%) 특징을 보인 반면, 비동의 의견은 3.2%에 그쳐 전자책 시장을 부정적으로 바라보는 시각은 매우 적다는 것을 알 수 있었다.

전자책 구매가 저조한 이유에 대해서는 전자책의 형태가 어색하고(50.2%, 중복 응답), 종이책의 느낌과는 현저하게 다르다(49.7%)는 점을 가장 많이 꼽음으로써 기존 종이책에 익숙한 독자들이 아직 전자책 형태를 낯설게 느끼고 있다는 점을 알 수 있었다. 또 전자책 전용 단말기가 아닌 경우 책에 집중하기 힘들며(47.3%), 독자들이 정말 원하는 책이 없다(28.6%)는 의견이 많았다.

결국 전자책 단말기의 대중적인 보급과 충분한 전자책 콘텐츠의 보급이 선행되어야 전자책 시장의 활성화가 이뤄질 수 있다는 사실을 보여주었다. 실제 전자책의 개선점을 묻는 질문에도 단말기 가격이 더 저렴해져야 하며 (76.4%), 볼 만한 콘텐츠가 더 많아져야 한다(76.3%)는 의견이 대부분이었다.

전자책의 경우 잘 어울리는 장르를 묻는 질문에서는 만화(55.1%)와 잡지 (43.3%) 등 쉽게 읽히는 콘텐츠를 꼽은 응답이 많다는 점에서 전자책에 특화된 콘텐츠의 공급에 대한 방법론이 강구되어야 할 것으로 판단된다. 향후 전자책과 종이책 이용자의 재구매 의향은 각각 58.4%, 83.3%로 나타났다.

최근 1년 기준 전자책의 구입 권수는 보통 1~2권(51.4%) 내지 3~4권 (27.1%)이었으며, 구입 비용은 1만 원 미만(56.9%) 또는 1~2만 원(24.7%) 수준이었다. 반면 종이책은 1~2권(24.8%) 또는 3~4권(30.1%) 구입했다는 응답이 많은 가운데, 5~6권(17.6%), 10권 이상(18%) 등 구입 권수가 전자책보다 많았으며, 구입 비용 또한 좀 더 많은 것으로(1~2만 원 36.9%, 2~3만 원 19%, 1만 원 미만 15.3%, 3~4만 원 12.8%, 5만 원 이상 11% 순) 나타났다.

만족도에 있어서는 종이책 이용자의 경우 78.9%, 전자책 이용자는 58.8%로, 아직은 종이책 이용에 더 익숙한 모습을 보여주었다. 전자책을 불만족스럽게 평가한 응답자들은 종이책에 비해 소장가치가 떨어지고(53.3%, 중복 응답), 읽기 불편하며(40%), 책의 종류가 다양하지 않다(35.2%)는 점을 지적하였다. 반면 종이책의 불만족스러운 점으로는 들고 다니기에 불편하고(44.8%, 중복 응답), 전자책에 비해 가격이 비싸다(30.7%)는 점을 꼽았다.

전자책에 가장 잘 어울리는 기기를 묻는 질문에 전자책 전용 단말기(46%, 중복 응답)보다 태블릿 PC(71.5%)를 꼽는 의견이 많은 것으로 보아 아직 전자책 단말기의 보급이 더딘 가운데, 비슷한 화면 크기를 가진 태블릿 PC가 전자책 시장을 선점하고 있다는 것을 보여주었다. 스마트폰(46.3%)이 전자책과 어울리는 기기라는 의견도 전자책 전용 단말기를 꼽은 응답과 비슷한 수준이었다.

결론적으로, 한국 전자책 시장의 활성화를 위해서는 지나친 장르 편중 현상을 해소하기 위해 다양하면서도 수준 높은 콘텐츠 확보 방안이 적극 마련되어야 할 것으로 보인다. 이를 위해 우선 종이책과 전자책의 통합 마케팅 방안을 강구함으로써 종이책을 선호하는 저작자들로 하여금 전자책을 내게 되면 손해를 볼 것이라는 선입견을 제거해 주어야 하며, 성공사례 등을 제시하여 시너지 효과를 강조할 필요가 있는 것으로 판단된다.

또한 출판권 및 배타적발행권 동시 설정을 위한 표준계약서의 활용 및 재계약을 통한 종이책 출판사의 전자책 시장 진입을 적극 권장해야 하며, 유명 저자들의 전자책 인지도 및 선호도 제고를 위한 다양한 노력과 더불어 역량 있는 신인작가 발굴(각종 신인상 공모전 등) 프로그램과 연계하여 전자책 출간의 기회를 넓혀가야 할 것이다.

제3부

저작권,
어찌하오리까?

저작권, 창작의 활성제인가
범법의 덫인가?

가상사례-저작권의 늪에 빠진 아카데미

2020년 5월 어느 날, 지방 S대 문화콘텐츠학과 K 교수는 지난해 학교에서 지원받은 연구비로 완성한 논문을 앞에 두고 망연자실한 표정으로 비좁은 연구실을 서성이고 있었다. 애초에 제출한 연구비 신청 계획서에 따라 "인터넷을 통한 문화콘텐츠의 국제교류 양상에 관한 연구—미국과 유럽연합(EU)을 중심으로"라는 주제의 논문이 완성되었지만, 논문의 완성과 함께 이메일 형식으로 도착한 '로열티 산정 내역서'를 확인하는 순간 그동안의 고생이 물거품처럼 여겨졌기 때문.

지난 2007년 4월에 타결된 한·미 FTA, 그리고 이듬해에 타결된 한·유럽연합 FTA가 지적재산권 분야, 그중에서도 저작권과 관련하여 어떤 효력을 미치고 있는지 미처 헤아리지 않은 채 논문을 작성한 것이 화근이었다. 저작권보호재단이란 곳에서 보내온 이른바 '로열티 산정 내역서'의 내용은 대충 이랬다.

- 항상 공정한 저작물 이용에 협조해 주시는 귀하의 양심에 경의를 표합니다.
- 최근 귀하께서는 아래와 같이 국내법 또는 국제법상 저작권이 유효한 저작물을 이용하였으며, 이에 따르는 저작권 사용료(로열티)를 모두 원화로 환산하여 청구

하오니 정하여진 일자에 납부하여 주시기 바랍니다.

- 로열티 산정 내역
  - 온라인 콘텐츠의 일시적 저장에 따른 로열티: 1,590,000원(총 1,325회, 회당 사용료 1,200원)
  - 온라인 콘텐츠의 검색 및 파일복사에 따른 로열티: 1,799,000원(총 514건, 건당 사용료 3,500원)
  - 온라인 음악 콘텐츠 사용료: 177,000원(총 590분, 분당 300원)
  - 법정손해배상제도에 따른 보험료: 356,600원(전체 로열티 액수의 10%)
  - 합계 금액: 3,922,600원
- 위 금액을 납부하지 않으시면 귀하의 연구 결과는 무단복제에 해당하여 연구 성과로 인정되지 않을 뿐만 아니라 형사처벌의 대상이 되므로 유념하시기 바랍니다.

모두 500만 원의 연구비를 가지고 이미 시청각 자료 및 참고문헌 구입에 쓴 돈만 해도 200만 원이 넘어가는 마당에 추가 로열티로 부담해야 할 금액이 400만 원 가깝다니 기가 찰 노릇이었다. 논문을 발표할 학술지 발행학회에 지불하게 될 게재료까지 포함한다면 논문 한 편 때문에 연구자가 부담해야 할 적자는 이만저만 큰 게 아니었다.

비슷한 시각, 대학 본관 대회의실에서는 총장이 긴급 소집한 학과장 회의가 열리고 있었다. 학과장들이 모두 참석한 것을 확인한 교무처장이 총장의 인사말도 생략한 채 먼저 회의 소집 사유를 설명했다.

"최근 국내 저작권보호재단을 포함해서 미국 저작권 단체, 유럽연합 저작권 단체 등으로부터 저작권을 침해한 우리 학교 학생들의 명단이 끊임없이 답지하고 있습니다. 정확한 통계를 집계 중입니다만, 전체 재학생 중 절반 이상이 해당되는 걸로 파악하고 있습니다. 인터넷을 통해 신성한 타인의 저작권을 침해했으니 학칙에 따라 엄벌에 처해달라는 요구가 대부분인데, 아마도 학생들 개인적으로는 이미 손해배상을 요구하는 문서나 경찰에 출두하라는 명령서를 받았을 것으로 보입니다. 어떻게 우리 학생들의 개인 신상이 저작권 단체에 노출되고 있는지 모를 일입니다."

교무처장에 이어 학생처장이 말문을 열었다.

"일부 학생들은 자기도 모르는 사이에 범법자가 되어 있는 현실이 당혹스럽다면서도 어떻게 하면 문제를 해결할 수 있는지 학교 차원에서 대책을 마련해 달라고 요구하고 있습니다. 이대로 가면 총학생회 연합 차원의 전국적인 대규모 시위도 염려되는 상황입니다."

이윽고 학과별로 저작권 침해범으로 지목된 학생들의 명단을 받아든 학과장들은 난감한 표정을 감추지 못한 채 대책 마련을 위한 회의에 돌입했다. 도대체 무엇이 어떻게 잘못된 것일까?

일방적이고도 과도한 저작권 보호 제도의 폐해

위의 이야기는 비록 가상 사례일망정 그렇다고 전혀 가능성이 없는 허무맹랑한 픽션도 아니다. 지난 2007년 4월 2일 타결된 한·미 FTA 저작권 분야의 내용을 들여다보면 이용자들로서는 앞으로 더욱 험난해질 저작권 환경의 미래를 염려하지 않을 수 없기 때문이다. 우선 저작권 보호기간 연장에 합의함으로써 저작자 사후 기준 또는 저작물 발행(또는 창작) 기준에 관계없이 동일하게 70년으로 연장되었다.(국회 비준일로부터 2년간 유예되므로 실제 적용은 언제부터 시작될지 현재로서는 알 수 없다.) 또 일시적 저장에 따른 복제권을 인정함으로써 보통 컴퓨터의 RAM(전원을 끄면 기억되어 있던 모든 데이터가 지워지는 메모리)에서 실행되는 일시적 복제에까지 저작자에게 권리(복제권)를 인정하는 단초를 마련해주었다. 아울러 접근통제(Access Control) 기술적 보호조치를 신설함으로써 암호와 ID가 있어야 저작물을 이용할 수 있게 하는 등 저작물에 접근하는 것을 원천봉쇄하는 기술에 대해 이를 함부로 뚫거나 깨는 행위가 금지된다. 또 온라인서비스제공자의 책임을 강화하여 권리자의 요청이 있을 경우 온라인서비스제공자(인터넷 서비스업체)는 온라인상 저작권을 침해한 자(네티즌)의 개인 정보를 저작권자에게 제공하도록 명시하고 있다는 점을 빼놓을 수 없다. 그 밖에 '상업적 규모'의 저작권 침해 시 비친고죄를 적용한다는 것, 그리고 실손해배상 원칙에 따라 법정손해배상제도(배상액의 하한을 법으로 미리 정하는 제도)를 도입한 것도 간과할 수 없는 대목이다.

먼저 논란이 예상되는 인터넷상의 '일시적 복제'와 관련하여 당시 문화관광부(현 문화체육관광부)에서는 '일시적 복제권'을 인정하되 교육·연구 목적 등 공익적 목적과 관련하여 예외를 규정할 수 있으므로 일반 이용자들은 한·미 FTA 이후에도 큰 변화 없이 자유롭게 인터넷을 이용할 수 있다고 밝히고 있다. 또, '접근통제 기술적 보호조치'와 관련해서는 한·미 FTA 협정문에는 이미 연구·교육 목적 등을 위한 명시적 예외 조항이 있는데, 우리 정부는 이에 더해 차후 필요성이 있을 경우 추가적인 예외를 둘 수 있는 각주를 추가했다고 한다. 그렇다면 일시적 저장에 따른 복제권과 관련하여 면책이 되는 공정이용의 범위는 구체적으로 어디까지인지 궁금하지 않을 수 없다.

또 이번 한·미 FTA 결과로 권리자의 요청이 있을 경우 온라인서비스제공자(인터넷 서비스업체)는 온라인상 저작권을 침해한 자(네티즌)의 개인정보를 저작권자에게 제공하도록 하여 그 책임이 강화되었다. 그렇다면 '권리자의 요청'이란 구체적으로 어떤 것을 가리키는지, 온라인상 저작권 침해 여부를 확인하는 기준은 무엇인지, 그리고 저작권을 침해한 자의 '개인정보'란 그 범위가 어떠한지 밝혀야 하지 않을까? 현행 저작권법에서는 "온라인서비스제공자의 서비스를 이용한 저작물 등의 복제·전송에 의하여 저작권 그 밖에 이 법에 의하여 보호되는 자신의 권리가 침해됨을 주장하는 자는 그 사실을 소명하여 온라인서비스제공자에게 그 저작물 등의 복제·전송을 중단시킬 것을 요구할 수 있다."고 규정하고 있다. 곧 이때의 소명 절차와 저작권 침해자의 개인정보를 요구하는 경우의 절차는 어떻게 다른지 의문이다.

나아가 법정손해배상제도 도입에 따른 의문도 꼬리에 꼬리를 물고 있다. 저작권 집행 강화를 목적으로 실손해배상 원칙에 따라 배상액의 하한을 법으로 미리 정하는 제도로서의 법정손해배상제도를 도입한다는 것인데, 비친고죄의 도입과 함께 여러 가지 부작용이 예견된다. 과거 우리 저작권법에서는 비교적 무단복제가 손쉬움에도 불구하고 피해자가 자신이 입은 손해를 아무리 입증하려고 해도 이를 구체적인 금액으로 산정하기 어려운 출판물과 음반에 있어서 그 부정 복제물의 부수를 산정하기 어렵다면 출판물은 5,000부, 음반은 10,000매로 추정해서 손해배상의 근거로 삼을 수 있게 한 적이 있다. 하지만 이는 출판물이나 음반이 아닌 저작물에는 적용될 수 없을 뿐만 아니라 그 숫자도 자의적이라는 비판을 피할 수 없는 등 별반 효과를 기대하기 어려웠다. 이에 2003년도 개정법에서는 관련규정을 고쳐 '손해액의 인정'이라는 표현을 쓰고 있다. 즉 "법원은 손해가 발생한 사실은 인정되나 그 손해액을 산정하기 어려운 때에는 당사자들이 제시하는 각종 자료를 바탕으로 그 손해액을 인정할 수 있다"는 것이다. 곧 이 같은 국내법의 기준과 법정손해배상제도 사이에는 어떤 차이점이 있는지 궁금하지 않을 수 없다. 또 배상액의 하한선을 미리 정한다면 그 기준은 무엇인지, 비친고죄 도입과 맞물려 법정손해배상을 둘러싼 고소와 고발, 그리고 민사소송이 남발될 경우 그 잘잘못을 가려낼 수 있는 장치는 어떻게 마련할 것인지 앞으로 논의해야 할 쟁점들이 수두룩하다.

저작권자와 이용자의 상생을 위한 제언

저작권 보호기간 연장 등 이번 한·미 FTA 협상에서 다룬 쟁점은 매우 광범위한 것이었음에도 실질적인 효과에 있어서는 우리에게 불리하게 타결되었다는 견해가 지배적이다. 물론 "저작권 보호기간을 사후 70년으로 연장하는 문제는 EU·호주 등 선진국을 포함한 세계 약 50개국이 이미 연장 시행 중에 있는 현실을 고려할 때, 우리나라가 이를 채택하더라도 큰 문제는 없다."거나 "저작물에 대한 접근을 통제하는 기술적 보호조치의 우회 금지, 일시적 복제에 대한 권리 인정 역시 양국 모두 인터넷 강국이라는 측면에서 권리 강화라는 방향으로 의견일치를 보았다."는 전문가들의 견해도 있으므로 비관적으로만 볼 것은 아닐지도 모르겠다.

어쨌거나 이제 협상과정이나 내용에 대해 왈가왈부할 때는 지났다. 어떻게 하면 앞으로의 집행과정에서 나타날지도 모르는 부작용을 최소화하고 나아가 전화위복의 계기로 삼을 수 있을 것인지 묘안을 짜내기 위해 관계자 모두가 머리를 맞대야 한다. 최근 급격하게 파급되고 있는 막연한 불안감을 해소시키기 위해서라도 정부에서는 관련정보를 적극적으로 공개해야 하며, 출판계 등 문화산업계는 업계 나름대로 대비책을 마련해 나가야 한다.

무엇보다도 먼저 온라인서비스제공자의 책임강화, 저작권 집행의 강화와 관련하여 향후 형사처벌을 요구하는 고소나 손해배상을 둘러싼 민사소송이 폭주할 수 있다는 점에서 대비책이 있어야 한다. 또 가까운 시일 안에 국회 비준 절차가 예상되며, 이후 국내 저작권법 또한 개정이 불가피할 것인 바, 저작권 보호 수준에 걸맞게 출판권 등 이용자의 권리 또한 강화하기 위한 대책을 조속히 마련해야 한다. 나아가 자유로운 이용의 대상이 되는 저작물(public domain)을 포함하여 연차별 저작재산권 소멸 저작물에 대한 데이터베이스를 구축할 필요가 있다.

저작권 공유와 저작물 자유이용을 주장하는 카피레프트 운동이 봄날 들판을 수놓는 아지랑이처럼 넓게 퍼져가고 있는 시대 변화에 발맞추어 저작권을 존중하면서도 너그러운 이용질서를 제공하려는 사회운동의 확산을 눈여겨봐야 한다. 그리하여 저작권자와 저작물 이용자의 아름다운 상생을 위한 다양한 대책이 마련되어야 한다는 점에서 이번 한·미 FTA를 통한 저작권 보호수준의 강화가 일방적인 보호의무의 강화로 전락하지 않고 우리 문화산업 발전을 위한 긍정적 계기가 되어야 한다. 그러므로 무엇보다 상대적으로 피해가 예상되는 분야에 대한 강력한 대책이 수립되어야 한다. 주무부서인 당시 문화관광부(현 문화체육관광부)에서는 "크게 강화된 권리보호의 반대축에 있는 이용자들을 위한 저작권 이용 활성화 정책을 꾸준히 추진하고, 향상된 저작권을 우리 창작자 및 문화산업이 백분 향유할 수 있도록 창작 지원을 강화해 나갈 계획"이며, "저작물(콘텐츠) 창작 지원은 저작권 분야에 한정하지 않고 당시 문화관광부(현 문화체육관광부) 전체 기초예술, 문화산업 분야와 연계하여 대응할 것"임을 밝히고 있다. 나아가 정부는 "한·미 FTA를 통해 문화산업이 우리 경제의 핵심산업으로 성장해 나가도록 적극 지원해 나갈 계획"임을 밝힌 만큼 관련업계와의 허심탄회한 협의를 통해 실질적인 지원책이 마련되기를 기대한다. 동시에 "저작자의 권리와 이에 인접하는 권리를 보호하고 저작물의 공정한 이용을 도모함으로써 문화의 향상발전에 이바지함을 목적으로 한다"는 저작권법 제정의 취지에 부합하는 저작권 보호제도의 정착을 염원해 본다.

판면권 신설이
필요한 이유

벌써 10년 전의 일이다. 나는 모 잡지에 "베끼는 편집, 추락하는 저작권"이란 제목의 글을 실은 적이 있다. "만일 한 저자가 똑같은 내용의 책을 제목만 바꾸어 서로 다른 출판사에서 펴낸다면, 원저작물은 하나인데 번역물의 제목은 제각각인 것들이 여러 종 서점을 장식하고 있거나 토씨 하나 틀리지 않은 번역물이 번역자와 출판사만 달리해서 여러 종 출간된다면 어떨까. 당연히 그 결과는 책의 최종 소비자인 독자들만 골탕 먹는 것으로 나타난다."는 것이 당시 글의 요지였다. 그것은 한때 저작권 보호대상이 아닌 외국의 인기 추리소설들이 국내에서 중복 출판되는 과정에서 원제와는 동떨어진 제목으로 제각각 포장되는 바람에 독자들이 혼란을 겪었던 일을 염두에 둔 메시지였다.

예컨대,『긴급할 때는』,『위급한 경우에는』,『히포크라테스의 침묵』,『분노의 도시』,『하버드의 의사들』,『낙태』등 제목만 보아서는 각기 다른 책들 같지만 알고 보면 이들은 모두『A case of Need』라는 원제의 외국작가 작품을 번역한 것이었다. 또『죽은 자 먹어치우기』,『시체를 먹는 사람들』,『잃어버린 황금도시』,『콩고』,『고릴라 살인사건』같은 책들 역시 원저작물은 외국작가의『Eaters of the Dead』라는 작품이었다. 두말할 것 없이 이 같은 중복 출판 관행은 곧 독자에 대한 기만이다. 일단 팔고 보자는 극도의 이기주의가 출판이라는 문화성의 허울을 쓰고 교묘하게 표출된 것이다. 선량한 독자들이 책을 외면하게 만드는 이면에는 이처럼 저속한 상업주의에 물든 일부 출판인들의 욕심이 자리 잡고 있다면 지나친 표현일까.

비록 10년 전의 생각에서 출발했지만 요즈음에도 우리 출판환경을 돌아보면 별로 달라진 것이 없어 보인다. 필자가 대한출판문화협회 저작권 상담실에서 만나는 사례들을 보면 여전히 전근대적인 사고방식에서 벗어나지 못하는 출판인들이 많으며, 유체물로서의 책에 대한 소유권과 무체물로서의 창작물에 대한 저작권을 혼동하는 이용자들도 많은 게 현실이기 때문이다. 그런 사람일수록 마음의 귀를 닫은 채 자기주장만 내세움으로써 상담 자체가 어려운 경우를 겪고 나면 솔직히 문화 선진국 입성은 아직 멀었다는 생각이 절로 든다.

한편, 최근엔 대리번역 파문과 함께 유사도서의 문제가 출판업계의 쟁점으로 부상하고 있다. 물론 오래지 않은 과거엔 아예 제목과 내용까지 똑같은 번역물이 번역자와 출판사만 달리해서 버젓이 팔리곤 했다. 원저작물에 대한 저작권 침해문제는 논외로 하더라도 번역상의 오류는 물론 교정상 오류부분까지 똑같은 것으로 보아 번역자가 원저작물을 놓고 새로이 번역했다는 사실을 믿기 어려운 번역물이 당당히 서점을 점령했던 것이다. 이처럼 파렴치한 행위에 대해 이의를 제기하면 해당 출판사는 "그 표현에 있어서 동일 또는 비슷한 부분이 있다고 하더라도 이는 동일한 원작을 번역하는 과정에서 생긴 우연의 일치"라고 항변하곤 했다. 나아가 "그 같은 모방은 출판계의 오랜 관행"이라고 해명한 것이 당시 풍경이었다.

그러나 이미 비슷한 사건에 대해 내린 법원의 판단(서울민사지방법원 합의 제16부 1988. 3. 18. 87카53920 판결, 일명 "꼬마철학자" 사건)을 보더라도 전체적인 문맥의 연결 및 문학성을 고려하여 원문 자체를 상당히 의역함에 따라 원문에는 없는 부분이 첨가되거나 원문의 내용이 삭제된 것, 즉 의역 및 창작 또는 오류 부분까지도 수백 군데에 걸쳐 동일 또는 유사하게 나타난 것은 엄연한 '표절'이라고 할 수밖에 없을 것이다.

사실 내용은 차치하더라도 요즘 서점에 가보면 표지만 봐서는 전혀 차별화되지 않는 비슷한 외형의 책들을 많이 보게 된다. 이른바 판면에 대한 모방으로 일관하는 편집자들의 자세 때문에 생긴 결과일 터이다. 출판권을 스스로 내다 버리는 듯한, 그리하여 서로 출판권을 침해하는 악순환이 '관행'이라는 미명하에 지속되는 동안 독자들은 서서히 다른 미디어가 내미는 유혹의 손짓을 따라 떠나고 있는지도 모를 일이다.

이렇다 보니 필자가 누누이 강조해 온 것처럼 저작권법상 '판면권(版面權, publisher's edition right)' 신설 문제를 생각하지 않을 수 없다. 저작물의 저작자가 출판물에 대해 갖는 저작권과는 별도로 출판물의 '판(edition)'에 대해 출판자 또는 편집자에게 독립된 권리를 인정해야 한다는 것이다. 실제에 있어서 출판물의 판면은 출판사 측의 창의와 비용에 의하여 구성되는 것임에도 불구하고 복제기술의 발달과 급속한 보급에 따라 출판사가 입는 손해의 폭이 점차 커지고 있다. 출판사에서는 원고의 정리, 활자·그림·사진 등의 선택과 배열, 판면의 크기와 레이아웃 등을 포함한 판면의 구성에 창의력과 인력 및 비용의 투입 등 많은 노력을 기울인다. 이처럼 출판물에 있어서 판면의 구성은 편집자의 창의와 노력의 성과임에 분명하므로 이것을 별도의 권리로 인정하여 보호할 필요가 있는 것이다.

하지만 '판면권' 신설에 있어 보다 본질적인 문제는 이 같은 판면 구성에 대한 편집행위의 창의성을 어떻게 증명하느냐에 달려 있다. 저작권법에서 규정하고 있는 "인간의 사상 또는 감정을 표현한 창작물"이라는 저작물로서의 요건을 충족시킬 만한 판면이 얼마나 존재하느냐 하는 것과 함께 모방의 한계를 어디까지 둘 것인가 하는 현실적인 문제에 부딪히게 되면 '판면권'의 획득요건은 매우 미묘해질 수 있기 때문이다. 게다가 독자의 눈에 처음 띄는 책의 얼굴이나 다름없는 표지의 디자인, 그리고 원고내용의 적절한 전달에 알맞은 본문편집에 있어 독창성보다는 유행이나 경쟁제품에 대한 모방으로만 일관하는 것이 현실이라면 판면권에 관한 논의는 공허한 메아리일 뿐이다.

보통 출판 행위는 저작자, 편집자를 포함한 출판자, 그리고 독자가 있음으로써 가능한 것이며, 이 중에서 편집자는 저작자와 독자 사이에서 그들을 연결시켜 주는 지적 전파과정을 담당한다. 따라서 저작자가 일차적인 창조

자라면 출판자는 주로 편집자를 통해 그것을 개성 있는 출판물의 형태로 꾸며서 펴내는 또 다른 창조자인 것이다. 그러므로 출판자는 좋은 내용의 책을 창의적으로 기획하고 개발하여 정성을 다해 펴내야만 제구실을 다하는 것이다.

바로 이러한 출판의 본질을 이해하고 진정 좋은 책 만들기와 독자 중심의 편집관을 갖춘 유능한 편집인들이 철저한 자기검증을 통해 훌륭한 출판인의 후원 아래 창의성을 발휘할 때 저작권법으로 보호되는 판면권은 문화 창달의 또 다른 기폭제로서 제 기능을 수행할 수 있을 것이다. 아무쪼록 새 정부 출범과 더불어 출판인 스스로 모색하는 판면권 신설 노력을 통해 한층 성숙한 출판환경이 마련되기를 기대해 본다.

저작권, 법보다 사람

———

디지털 시대가 발달할수록 그 중요성과 함께 문제점도 커지는 주제가 바로 '저작권'이 아닐까 싶다. 일찍이 여러 석학들이 예견한 대로 모든 가치의 중심이 재화(財貨)에서 지식과 정보로 옮겨가는 요즈음, 저작권의 위력은 가히 폭발적이다. '해리포터'를 창조한 작가는 단숨에 영국 최고의 거부 자리에 올랐는가 하면, 소프트웨어의 황제는 잠깐 밀려났던 세계 최고 갑부의 자리를 탈환했단다. 우리 현대사의 질곡을 문학으로 형상화한 조정래의 대하소설 『태백산맥』이 최근 200쇄를 찍었다는 소식도 따지고 보면 저작권의 위력을 과시한 것이며, 초대형 베스트셀러를 일컫는 말인 '밀리언셀러'도 저작권을 행사한 결과의 표현에 다름 아니다. 인터넷을 점령하고 있는 수많은 콘텐츠 중에 유료 사이트가 점차 늘어나고 있는 추세도 이러한 저작권이 바탕에 자리 잡고 있기 때문일 것이다. 나아가 예전 같으면 무심코 지나쳤을 타인의 자기 저작물 이용행위에 대해 이리저리 따져보는 저작권자들이 늘어남으로써 미덕처럼 여겨졌던 저작권 공유의식이 점차 줄어들고 있음을 실감하게 된다.

저작권법 제1조를 보면 "이 법은 저작자의 권리와 이에 인접하는 권리를 보호하고 저작물의 공정한 이용을 도모함으로써 문화의 향상발전에 이바지함을 목적으로 한다"고 적시하고 있다. 일반적으로 '권리'란 "법에서 인정하는 힘"을 가리킨다. 그런데 이러한 권리는 상대적이어서 행사주체뿐만 아니라 그 대상이 있어야만 성립된다. 저작권의 대상은 당연히 저작물 이용자이며, 그렇다면 "공정한 이용을 도모"하기 위해서라도 일방적인 저작권 행사가 아닌 정당한 절차에 의한 이용자와의 협의 내지 합의가 반드시 필요하다. 그럼에도 법의 사각지대에 놓여 있는 이들의 무지를 틈타 일방적인 권리행사에 나서는 일부 저작권자들의 행태는 비난받아 마땅하다. 그렇다 보니 다양한 법률 서비스를 통해 정당한 권리자의 권익보호에 앞장서야 할 변호사들이 일부 저작권자들의 몰지각함을 등에 업고 아르바이트생까지 동원해서 네티즌들의 저작권 침해사례를 찾아내는 데 혈안이 되고 있는지도 모르겠다. 그리고 일부 법률사무소에서는 무더기로 고소장을 제출한 뒤 고소취하를 미끼로 합의금 지불을 종용한다고 하니 문화의 향상발전 이전에 법조계 눈치 보기부터 해야 할 지경이다.

필자는 결코 저작권을 침해하는 사람들에 대한 자비가 필요하다고 말하는 것이 아니다. 올바른 저작권 의식이 전제되어야 함에도 무조건 '법대로'를 외치는 행태가 못마땅하다는 것이다. 문화의 향상발전을 위해 무엇이 보호받을 만한 가치 있는 저작물이며, 왜 저작권을 보호해야 하는지, 그리고 저작물을 정당하게 이용하는 방법은 어떠한지에 대한 사회적 합의가 필요함에도 제도권 교육은 물론 가정교육에 있어서도 전혀 언급되지 않는 '저작권'을 법으로만 보호한다고 과연 효과가 있을 것인가?

저작권은 당연히 보호해야 한다. 인간의 사상과 감정을 표현한 창작물을 통해 세상을 좀 더 아름답게 가꾸려는 노력이 전승되려면 저작권은 반드시 지켜져야 한다. 그렇기에 최고의 지성을 표방하는 대학가에서 여전히 교재의 불법복제가 성행한다면 이는 문화민족임을 자처하는 우리에게 치명적인 모순이 아닐 수 없다. 인생의 자양분이 되어야 할 고급지식과 정보를 저작권과 출판권을 침해한 불법 복제물로부터 얻는 행위는 곧 건강을 염려하면서도 불량 식품을 통해 영양분을 섭취하는 일이나 다름없기 때문이다. 그런데 법으로만 지켜지는 권리는 곧 한계를 드러내게 마련이고, 그 한계는 또 다른 법으로 극복할 수밖에 없다. 이제라도 '법보다 사람'이라는 인식 아래 저작권보호는 공중도덕을 지키는 일이나 한가지라는 믿음이 널리 퍼져야 한다.

저작물의
공정이용과 공유

공표된 저작물의 인용을 포함해서 저작권이 주어지는 저작물을 저작권자의 허락 없이 제한적으로 이용할 수 있도록 하는 것을 가리켜 공정이용(fair use)이라고 한다. 특히 어떤 창작물이 많은 사람들로부터 인기를 얻게 되면 여러 미디어를 통해 그것이 다루어질 수밖에 없으며, 더 많은 수용자들이 2차적 이용을 원하게 마련이다. 이러한 대중적 요구가 저작권법에 반영됨으로써 여러 나라에서 특정 창작물이 다른 창작물에 부분적이며 제한적으로 이용될 경우 비록 해당 저작권자의 이용허락이 없었더라도 문제 삼지 않는 전통이 뿌리를 내리기 시작한 것이다. 또, 오늘날 극적 표현 효과를 높일 목적으로 유명 작품이나 사건을 연상하게 하거나 그 일부를 가져다 쓰는 방식이 자주 이용되곤 한다. 이를 가리켜 "특정작품의 소재나 작가의 문체를 흉내 내어 익살스럽게 표현하는 수법"이라는 의미에서 패러디(parody)로 분류하곤 한다. 이러한 패러디 방식이 공정이용으로 인정되는 이유는 원저작물이 풍기는 아우라(aura)와 패러디물이 풍기는 그것이 매우 다르기 때문이다.

2008년 10월, 미국 텍사스주립대 저널리즘스쿨 최진봉 교수가 올린 "UCC 배경음악, 퍼다 써도 될까요?"라는 제하의 《오마이뉴스》 기사가 눈길을 끈 적이 있다. 미국 법원이 창작자의 창작물에 대한 저작권은 독점적으로 인정되어야 하지만, 절대적인 권리로까지 인정될 수는 없다는 판결을 내려 저작물 이용에 대한 새로운 논의에 불을 지피고 있다는 내용으로, 이번

판결은 인터넷을 이용한 영상 콘텐츠의 활발한 공유로 콘텐츠 생산자와 이용자의 구분이 명확하지 않은 웹2.0 시대에 저작권에 대한 새로운 개념 정의와 법적·제도적 장치의 마련이 시급함을 일깨워주는 기회가 되었다고 전했다.

특히, 인터넷 이용자들 간에 자신들이 제작한 영상 콘텐츠를 서로 공유하는 이른바 P2P 사이트의 이용이 지속적으로 증가하고 있고, 이러한 P2P 사이트를 통해 공유되고 있는 대부분의 영상 콘텐츠들이 순수 창작물이 아닌 다른 것의 일부를 이용하거나 기존 창작물을 변형한 2차적인 경우가 많아 기존의 저작권에 위배되는 경우가 비일비재하다고 지적했다. 따라서 P2P 사이트를 통해 공유되고 있는 영상 콘텐츠에 대해 저작권의 절대적인 권리를 인정할 경우, 영상 콘텐츠를 올린 대부분의 개인 이용자들이 저작권 침해로 처벌을 받아야 하는 상황에 놓이게 되었다는 것. 인터넷에서 점점 커지고 있는 UCC의 영향력과 급속히 이용자가 증가하고 있는 P2P 사이트의 영향력을 고려할 때, 인터넷을 통해 공유되고 있는 영상 콘텐츠에 대한 저작권 적용의 새로운 기준 마련을 위한 논의가 시작되어야 할 시점에 와 있다는 주장도 곁들였다.

이처럼 저작권의 절대적 권리에 제동을 건 판결을 이끌어낸 주인공은 미국의 평범한 주부 '스테파니 렌즈'(Stephanie Lenz). 2007년 2월 그녀는 자신의 아기가 '프린스'의 "Let's Go Crazy" 음악에 맞추어 춤추는 모습을 가족과 친구들에게 보여주기 위해 홈비디오로 촬영한 후 29초짜리 영상물로 제작, 유튜브에 올렸다. 그로부터 4개월여가 지났을 무렵 유니버설뮤직그룹은 스테파니 렌즈의 영상물이 프린스의 음악을 불법으로 사용함으로써 자신들이 보유한 저작권을 침해했다며 유튜브에 문제의 영상물을 삭제해줄 것을 요구했다. 그리고 유튜브는 이런 요구를 받아들여 스테파니 렌즈의 영상물을 삭제했다. 이런 사실을 뒤늦게 안 스테파니 렌즈는 자신의 아이가 춤추는 모습을 촬영하다가 배경음악으로 같이 녹음된 음악에 대해 저작권 침해라고 것은 과도한 권리주장이라며 법원에 해당 동영상 삭제를 취소해 달라는 취지의 소송을 제기했다. 나아가 자신의 영상물을 삭제하도록 유튜브에

압력을 가한 유니버설뮤직그룹의 행위는 저작물의 공정한 이용을 보장하고 있는 미국 저작권법을 어겼다며 소송의 정당성을 주장했다.

한편, 이 소송의 심리를 맡은 캘리포니아 주의 산호세 지방법원은 스테파니 렌즈가 본인의 영상물에 사용한 음악은 '공정이용'에 해당한다며, 유니버설뮤직은 영상물의 삭제를 요구할 수 없다는 판결을 내렸다. 이 판결은 그동안 절대적인 가치로 여겨져 왔던 저작권 보호를 명분으로 인터넷 이용자들의 공정한 이용까지 제한해서는 안 된다는 의미를 내포하고 있어 온라인상에서의 저작권 보호를 둘러싼 논쟁이 활발해지는 계기가 되었다.

결국 저작권 공유(sharing copyright)는 공정이용이 가능한 공유영역(public domain)을 기본으로 하되 권리자가 스스로 자유이용을 허락함으로써 독점이 배제된 상태를 포함하는 넓은 의미로 볼 수 있을 것이다. 또한 위의 사례에서 볼 수 있는 것처럼 권리자 보호가 과도하면 자칫 이용자의 활용권을 축소하고 결과적으로 공유·개방을 생명으로 하는 인터넷 공간을 위축시킬 수 있다는 점에서 저작권 문제를 단지 권리자 보호정책만으로는 해결할 수 없다는 점도 분명해졌다고 하겠다.

디지털 콘텐츠와
저작권

디지털 환경과 출판권

현행 저작권법에 따르면 '출판권'이란 "저작물을 인쇄 그 밖의 이와 유사한 방법으로 문서 또는 도화로 발행할 수 있는 권리"라고 할 수 있다. 그리고 이러한 출판권을 얻기 위해서는 그 저작물에 대한 복제권 및 배포권을 갖고 있는 사람, 곧 저작재산권자로부터 출판에 따른 저작물 이용허락을 얻어야 한다. 이른바 '계약서'라는 것을 통해 이 같은 내용에 대해 서로 합의하는 과정이 필요한 것이다. 바로 이 계약서에 따라 출판권자의 권리내용이 결정되기 때문에 계약단계에서의 신중한 선택을 강조하지 않을 수 없다.

만일 단순히 종이책을 내는 것에 만족한다면 그다지 신경 쓰지 않아도 될지 모르겠다. 이미 널리 쓰이고 있는 표준계약서 중 한 가지만 선택해서 이용하더라도 큰 문제가 생기지 않을 것이기 때문이다. 하지만 출판된 콘텐츠의 디지털화 등 2차적 사용까지 고려한다면 단순한 '출판계약서'만으로는 한계가 있다. 현행법상 출판권이란 '종이책'만을 펴낼 수 있는 권리에 불과하기 때문이다. 책이 출판된 후 그 내용 중 일부를 각종 사보·잡지·신문·방송 등에 재사용한다거나, 내용 전부를 전자책(e-Book)이나 오디오북 등으로 제작한다거나, 책의 내용을 바탕으로 동영상 강의를 제작한다거나 하는 등 새로운 이용형태에 따른 이용허락이 필요한 경우 그것을 주체적으로 판단할 수 있는 권한까지 확보하려면 기존의 출판계약서만으로는 부족하다는 뜻이다.

특히 전자책이나 오디오북 등의 이용에 있어서는 출판권과 관계가 있는 복제권과 배포권이 아닌 '공중송신권'이 미치기 때문에 주의가 요망된다. 2007년도 전부개정법에서 처음 등장한 공중송신이란 "저작물, 실연·음반·방송 또는 데이터베이스를 공중이 수신하거나 접근하게 할 목적으로 무선 또는 유선통신의 방법에 의하여 송신하거나 이용에 제공하는 것"을 말하며, 기존의 방송과 전송, 그리고 디지털음성송신을 포함하는 개념이다. 기술의 발달, 방송과 통신의 융합 등에 따라 예전과는 전혀 다른 형태의 새로운 저작물 이용형태가 등장하고 있어 저작자 등의 권리보호에 한계를 드러냄에 따라 이를 포괄하는 최상위 개념인 공중송신을 신설함으로써 저작자는 어떠한 형태의 저작물 사용형태가 등장하더라도 확실하게 보호받을 수 있도록 한 것이다.

또한 "공중송신 중 공중의 구성원의 발의에 의하여 개시되는 정보통신망을 통한 디지털 방식의 음성송신(전송 제외)"을 공중송신권의 일종인 디지털음성송신으로 정의하고 있다는 점에도 유의해야 한다. 이는 기존의 음악 웹캐스팅이 방송인지 전송인지 의견이 분분했던 점을 감안하여, 음악(음성)에 한정한 것이기는 하지만 이른바 웹캐스팅을 포함하는 개념으로서 디지털음성송신을 신설했다는 데 의미가 있다. 이처럼 서로 다른 권리 개념에 주의해서 계약해야만 확실한 이용권을 획득할 수 있게 된다는 점에서 계약내용이 중요할 수밖에 없는 것이다.

그렇다면 만일 출판계약서 형식으로만 계약하게 될 경우 책이 출간된 이후에 발생하는 출판 콘텐츠의 2차적 사용에 대해 출판권자는 어떤 권리를 주장할 수 있을까? 결론은 아무것도 주장할 수 없다는 것이다. 이처럼 계약서 그 자체가 중요한 이유는 저작재산권자의 저작물 이용허락을 포함한 기본적 권한 때문이다.

디지털 환경과 저작권 쟁점

2009년 4월 2일 민주당 최문순 전 의원이 대표발의한 '저작권법 일부 개정법률안'이 출판계의 거센 반발에 부닥쳐 결과적으로는 자동 폐기된 바 있다. 한마디로 '정보의 자유로운 공유'를 주장하며 발의했던 이 법률안의 가장 큰 문제점은 저작권 및 정당한 절차를 거쳐 이용권을 획득한 또 다른 권리자들(출판권자 등)을 무력화하는 법률이었다는 점이다. 예컨대, 저작재산권 제한 규정 중 '사적이용을 위한 복제'에서 단서조항을 삭제함으로써 복사기기에 의한 비영리 목적의 복제를 전면적으로 허용한 부분이라든가, '저작물의 공정한 이용' 규정을 신설하여 "저작물의 성질, 저작물의 이용목적과 형태에 비추어 볼 때 공공의 이익에 부합하는 경우"와 "저작물의 이용이 공정한 관행에 합치되고 저작권자에게 부당한 손해를 입히지 아니하는 경우"에는 저작권자의 허락을 받지 않고 그 저작물을 이용할 수 있게 한 조항, '기술적 보호조치의 해제' 규정을 신설하여 "기술적 보호조치를 한 자는 (저작재산권의 제한 규정에 입각해서) 저작물을 이용하려는 자 또는 보호기간이 만료된 저작물 등을 이용하려는 자가 요청하는 경우 정당한 사유가 없는 한 그 이용자를 위하여 기술적 보호조치를 해제하여야 한다"고 적시한 조항 등이 논란을 자초했던 것이다.

한편, 2009년 7월 23일부터 발효되는 개정 저작권법에 따르면 이른바 '삼진아웃 제도'가 명시되어 있어 네티즌들의 원성과 함께 뜨거운 논란의 불씨가 되고 있다. 문제가 되고 있는 조항을 살펴보면 다음과 같다.

▶ 개정 저작권법 제133조의 2(정보통신망을 통한 불법복제물 등의 삭제명령 등)

① 문화체육관광부 장관은 정보통신망을 통하여 저작권이나 그 밖에 이 법에 따라 보호되는 권리를 침해하는 복제물 또는 정보, 기술적 보호조치를 무력하게 하는 프로그램 또는 정보(이하 "불법복제물 등"이라 한다)가 전송되는 경우에 위원회의 심의를 거쳐 대통령령으로 정하는 바에 따라 온라인서비스제공자에게 다음 각호의 조치를 할 것을 명할 수 있다.

1. 불법복제물 등의 복제 · 전송자에 대한 경고

2. 불법복제물 등의 삭제 또는 전송 중단

　② 문화체육관광부 장관은 제1항 제1호에 따른 경고를 3회 이상 받은 복제 · 전송자가 불법복제물 등을 전송한 경우에 위원회의 심의를 거쳐 대통령령으로 정하는 바에 따라 온라인서비스제공자에게 6개월 이내의 기간을 정하여 해당 복제 · 전송자의 계정[온라인서비스제공자가 이용자를 식별 · 관리하기 위하여 사용하는 이용권한 계좌(이메일 전용계정은 제외한다)를 말하며, 해당 온라인서비스제공자가 부여한 다른 계정을 포함한다]을 정지할 것을 명할 수 있다.

일각에서는 문화체육관광부 장관으로부터 불법 복제물의 삭제나 전송 중단 명령을 3회 이상 받은 인터넷 게시판에 대해 저작권위원회의 심의를 거쳐 최대 6개월 동안 이용을 정지시킬 수 있다는 부분을 특히 문제 삼고 있다. 특정 게시판의 저작권 침해가 심하다고 판단될 경우 그 이용을 제한하자는 취지를 담고 있음에도 불구하고, 저작권자의 문제 제기 없이도 정부가 자의적으로 판단해 조치를 취할 수 있다는 점에서 독소조항이라고 주장하는 것이다. 또 개정된 저작권법에 따르면 인터넷 게시판에서 신문기사나 만평 등을 단순히 복제해서 옮기는, 즉 퍼 나르는 것도 불법이 된다. 이 규정 역시 인터넷 여론에 대한 강한 통제의지를 보여 온 현 정부의 성향을 감안할 때, 정권에 대한 비판적인 글이 자주 게재되는 게시판에 대해 정부가 불법 게시물 제재를 빌미로 그 이용을 정지시킬 수 있다는 우려를 내세워 반대하는 네티즌들이 있는 것으로 보인다.

이 밖에도 새로 발효되는 개정 저작권법 시대에 저작물의 디지털화에 따른 저작권법 위반 가능성이 높은 사례를 살펴보면 다음과 같은 경우가 있다.

① 영화나 드라마, 애니메이션의 특정 장면을 캡처한 것을 이용허락 없이 인터넷상에서 사용하는 경우

② 저작권이 존재하는 대중가요 등 노래를 직접 부르는 장면 또는 음악에 맞추어 춤추는 장면을 동영상으로 촬영해서 인터넷상에 올리는 경우

③ 임베디드 링크의 형식으로 뉴스, 영화, 뮤직비디오, 드라마 등을 무단 사용하는 경우(동영상의 출처가 외국 서버인 경우 포함)

④ 특정도서의 내용이나 노래의 가사, 영화나 드라마의 대사 등을 그대로 작성하여 인터넷에 올리는 경우

⑤ 특정 저작물(정기간행물의 기사 등)에 소개된 맛집이나 여행지 정보, 유명 연예인의 사진 등을 무단으로 인터넷에 올리는 경우

⑥ P2P 사이트 또는 웹하드 운영자에게 비용을 지불하고 특정 저작물(저작권이 침해된) 파일을 다운로드하거나 업로드하는 경우

⑦ 특정 포스터, 드라마, 삽화 등을 비독창적으로 패러디하는 경우

⑧ 홈페이지나 블로그, 카페 등에 음악파일을 무단으로 업로드하는 경우 (음원 제공업체에 비용을 지불한 경우에는 스트리밍 서비스 가능)

위의 내용만으로 보면 출판산업과 관련하여 특별히 부딪칠 만한 부분은 없다고 생각할 수 있다. 하지만 질적 · 양적으로 엄청난 콘텐츠의 보고(寶庫)인 출판물이 아날로그 시대의 산물임을 감안할 때 무차별적이고도 무제한적인 복제가 가능한 디지털 시대에도 그 진가를 발휘하기 위해서는 이른바 '원소스 멀티유즈(OSMU)'의 기반을 구축하는 것이 시급한 과제가 아닐 수 없다. 이를 위해 가장 필요한 것이 법과 제도에 기반한 합법성을 갖추는 것이 아닐까 싶다.

출판권과 계약서의 중요성

저작재산권자에게는 자기 저작물의 이용을 허락할 수 있는 권리가 있다. 저작재산권자는 자신의 저작물을 스스로 이용할 수 있을 뿐만 아니라, 경우에 따라서는 다른 사람에게 이용을 허락하고 적당한 대가를 받음으로써 재산적 이익을 추구할 수 있다는 것이다. 그러므로 저작재산권자로부터 허락을 얻지 않고 어떤 방법으로든지 저작물을 이용하는 것은 위법이다. 이때

정당하게 이용허락을 받았다 하더라도 그 이용자가 획득하는 권리의 성질에 주의할 필요가 있다. 저작재산권자가 저작물에 관해 갖는 권리는 배타적 권리, 즉 누구를 상대로 하든지 행사할 수 있는 권리이지만, 이용허락을 받은 사람이 갖는 권리는 이용에 따르는 채권적인 권리라는 점이다. 따라서 저작물의 이용에 대한 배타적 권리를 가진 저작재산권자는 같은 이용방법으로 여러 사람에게 이용허락을 할 수 있으며, 이용자는 이에 대해 이의를 제기할 수 없다.

또, 저작재산권자에게서 이용허락을 얻은 이용자라고 하더라도 허락받은 이용방법 및 조건의 범위 안에서만 그 저작물을 이용할 수 있다. 여기서 "허락받은 이용방법"이란, 복사 · 인쇄 · 녹음 · 녹화 · 공연 · 방송 · 전송, 그리고 전시 또는 디지털음성송신 등과 같은 이용형태는 물론 이용 부수, 이용 횟수, 이용 시간, 이용 장소 등을 포함한 구체적인 이용방법을 모두 뜻하는 것이다. 그리고 "허락받은 조건"이란, 저작물을 이용하는 대가로서 얼마의 금액을 언제까지 지급하기로 한다든가, 별도의 특약을 하는 것 등이라고 할 수 있다. 예를 들어, 어떤 사람이 연극의 상연을 위한 목적으로 어느 저작물에 대한 이용을 허락받았는데 연극이 아닌 책으로 꾸며서 출판의 방법으로 이용했다면 그것 역시 위법이 된다. 또한 저작물을 1년 동안만 이용하기로 계약을 맺었다면 1년이 지난 후에는 이용할 수 없으며, 모든 권리는 다시 원래의 저작권자에게로 복귀된다는 뜻이다.

다음으로, 저작물을 일정한 용도에 의한 이용허락을 얻어서 이용에 관한 정당한 권리를 얻은 사람이라도 저작재산권자의 동의가 없이 제3자에게 이를 양도할 수 없다는 점에 주의해야 한다. 여기서 말하는 '이용자의 권리'란 곧 "허락받은 이용방법과 조건의 범위 안에서 그 저작물을 이용할 수 있는 권리"를 말한다. 예를 들어, 어느 때로부터 3년 동안 출판에 의한 방법으로 저작물을 이용하기로 한 이용자가 1년이 지난 후에 다른 출판업자에게 저작물의 출판에 의한 이용권을 양도할 때에는 반드시 저작재산권자의 허락이 있어야 하며 그렇지 않을 때에는 역시 위법이 된다.

결국 출판계약을 하더라도 해당 저작물에 대한 최초 기획자로서, 그리고 출판을 통한 저작물 홍보의 기여자로서, 무엇보다도 저작물의 가치를 드높인 공로자라는 점에서 출판권자가 저작물의 부가가치 창출에 공헌한 바는 적지 않을 것이다. 이러한 점을 감안할 때 출판 이후의 저작물에 대한 디지털화 등 2차적 사용에 출판권자가 관여할 수 있다고 하더라도 애초의 출판 계약이 그러한 권한을 내포하고 있지 못하다면 더 이상의 권리주장은 무의미한 것이 아닐 수 없다. 처음에는 다소 번거롭더라도 꼼꼼한 계약서 작성이야말로 모든 권리행사의 시발점임을 잊지 말아야 한다는 사실, 백 번 강조해도 지나치지 않을 것이다.

저작물 공정이용의 참뜻

———

더 이상 아이를 부양할 의무도, 반드시 무엇인가를 해야 할 필요도 없는 나이 많은 남자가 있다. 하루하루를 무료하게만 보내던 이 외로운 남자는 어느 날 결심한다. 침대를 사진으로, 책상을 양탄자로, 의자를 시계로, 시계는 사진첩으로 부르기로. 이렇게 주위의 모든 사물을 다른 이름으로 바꿔 부르기로 한 이 남자는 한동안 들뜬 마음으로 새로운 사물들의 이름을 외운다. 시간이 흐르면서 이 남자는 사람들이 쓰는 말을 잊어버리고 결국 주위와 의사소통이 불가능해진다……

문득 페터 빅셀(Peter Bichsel)이 지은 이야기 『책상은 책상이다』를 생각했다. "주위의 모든 사물을 다른 이름으로 바꿔 부르기로 한 어떤 외로운 남자가 자신이 마음대로 정한 언어의 체계 때문에 주위와 의사소통이 불가능해져 결국 세상에서 완전히 고립되고 만다는 서글픈 이야기"를 떠올리며 '책상'이란 단어의 자리에 '저작권'이란 단어를 대입시켜 보았다. 어쩌면 그렇게도 딱 들어맞는지……

전공 특성상 요사이 나는 '저작권'에 대해, 아니 이미 발생한 '저작권 문제'에 대해 물어오는 사람들을 자주 만난다. 대개의 경우 어떻게 하면 저작권 침해 혐의 내지 아리송한 판단에서 벗어날 수 있는지 묻는 것이라고 해야 옳을 듯싶다. 그때마다 나는 거두절미하고 이렇게 말해 준다. "저작권 침해 여부는, 남의 저작물을 베꼈는지는 당사자가 제일 잘 압니다."라고. 그리고 부연할 수 있다면 그동안 저작권 제도가 어떤 모습으로 변해 왔는지 설명하면서 "중요한 건 저작권 그 자체가 아니라 그 속에 담긴 내용의 창작성"임을 강조한다. 그럼에도 우리 문화예술계를 둘러싼 기류를 들여다보면 '권리 만들기' 혹은 '권리 키우기'에만 매달리고 있다는 느낌을 떨칠 수 없다.

그렇다 보니 점점 아날로그 시절에 대한 그리움도 함께 깊어간다. 원본에 대한 아우라(aura: 예술작품에서 흉내 낼 수 없는 고고한 분위기)가 이른바 '짝퉁'의 틈바구니에서 실종된 지 오래다 보니 디지털 세상이 빚어내는 인조미인의 미끈한 몸매보다는 울퉁불퉁할망정 정감 넘치는 할머니 살결이 그리워지곤 한다. 클릭 한 번이면 득달같이 전 세계로 퍼져 가는 인터넷 메일보다는 우체부의 손때 묻은 편지가 더 매혹적인 송신수단이라는 생각은 이제 기성세대의 전유물로 전락하고 만 것일까?

이처럼 디지털 기술은 눈부시게 진보하는 반면 우리 의식은 여전히 무단복제 시대를 벗어나지 못하고 있다는 점에서 저작권 보호의 당위성을 누구든지 이해하고 실천할 수 있는 사회적 분위기 조성이 시급하다. 초등학교에서부터 저작권 보호를 생활화할 수 있어야 하며, 정당하고도 공정한 인용의 방식을 가르쳐야 한다. 아울러 온라인상에서의 예절에 입각하여 저작권을 존중하는 풍토가 누리꾼들 사이에 정착되어야 한다. 또, 국가나 지방자치단체 차원에서 지식과 정보를 기록·보존하고 누구든지 쉽게 접근할 수 있도록 체계화하려는 노력이 뒤따라야 한다. 이미 저작권 보호기간이 만료된 저작물들을 바탕으로 자칫 묻혀버릴 수 있는 유용한 지식을 발굴하고 보존함으로써 이용자들이 쉽게 정보를 검색하고 접근할 수 있도록 도울 필요가 있는 것이다.

나아가 저작권자들 또한 이용자 편의 증진을 위해 노력해야 한다. 그중 하나의 방법이 바로 CCL(Creative Commons License)이 아닐까 싶다. 곧 저작권자들이 적극 자기 권리에 대한 구체적 판단을 해줌으로써 이용자들이 쉽게 접근할 수 있도록 배려해야 한다는 뜻이다. 오늘날과 같은 저작권 법제에서는 별다른 표시가 없는 한 저작권이 주어지는 저작물로 추정되기 때문에 이용자들에게 자신이 창작한 저작물을 어떤 방식으로 이용할 수 있는지 적극 알릴 필요가 있다. 다만, 아무런 조건 없이 자기 저작물에 대한 저작권을 포기하게 되면 악의적인 이용사례가 나타날 수 있으므로 주의해야 한다. 그러므로 자신의 저작물을 다른 사람이 일정한 조건에 따라 이용하는 것을 손쉽게 해주는 동시에 자신의 뜻이 왜곡되지 않도록 하기 위해 다양한 라이선스 표시 방식을 연구할 필요가 있다.

이쯤에서 요사이 우리 사회를 지배하고 있는 디지털 세상에 대한 환상과 관련하여 "과연 그럴까?"라는 의문으로 돌아가 보자. 인간 그 자체는 분명히 아날로그요, 사상과 감정 또한 아날로그에 가깝다. 그것을 제어하거나 통제하는 능력에 있어서 정형화된 디지털은 범접할 여지가 없다. 기술은 어디까지나 인간생활의 수단으로 기능해야 하며, 그것이 인간의 우위에 자리 잡는 날 인간성은 말살될 것이기 때문이다. 한 권의 책 속에 담긴 내용이 인간 내면의 사상이요 감정일진데, 그것을 판독하는 장치가 디지털화한다고 해서 무엇이 크게 달라질 것인가. 인공심장을 달았다고 해서 그가 로봇이 될 수는 없는 노릇이다. 마찬가지로 책이 디지털화한다고 해서 그 내용까지 기술종속적일 수는 없는 노릇이다. 거듭 생각건대, 책상은 책상이듯이 저작권은 저작권이다.

신탁관리단체 불공정 약관의 문제점과 개선방안

저작권위탁관리의 개념과 유형별 특성

저작권은 저작권자 자신에 의해 직접 관리되는 것이 가장 이상적이다. 그러나 매우 빠른 속도로 늘어나고 있는 다양한 저작물과 그것을 이용하려는 사람들의 폭발적인 증가에 따라 적절한 저작물 또는 이용자를 선별하기가 사실상 어려워지는 추세에 있다. 우선 저작권자 측면에서 보면, 저작권에 관한 전문지식이 부족하여 자신의 권리를 적절히 행사하지 못하는 경우가 많고, 누군가에 의해 자신의 저작물이 이용되고 있는지 파악하기 어려우며, 따라서 저작물에 대한 권리자의 직접적인 관리가 거의 불가능한 경우가 많다. 또한 이용자 측면에서 보면, 이용허락을 얻기 위해 저작권자와 개별적으로 접촉하는 일이 쉽지 않은 경우가 많고, 허락을 받아내는 절차에 있어서도 전문지식이 부족한 경우에는 어려움이 클 수밖에 없다. 특히 그것이 국제적인 경우 어려움이 훨씬 더 커지는 것이 현실적인 문제라고 할 수 있다.

따라서 저작권에 관한 전문적인 지식과 계약관계의 절차 등에 관한 이해를 갖춘 개인이나 단체가 저작권을 집중적으로 관리할 수 있도록 함으로써 저작권자가 그 저작물을 특정의 단체에 관리를 위탁함으로써 저작물의 이용에 따른 수익을 얻게 함은 물론 이용자 역시 이용하고자 하는 저작물에 대한 정보를 입수하거나 선별하기 쉽고, 계약에 있어서도 모든 면에서 편리를 추구할 수 있도록 하는 것은 합리적인 방법이 될 수 있다. 아울러 저작물의 국제적인 교류에 있어서도 각국의 저작권관리단체끼리 협의함으로써 개인 간의 교류에서 파생되는 문제점들을 극복할 수 있다는 이점도 있다.

이러한 저작권위탁관리업, 즉 대리·중개·신탁의 내용은 다음과 같다.

① '대리(代理)'란 권리자인 본인을 대신한 다른 사람(대리인)이 저작물의 이용허락 등의 법률행위를 수행하고 그 법률행위의 효과는 본인에게 귀속되는 것. 법률행위는 다른 사람이 하지만 그에 따른 효과는 권리자에게 귀속되므로 대리인에게는 아무런 직접적 권리가 주어지지 않는 다.

② '중개(仲介)'란 권리자와 저작물 이용자 사이에 저작물의 이용에 관한 계약이 성립되도록 노력하는 사실행위를 업무로 하는 것. 예컨대, 부동산이나 상품 판매에 있어서의 주선(周旋) 또는 거간(居間) 등의 중개업무와 같은 것이다. 이는 권리자를 위한 행위이기는 하지만 권리자를 대리하여 법률행위를 하는 것이 아니므로 앞의 대리와 다르며, 처음부터 자기 명의로 계약을 체결하는 것이 아니므로 신탁과도 다르다.

③ '신탁(信託)'에 의한 저작권위탁관리란 신탁업무를 설정하는 자인 저작권자(위탁자)와 그러한 신탁을 인수하는 자(저작권위탁관리업자인 수탁자)가 서로의 신뢰를 바탕으로 위탁자가 저작재산권 등을 수탁자에게 이전하거나 기타의 처분을 하고, 수탁자는 위탁자의 이익을 위해 그 재산권을 관리하거나 처분할 수 있도록 하는 것을 말한다.

따라서 신탁업무를 수행하는 수탁자는 권리자인 위탁자의 수익을 고려해서 저작물을 관리할 의무를 부담하며, 관리의 결과로 생기는 이익이나 손실은 위탁자인 저작권자에게 귀속하므로 대리나 중개업무와는 확실히 구별되나 결과적으로는 신탁에 의한 관리를 해주고 그에 대한 일정액의 수수료를 받을 수 있을 뿐이다. 그러므로 신탁의 방법으로 위임된 권리는 법률상으로는 수탁자인 위탁관리업자에게 속하지만 경제적인 면에서는 위탁자인 저작권자에게 속한다.

저작권신탁관리업의 개념과 문제점

현행 저작권법 제2조 '정의' 규정에 따르면 '저작권신탁관리업'이란 "저작재산권자, 출판권자, 저작인접권자 또는 데이터베이스제작자의 권리를 가진 자를 위하여 그 권리를 신탁 받아 이를 지속적으로 관리하는 업을 말하며, 저작물 등의 이용과 관련하여 포괄적으로 대리하는 경우를 포함"하는 개념이다.

저작권법에서는 저작권 위탁관리업 중에서 저작권 대리중개업은 신고만으로도 할 수 있도록 하는 반면에 저작권 신탁관리업은 문화관광부(현 문화체육관광부) 장관의 허가를 받도록 하고 있다. 또한 신탁업무와 관련된 각종 규정들에 대해 승인을 받도록 하는 등 진입 및 사업규제가 까다로운 편이다. 나아가 일저작물 일권리단체(一著作物一權利團體)의 원칙에 따라 설립허가를 해주기 때문에 신탁관리업은 사실상 독점 구조를 형성하고 있다.

〈표〉에서 보는 것과 같이 2011년 현재 12개 신탁관리단체가 한국저작권위원회에 등록되어 있다. 이들은 이용자 단체들과 저작권 협상을 진행하는 한편, 디지털 미디어의 확대에 따라 콘텐츠 사용의 영역이 넓어지면서 그 역할과 위상이 더욱 부각될 것으로 전망된다.

| 표 | 저작권 신탁관리단체 현황 및 주요 관리 대상

단체명	주요 관리대상
한국음악저작권협회	음악저작물의 공연권, 방송권, 복제권, 전송권
한국음원제작자협회	온라인상 음반 콘텐츠 저작권
한국방송작가협회	각본의 방송권, 복제권, 배포권, 전송권, 2차 저작물 관리
한국문예학술저작권협회	어문저작물 복제권, 배포권, 전송권, 2차 저작물 방송권
한국시나리오작가협회	영화 등 시나리오 저작권
한국예술실연자단체연합회	예술 실연자들의 저작권인접권
한국방송실연자협회	탤런트, 성우 등 실연자의 저작인접권
한국영화제작가협회	영화 콘텐츠 복제, 전송권
한국영상산업협회	영화 콘텐츠 비디오, DVD 등의 공연권
한국복사전송권관리센터	복사 전송권
한국문화콘텐츠진흥원	공공 디지털문화콘텐츠 저작권
한국언론재단	뉴스저작물의 온라인상 복제·전송권

출처: 한국저작권위원회(2010)

그러나 저작권 신탁관리단체들은 그들이 가지는 독점적·우월적 지위를 이용하여 합리적인 이유 없이 저작권 등 권리의 처리나 이용허락을 거부하거나, 저작권자 등의 권리자나 저작물 이용자 등을 차별하거나, 저작권자의 뜻과 무관하게 권리를 남용하는 등의 부당한 사례가 많다는 점이 지속적으로 거론되면서 이를 개선해야 한다는 의견이 대두되고 있다. 특히 법학계에서는 확대된 저작권 집중관리제도(Extended Collective Licence: ECL)를 대안으로 제시하고 있다. 곧 집중관리단체의 회원이 아닌 권리자들의 특정 저작물에 대해서도 이용허락을 할 수 있도록 이용허락계약을 확대하자는 것이다. 아울러 이러한 문제점을 개선하기 위해 2009년에는 개선된 내용의 저작권권리사업법안이 국회에서 발의된 바 있으며, 학계에서는 법논리적 분석을 통해 저작권 집중관리제도의 개선을 주장하고 있는 중이다. 정부 차원에서는 저작권관리제도를 개선하기 위한 방안으로서 문화체육관광부와 한국저작권위원회가 2010년 12월에 저작권 찾기 사이트(www.right4me.or.kr)를 개설하기도 했다. 그러나 이러한 조치들은 저작권자의 권리보호 차원에서 이루어진 것이며 저작물 이용자 입장에서 신탁관리단체에 대해 가지는 불만요인이나 문제점을 개선하기 위한 것은 아니라는 점에서 논란의 불씨는 여전히 남아있다.

한편, 최근에는 어문저작물의 대표적인 신탁관리단체인 한국문예학술저작권협회가 저작권자들의 뜻과 관계없이 신탁업무를 처리하는 바람에 논란을 불러일으키고 있다. 어느 출판사에서 출간한 60권짜리 '창작동화전집' 중에 이미 다른 출판사에서 펴내 시판 중인 책 41권이 포함됨으로써 출판계에 큰 충격을 주는 사건이 발생했는데, 그 배경에 신탁관리단체가 있었던 것이다. 이 출판사는 2009년 11월에 한국문예학술저작권협회를 통해 저작권 이용허락계약을 맺고 2010년 10월에 전집을 출간했지만, 정작 신탁관리단체는 이런 사실을 저자들에게 통보하지 않음으로써 결과적으로는 중복출판을 야기하고 말았던 것. 그럼에도 한국문예학술저작권협회 약관에 따르면 "위탁자는 현재 소유하고 있는 저작권 및 장차 취득하는 저작권을 저작권신탁계약서에 규정한 바에 따라 수탁자에게 신탁하고, 수탁자는 위탁자를 위하여 이를 관리하고 이로 인하여 얻어진 저작물 사용료 등을 위탁자에게 분배한다."고 되어 있기 때문에 별문제가 없다는 것이 협회의 주장이다. 곧 전집을 낸 출판사는 위법이 아니며 오히려 저작권자는 신탁관리단체의 허락 없이 개별적으로 출판계약을 할 수 없기 때문에 전집에 포함된 작품을 이전에 출판한 출판사들이 불법행위를 한 것으로 해석된다.

결국 한국문예학술저작권협회가 신탁계약을 언제 체결했느냐에 관계없이 과거와 현재, 그리고 미래의 저작재산권을 포괄적으로 신탁한다는 규정을 고치지 않는 한 이 같은 사태는 계속 일어날 수밖에 없다. 나아가 저작권자가 자기 의지에 따라 부분 신탁을 하거나, 복수의 신탁관리단체를 허가함으로써 저작권자의 이익을 중심에 두고 합리적인 경쟁이 이루어지는 방향으로 정책적인 배려가 이루어져야 한다.

저작권법상 신탁관리단체의 의무조항과 그 시사점

현행저작권법 제106조에서는 저작권신탁관리업자의 의무에 대해 규정하고 있다. 이는 2007년 전부개정법에서 신설된 것으로, 종전에는 허가를 통해 상당한 특혜를 받아왔음에도 저작권신탁관리업체에는 이에 상응하는 의무가 주어지지 않다 보니 신탁관리단체만 믿고 저작물을 이용하다 본의 아니게 저작권을 침해하는 이용자가 등장하는 등 문제점이 발생하는 바람에 생긴 조항이다.

먼저 저작권신탁관리업자에게 자신이 관리하고 있는 저작물 등의 목록을 작성하여 적어도 영업시간 내에는 누구든지 열람할 수 있도록 해야 한다는 의무사항을 명시함으로써 이용자 보호는 물론 원활한 저작물 유통을 꾀하도록 유도하고 있다. 여기서 말하는 관리 저작물 등의 목록에는 다음 사항이 포함되어야 한다.

① 저작물 등의 제호

② 저작자, 실연자 · 음반제작자 또는 방송사업자, 데이터베이스제작자의
성명 등

③ 창작 또는 공표 년도, 실연 또는 고정(固定) 년도, 제작 년도

또한 저작권신탁관리업자는 이용자가 서면으로 요청하는 경우에는 정당한 사유가 없는 한 관리하는 저작물 등의 이용계약을 체결하는 데 필요한 정보를 서면으로 제공하도록 규정함으로써 권리행사와 대등한 의무를 부과하고 있다. 이때 '필요한 정보'란 다음을 가리킨다.

① 저작물 등의 목록

② 해당 저작물 등의 저작재산권자 등과의 신탁계약기간

③ 사용료 등 이용조건 및 표준계약서

만일 신탁관리업자가 이 같은 의무사항을 지키지 않는다면 1천만 원 이하의 과태료 처분을 받을 수 있다. 따라서 신탁계약을 맺은 경우 저작권자들은 자기 권리를 방치해 둘 것이 아니라 수시로 신탁관리 상태를 점검하는 한편, 불공정 계약조항에 대한 개선 노력을 기울여야 한다. 그렇지 않을 경우 오직 수수료 등 이익 챙기기에만 급급한, 업계 관행 및 시장질서를 무시하는 신탁관리단체의 횡포는 절대 사라지지 않을 것이기 때문이다. 아울러 이참에 자격요건만 갖춘다면 누구든지 신탁관리단체가 될 수 있도록 문호를 개방하는 것도 좋은 방법이 아닐까 싶다. 말 그대로 '믿고 맡기는' 신탁의 원칙이 제대로 지켜지기를 바란다.

저작권의 오용과
남용을 경계한다

———

사례 하나. 서울남부지방법원 민사 제12부(재판장 김종근 판사)는 2010년 2월 18일 가수 손담비 씨의 '미쳤어'를 따라 부른 어린이 동영상을 삭제한 엔에치엔주식회사(네이버)와 삭제를 요구한 한국음악저작권협회에 대해 저작권법상 공정이용과 표현의 자유를 침해했다며 UCC 제작자 우 모 씨가 제기한 손해배상 소송에서 저작권을 침해하지 않았음을 확인하면서 원고 일부승소 판결했다.

사례 둘. 모 일간지의 인터넷신문 운영사(닷컴사)에서는 신간도서에 대한 서평기사를 무단으로 홈페이지에 게시한 출판사들을 상대로 거액의 손해배상을 요구함으로써 파문을 불러일으키고 있다.

사례 셋. 학과 및 개인 홈페이지를 만들면서 무심코 가져다 쓴 사진 이미지가 자기네 저작권을 침해했다며 거액의 배상금을 요구하는 에이전시와 법률사무소 때문에 전전긍긍하는 대학교수들이 늘어나고 있다.

첫 번째 사례에서는 저작권 남용에 대한 법원의 엄정한 판단이 잘 드러나 있으며, 두 번째 사례는 보도자료 등 취재거리를 제공한 공동저작자로서의 취재원의 노력을 외면하는 등 저작권의 오용이 얼마나 심각한지 잘 보여주고 있다면, 세 번째는 창작에 대한 예우를 기본정신으로 하는 저작권의 본질을 망각한 일부 권리자들의 횡포가 어디까지 이르렀는지 잘 보여주는 일이 아닐 수 없다.

최근 필자가 펴낸 졸저 『저널리즘과 저작권』 서문에도 쓴 바 있지만, '저작권'에 대해 생각할 때마다 "거인의 어깨 위에 선 난쟁이"(Dwarfs standing on the shoulders of giants)라는 말이 떠오른다. 근대 이론과학의 선구자 '아이작 뉴턴'(Isaac Newton)이 "내가 이 세상을 멀리 볼 수 있는 것은 거인의 어깨 위에 올라서 있기 때문이다."(If I have seen further, it is by standing on the shoulders of Giants.)라고 했다는 데서 유래한 것으로 알려져 있는 말이다. 하지만 이 말은 원래 중세 프랑스의 스콜라 철학자 '사르트르의 베르나르'(Bernard de Chartres)가 지인에게 보낸 편지의 다음과 같은 표현에서 먼저 등장한다.

우리는 거인의 어깨 위에 선 난쟁이다. 따라서 그들보다 더 많이 그리고 더 먼 곳에 있는 것까지 볼 수 있지만, 이는 우리의 시야가 더 예리하거나 신체적으로 뛰어나기 때문이 아니라 거인들이 그들의 키만큼 우리를 높이 올려 주었기 때문이다.

이러한 신념을 바탕으로 베르나르는 고전(古典)을 높이 평가하고, 우리가 옛사람보다 더 멀리 볼 수 있는 것은 고전 위에 서 있기 때문이라고 가르쳤다고 한다. 곧 앞서 창작 행위를 한 선배 저작자들이 난쟁이에 불과한 후배들을 거인보다 더 멀리 볼 수 있는 존재로 향상시켜 준 것이라는 진리를 사람들은 12세기에 이미 깨닫고 있었던 셈이다.

그런데 요즈음 난쟁이들이 벌이는 알량한 권리행사 때문에 거인들에 대한 예우는커녕 저작권의 본질마저 흔들리고 있다면 과장된 표현일까. 인터넷이라는 거대한 가상의 바다 위에 떡밥처럼 사진이나 그림 등 이미지를 뿌려놓고, 무심코 이를 가져다 쓰는 사람들을 '저작권 침해사범'으로 몰아 합의금을 뜯어내는, 치사한 권리자들이 늘어나고 있으니 말이다.

거듭 살피건대, 저작권은 반드시 보호되어야 마땅한 덕목이다. 하지만 그에 따르는 관용과 배려 또한 권리를 보다 성숙시키는 주요 덕목이 아닐 수 없다. 그럼에도 최근 우리 출판계 내부에서 저작권자의 무리한 요구에 의해 홍역처럼 번지는 위기의식은 자칫 '저작권 무용론'으로 치달을 가능성마저 느껴질 정도로 지나친 것이 아닐까 싶다.

그렇다면 이처럼 어처구니없는 권리자들의 행태에 대처하려면 어떻게 해야 할까. 현행 저작권법에서는 민사상의 각종 구제제도와 함께 저작권 및 그 밖의 저작권법에 의해 보호되는 권리를 침해한 자와 저작권법의 규정에 위반한 자, 저작권법에 규정한 권리에 준하는 법익으로 특별히 규정한 것을 침해한 자 등에 대한 형사상 처벌에 대해 규정하고 있다. 저작권법에서 다루고 있는 벌칙의 내용은 권리의 침해죄, 부정발행 등의 죄, 출처 명시 위반의 죄 등, 몰수, 양벌규정, 과태료 등으로 나눌 수 있으며, 최고 5년 이하의 징역과 5천만 원 이하의 벌금형을 병과할 수 있으며, 경우에 따라서는 3천만 원 이하의 과태료에 처할 수 있음을 명시하고 있다.

물론 저작재산권의 제한규정에 따라 자유이용이 허용되는 경우나 저작권의 보호기간이 끝난 경우, 상속인이 없거나 법인이 해산된 경우 또는 저작권의 포기 등으로 권리가 소멸된 경우, 그리고 법정허락에 의한 경우 등에는 저작권자의 허락이 없었다고 할지라도 법률상 위법이라고 할 수 없어 권리침해로 인한 형사처벌 문제가 생기지 않는다.

아울러 손해배상청구권의 발생 요건을 살펴보면 다음과 같이 다섯 가지로 나눌 수 있다.

① 침해행위 당시에 피해자에게 저작권이 존재할 것
② 가해자의 고의 또는 과실이 있을 것
③ 권리침해에 따른 위법성이 있을 것
④ 권리침해로 인한 손해가 발생했을 것
⑤ 권리침해와 손해발생 사이에 인과관계가 있고, 이를 피해자 측이 입증할 수 있을 것

이러한 요건이 충족된 다음에 가해자의 침해행위와 상당한 인과관계가 있는 손해를 기준으로 손해배상의 범위가 산정되는 것이다. 아울러 '손해액'과 관련해서 법원은 손해가 발생한 사실은 인정되지만 구체적인 손해액을 산정하기 어려운 때에는 변론의 취지 및 증거조사의 결과를 참작하여 상당한 손해액을 인정할 수 있다. 따라서 부당한 권리자들의 요구에 속수무책으로 당할 것이 아니라 논리적으로 대처할 필요가 있다. 우선 해당 저작물의 창작성을 따져봐야 하며(창작성이 인정되지 않는다면 보호할 필요가 없으므로), 만일 권리를 침해했다 하더라도 그 손해의 범위가 입증되고 있는지 살펴볼 필요가 있다.

저작권을 둘러싸고 각각 수만 건의 형사고소와 손해배상청구소송이 제기되고 있는 요즈음, 아무리 저작권 침해가 일어났다 해도 막무가내식으로 거액을 요구하는 일부 저작권자들의 행태는 곧 자기 권리에 대한 과신이자 오용 또는 남용의 여지가 높다. 업계 관행을 고려해서 협의에 따라 합리적인 배상액을 요구하려는 노력이 아쉽다. 이용자들 또한 언제 어디서든지 저작권이 잠재되어 있다는 점을 명심하고, 매사에 신중하되 남의 저작물을 가져다 쓸 때에는 기본적으로 출처를 명시하려는 노력과 함께 이용허락을 얻으려는 노력을 기울여야 한다. 창작행위에 대한 예의를 갖추려는 이용자가 늘어날수록 분쟁의 여지 또한 줄어들 것이기 때문이다.

시사보도의 창작성에 대한
판단 기준

———

현행 저작권법에서는 '보호받지 못하는 저작물'로서 '사실의 전달에 불과한 시사보도'를 들고 있다. 곧 이러한 시사보도는 저작권이 주어지지 않기 때문에 누구든지 마음대로 이용할 수 있다는 뜻이다. 하지만 실제로는 수많은 시사보도 중에 어떤 것이 '사실의 전달에 불과한' 것인지 가려내기란 쉽지가 않다.

여기서는 어느 지방신문사의 편집국장이 연합뉴스사의 기사 및 사진을 복제하여 신문에 게재한 사안에서, 복제한 기사 및 사진 중 단순한 사실의 전달에 불과한 시사보도의 정도를 넘어선 것만을 가려내어 저작권법상 복제권 침해행위의 죄책을 인정해야 한다고 한 사례(대법원 2006. 9. 14. 선고 2004도5350 판결)에 대해 살펴보기로 한다.

먼저 이 사건에서 대법원은 저작권법에서 '보호받지 못하는 저작물'로서 '사실의 전달에 불과한 시사보도'를 열거한 취지에 대해, "이는 원래 저작권법의 보호대상이 되는 것은 외부로 표현된 창작적인 표현 형식일 뿐 그 표현의 내용이 된 사상이나 사실 자체가 아니고, 시사보도는 여러 가지 정보를 정확하고 신속하게 전달하기 위해 간결하고 정형적인 표현을 사용하는 것이 보통이어서 창작적인 요소가 개입될 여지가 적다는 점 등을 고려하여, 독창적이고 개성 있는 표현 수준에 이르지 않고 단순히 '사실의 전달에 불과한 시사보도'의 정도에 그친 것은 저작권법에 의한 보호대상에서 제외한 것"이라고 판시하고 있다.

이 사건의 피고인은 포항시 소재 신문사의 편집국장인데, 2002년 7월 29일경 피해자 연합뉴스의 기자가 송고한 기사를 피해자의 사전 허락 없이 같은 달 30일 자신이 만드는 신문에 전재하였다. 이후에도 피고인은 2003년 1월 24일경까지 모두 5회에 걸쳐 기사와 사진을 피해자의 사전 허락이 없이 전재했다고 한다. 이에 대해 법원은 피고인의 저작권 침해를 인정했고(대구지방법원 2004.7.30. 선고, 2004노1396 판결), 2심 법원도 이를 인용하였다.

그러나 대법원은 원심판결을 파기 환송한다. 그러면서 이 사건 피해자의 기사와 사진을 "단순한 사실의 전달에 불과한 시사보도의 수준을 넘어선 것"과 "정치계나 경제계의 동향, 연예·스포츠 소식을 비롯하여 각종 사건이나 사고, 수사나 재판 상황, 판결내용, 기상 정보 등 여러 가지 사실이나 정보들을 언론매체의 정형적이고 간결한 문체와 표현 형식을 통하여 있는 그대로 전달한 것"으로 구분하였다. 그리고 피고인의 신문사가 전재한 피해자의 기사와 사진 중 전자에 해당하는 것도 일부 있으나 상당수는 후자에 포함되므로, 원심은 후자에 해당하는 것만 가려내어 저작권 침해죄를 인정했어야 하는데, 이를 구분하지 않고 모두 복제권 침해행위의 죄책을 인정함으로써 저작물의 범위에 대한 법리를 오해하였거나 심리를 다하지 않은 위법을 범했다고 판시한다.

대법원에 의해 원심이 파기 환송된 후 검사는 대법원의 판단을 존중하여 공소장을 변경하였다. 그리하여 법원은 다시 정리된 피해자의 기사와 사진은 "단순히 사실을 전달하는 데 그치지 않고, 기사의 내용이 사실을 기초로 한 작성자의 비판, 예상, 전망 등이 표현되어 있고, 그 길이와 내용에 비추어 보더라도 이를 작성한 기자가 그 수집한 소재를 선택하고 배열하여 표현할 수 있는 다양한 방법 중 자신의 일정한 관점과 판단기준에 근거하여 소재를 선택하고, 이를 배열한 후 독자의 이해를 돕기 위한 어투, 어휘를 선택하여 표현함으로써 작성자의 개성이 드러났으므로"(대구지방법원 2006. 12. 28. 선고 2006노2877 판결) 저작권법의 보호대상이라고 판단하였다.

이 사건에서 대법원의 판결과 환송판결의 의미는 각각 '사실의 전달에 불과한 시사보도'와 '저작권법의 보호 대상인 시사보도'의 정의 또는 판단기준을 제시했다는 점에 있다. 즉, 대법원에 따르면 "정치계나 경제계의 동향, 연예·스포츠 소식을 비롯하여 각종 사건이나 사고, 수사나 재판 상황, 판결 내용, 기상 정보 등 여러 가지 사실이나 정보들을 언론매체의 정형적이고 간결한 문체와 표현 형식을 통해 있는 그대로 전달한 것"은 '사실의 전달에 불과한 시사보도'로서 저작권법의 보호대상에서 제외된다는 것으로 해석된다.

반면 환송판결은 '저작권법의 보호대상인 시사보도'를 판단할 때의 고려사항으로서 "작성자의 비판, 예상, 전망 등이 표현되어 있는지의 여부"와 "소재의 선택·배열·표현을 위한 다양한 방법의 하나를 선택함에 있어서 작성자의 관점과 판단기준에 근거하여 소재를 선택·배열하였는지의 여부", "독자의 이해를 돕기 위한 어투와 어휘를 선택하여 표현한 것으로부터 저작자의 개성이 나타났는지의 여부"를 제시하고 있다.

결국, 어떤 저작물의 저작권을 인정하는 가장 기본적인 기준은 창작성에 있다. 아울러 저작물 작성자의 권리 못지않게 공공적인 이익도 무시할 수 없기 때문에 저작권법은 공익적 차원에서 보호받지 못하는 저작물의 유형을 예시하고 있는 것이다. 따라서 특별한 창작성보다는 광범위하면서도 신속하게 일반 국민들로 하여금 알게 할 목적으로 신문이나 방송 등의 대중매체에 싣는 단순한 시사보도에 대해서는 저작권을 인정하지 않는다고 규정하고 있는 것이다. 국민들의 일상 속에서 일어나는 사실들을 단순히 전달하는 것에 불과한 경우에는 저작권 보호의 기준이 되는 창작성 자체가 결여되어 있다는 판단도 함께 작용한 것으로 보인다.

그러므로 언론인뿐만 아니라 일반 독자들도 대중매체에 실린 저작물이 단순한 사실의 전달이 아닌 칼럼이나 사설, 또는 분석기사나 해설기사, 그리고 각종 문예물이나 그림, 만화, 도표 또는 투고(投稿) 등과 같이 기자 또는 개인의 견해가 창작적으로 표현된 저작물이라면 당연히 보호의 대상이 된다는 점을 잊지 말아야 하겠다.

배타적발행권과 출판권은
어떻게 다른가?

배타적발행권의 신설

지난 2011년 12월 개정 저작권법 제57조에서는 '배타적발행권의 설정'이라고 하여 기존의 '출판권'과는 별도로 "저작물을 발행하거나 복제·전송할 권리를 가진 자는 그 저작물을 발행 등에 이용하고자 하는 자에 대하여 배타적 권리를 설정할 수 있다."고 규정하고 있다. 아울러 "저작재산권자는 그 저작물에 대하여 발행 등의 방법 및 조건이 중첩되지 않는 범위 내에서 새로운 배타적발행권을 설정할 수 있다.", "배타적발행권을 설정받은 자는 그 설정행위에서 정하는 바에 따라 그 배타적발행권의 목적인 저작물을 발행 등의 방법으로 이용할 권리를 가진다.", "저작재산권자는 그 저작물의 복제권·배포권·전송권을 목적으로 하는 질권이 설정되어 있는 경우에는 그 질권자의 허락이 있어야 배타적발행권을 설정할 수 있다."고 규정하고 있다.

아울러 제58조에서는 다음과 같이 배타적발행권자의 의무를 규정하고 있다.

① 배타적발행권자는 그 설정행위에 특약이 없는 때에는 배타적발행권의 목적인 저작물을 복제하는 데 필요한 원고 또는 이에 상당하는 물건을 받은 날부터 9월 이내에 이를 발행 등의 방법으로 이용하여야 한다.

② 배타적발행권자는 그 설정행위에 특약이 없는 때에는 관행에 따라 그

저작물을 계속하여 발행 등의 방법으로 이용하여야 한다.

③ 배타적발행권자는 특약이 없는 때에는 각 복제물에 대통령령이 정하는 바에 따라 저작재산권자의 표지를 하여야 한다.

한편, 배타적발행권자가 배타적발행권의 목적인 저작물을 발행 등의 방법으로 다시 이용하는 경우에 저작자는 정당한 범위 안에서 그 저작물의 내용을 수정하거나 증감할 수 있으며, 특약이 없는 때에는 그때마다 미리 저작자에게 그 사실을 알려야 한다. 또 배타적발행권은 그 설정행위에 특약이 없는 때에는 맨 처음 발행 등을 한 날로부터 3년간 존속한다. 다만, 저작물의 영상화를 위하여 배타적발행권을 설정하는 경우에는 5년으로 한다. 또 저작재산권자는 배타적발행권 존속 기간에 그 배타적발행권의 목적인 저작물의 저작자가 사망한 때에는 저작자를 위하여 저작물을 전집 그 밖의 편집물에 수록하거나 전집 그 밖의 편집물의 일부인 저작물을 분리하여 이를 따로 발행 등의 방법으로 이용할 수 있다.

눈 밝은 독자라면 이미 짐작했겠지만, 단어만 배타적발행권이라고 했을 뿐 기존의 '출판권' 관련조항과 똑같은 내용이다. 그 밖의 내용 또한 같다.

출판권은 기존 그대로 유효한 개념

저작권법에서는 '배타적 발행권'과는 별도로 '출판권'에 대해 규정하고 있는데, 이는 "저작물을 인쇄 그 밖의 이와 유사한 방법으로 문서 또는 도화(圖畵)로 발행"할 수 있는 권리(제63조)라고 할 수 있다. 곧 이제 출판권은 오직 '종이책' 발행에만 미치는 권리로 고착화한 것이다. 종이책을 출판하려면 출판권을 획득해야 하고, 전자책을 내려면 배타적발행권을 획득해야 한다고 이해하면 되겠다.

결국 출판업자가 출판권을 얻기 위해서는 지금까지와 마찬가지로 그 저작물을 복제 및 배포함에 있어서 원권리자라고 할 수 있는 저작권자와 그에 따른 계약을 맺어야 한다. 기존 출판권설정계약 또는 독점출판허락계약을 그대로 이용하면 되는 것이다. 그 밖에도 출판과 관련된 복제 및 배포는 물론 저작재산권자가 가지는 일체의 권리를 출판자에게 양도하는 '저작재산권 양도계약'과 저작재산권의 일부인 복제권 및 배포권을 출판자에게 양도하는 '복제·배포권 양도계약'을 맺을 수도 있다. 그밖에 출판권자의 의무와 존속 기간 등은 배타적발행권의 경우와 같다.

공중송신권과 배타적발행권, 그리고 출판권의 등록

요사이 전자책(e-Book) 시장이 활짝 열리면서 출판의 개념이 확장되고 있다. 그러나 앞서 살핀 것처럼 현행 저작권법 규정에 의하면 전자책은 출판권자의 권리에 포함되지 않는다. 따라서 출판권설정계약을 맺더라도 종이책이 아닌 전자책 부분은 출판권이 아닌 '공중송신권'의 영역이어서 출판권으로는 설정등록이 되지 않으므로 별도의 배타적발행권을 획득해야 한다. 이 점에 유의하여 계약을 해야 하며, 이렇게 배타적발행권에 입각하여 설정등록이 이루어지게 되면 전자책에도 출판권과 같은 효력이 생긴다.

그러나 문제는 간단하지 않은 것으로 보인다. "저작재산권자는 그 저작물에 대하여 발행 등의 방법 및 조건이 중첩되지 않는 범위 내에서 새로운 배타적발행권을 설정할 수 있다."는 규정이 우선 시선을 끈다. 사방이 온통 디지털 환경임을 감안한다면 그 이용방법의 유형이 매우 다양할 텐데 그것의 중첩 여부를 어떻게 규정하고 규율할 수 있을지 의문이 들기 때문이다. 따라서 빠른 시일 내에 배타적발행권의 활용 범위와 기준에 대한 업계 내부의 면밀한 검토가 필요하며, 이참에 표준계약서 모델도 업계의 공통된 의견을 바탕으로 만들어 보는 것이 좋겠다.

한편, 저작권법에서 배타적발행권과 출판권은 등록해야만 제3자에게 대항할 수 있음을 규정하고 있다는 점에 주의해야 한다. 저작권은 '등록'과 같은 형식이나 절차의 이행이 필요없이 창작과 동시에 발생하는 권리이다. 곧

'무방식주의'에 따라 보호되는 것이다. 다만 제3자에게 대항하기 위해서는 일부 등록이 필요한 경우가 있다. 배타적발행권 또는 출판권 등록 또한 해당 권리의 효력발생을 위한 요건이 아니라 단순히 제3자에게 대항하기 위한 수단으로서 거래의 안전을 위한 장치에 불과하지만, 만일 배타적발행권 또는 출판권을 둘러싼 분쟁, 특히 이중계약 같은 문제가 발생할 경우 설정 사실이 등록된 권리자의 권리가 우선한다는 점을 잊지 말아야 한다.

보호받는 편집저작물이란
무엇인가?

편집물과 편집저작물

'편집물'이란, 이미 존재하는 저작물 또는 기타 자료 등을 수집 · 선정 · 배열 · 조합 · 편집 등의 행위를 통해 전체로서 하나의 저작물이 되도록 한 것을 모두 포함하는 개념이다. 그리고 첨단 기술의 산물로서 데이터베이스 (database)처럼 컴퓨터 등 정보처리장치를 통해 검색할 수 있는 것들도 포함 된다. 이런 것 중에서 소재인 저작물이나 자료들을 선택, 배열할 때 창작성 이 인정되는 것들은 저작권법의 보호 대상인 독자적 저작물로서의 '편집저 작물'이 된다.

우리 주변에서 편집저작물에 해당하는 것들을 살펴보면, 이는 여러 개의 저작물 또는 여러 가지의 자료를 특정한 의도에 따라 정리하고 배열하여 만 들어 낸 저작물로서 영화나 방송 프로그램의 편성을 포함해서 출판물에서 는 신문 · 잡지 등의 정기간행물을 비롯해 학술 · 문예 작품집이나 사전 · 연 감 · 시가집 · 법령집 등이 이에 해당한다. 예를 들어, 어느 시인이 10년에 걸 쳐 창작한 시(詩) 150편을 모아 개인 컴퓨터에 저장해 두었다면 이는 단순한 편집물에 불과하지만, 이 중에 100편을 추려서 나름대로 장별 구성을 한 다 음 시집으로 펴냈다면 이는 편집저작물이 되는 것이다.

한편, 편집저작물은 구체적인 저작물의 편집물일 수도 있지만, 저작물이 아닌 단순한 사실이나 자료만을 모은 것일 수도 있다. 예컨대 문학전집(文學全集) 또는 선집(選集)·백과사전(百科事典)·신문·잡지 등은 저작물의 편집물이며, 국어사전 또는 영어사전이나 전화번호부 등은 단순한 사실이나 자료의 편집물이다.

편집저작물의 저작권

출판 실무에서 일선 편집자들이 출판 기획을 하다 보면 편집저작물 형태의 도서를 떠올리는 경우가 있다. 실제로 '편집부 엮음'을 비롯한 다양한 형태의 편집저작물이 책으로 나와 서점에서 독자들과 만난다. 각종 단체에서 만드는 비매품 책자로서 내부 종사자 또는 관계자들에게 제공되는 편집저작물도 많이 볼 수 있다. 그런데 이러한 편집저작물 형태의 도서에 있어 저작권 침해의 기준은 무엇일까? 편집물이 저작물로서 보호를 받으려면 일정한 방침 혹은 목적을 가지고 소재를 수집·분류·선택하고 이를 배열하여 편집물을 작성하는 행위에 창작성이 있어야 한다. 그리고 그 창작성은 반드시 작품의 수준이 높아야 하는 것은 아니지만 저작권법에 의한 보호를 받을 가치가 있는 정도의 최소한의 창작성은 있어야 하고, 누가 작성하더라도 같거나 비슷할 수밖에 없는 성질의 것이라면 창작성을 인정하기 어렵다.

아울러 편집저작물의 저작자란 "그 편집물의 창작활동에 주체적으로 관여한 사람"을 말한다. 창작성의 기준인 소재의 선택 혹은 배열을 직접 실행한 사람이 곧 저작자란 뜻이다. 이외에 편집 방침을 결정하는 것도 소재의 선택·배열을 실행한 것과 불가분의 관계에 있어 소재의 선택·배열의 창작성에 기여하는 것이라고 본다면, 편집 방침을 결정한 사람도 그 편집저작물의 저작자로 볼 수 있다. 또 편집 작업에 관여했으나 소재의 선택 혹은 배열에 관여하지 않았다면 저작자로 볼 수 없다. 예를 들어, 북디자이너로서 책의 레이아웃에 관여한 것은 편집저작물에서 배열에 창작성이 인정되는 저작행위를 한 것이 아니다. 편집저작물의 작성 과정에는 다수인이 관여하며, 어떤 단체에 소속되거나 타인에게 고용되어 창작되는 경우가 많다. 다수인이 관여하는 경우에는 편집저작물상 공동저작자로 보아야 하며, 그 다수인이 출판사 같은 회사나 법인에 근로자로 근무하고 있는 경우에는 업무상 저작물에 해당되어 법인 등 단체에 편집저작물에 대한 저작권이 귀속되는 경우도 있을 것이다.

또, 편집저작물에 대한 저작권은 창작적인 표현, 즉 소재의 선택 혹은 배열상 창작적인 부분을 보호하기 위해 주어지는 권리다. 따라서 편집저작물에 대한 저작권은 제3자가 이러한 선택 혹은 배열을 전체적이거나 실질적으로 유사하게 이용했을 경우 침해 문제가 대두된다. 단지 개별적인 구성 부분이 이용되었다면 편집저작물의 저작권 침해가 아니며, 이용된 구성부분들이 저작권으로 보호받을 만한 선택 혹은 배열을 반영한 경우에만 침해가 된다. 물론 편집저작물이 부분적으로 무단 이용된 경우라 하더라도 편집저작물 권리자의 보호 범위를 둘러싼 논란은 얼마든지 제기될 수 있다.

우선 편집저작물 전체를 이용(복제)해야만 편집저작물 저작자의 권리를 침해하는 것이 아니라 그 편집물 중 소재의 선택이나 배열에 관해 창작성이 있는 부분을 이용했다면 반드시 전부를 이용하지 않았더라도 저작권 침해가 성립할 수 있다. 곧 부분적인 편집저작물 이용에서는 창작성이 인정되는 소재의 선택 혹은 배열 부분이 이용되었는가의 여부가 쟁점이 된다. 비록 편집저작물의 일부분에 불과하다 하더라도 그것이 소재의 선택 또는 배열에서 편집저작물의 일부라는 점이 연상·감지된다면 편집저작물 저작권의 침해로 볼 수 있다는 뜻이다.

소재상 저작권자와의 관계

편집저작물의 보호는 그 편집저작물의 구성 부분이 되는 저작물 저작자의 권리에 영향을 미치지 않는다. 누군가가 편집저작물을 무단으로 이용한다면 편집저작물 자체의 저작권 침해뿐만 아니라 그 편집저작물의 구성 부분이 되는 저작물, 즉 소재별 저작권 침해도 제기될 수 있는 것이다. 그렇다면 편집저작물의 저작권이 인정되기 위해서는 소재의 권리자로부터 동의를 구해야만 하는가 하는 문제가 생기는데, 우리 법에서는 적법하게 편집저작물이 작성될 것을 요건으로 하지 않는다. 2차적저작물의 경우와 마찬가지로 구성 부분의 저작권자에게 저작권 침해의 책임을 지는 것은 별도로 하고, 구성 부분상 저작권자의 동의는 편집저작물의 성립과는 관계가 없는 것으로 본다. 예를 들어, 누군가 우리 현대 시인 100명을 선정하여 각각의 대표작품 1편씩을 추려 시선집(詩選集)을 엮었는데, 이때 시인들로부터 이용 허락을 얻지 않았다 하더라도 그 시선집은 편집저작물로서 보호받는다는 뜻이다. 하지만 무단이용에 따른 시인들의 저작권 침해 문제가 제기된다면 해당 시선집 엮은이는 그에 대한 책임을 별도로 질 수밖에 없다.

한편, 소재의 선택 혹은 배열에 창작성이 인정되는 부분을 이용하되 소재를 달리한다면 이 또한 편집저작권 침해라고 봐야 하는가, 즉 다른 소재를 선택하면 편집저작권의 침해가 되지 않는가 하는 문제가 제기될 수 있다. 먼저 법리상 소재가 다르더라도 편집저작물의 표현의 동일성이 인정되는 경우에는 저작권 침해가 된다. 다만, 편집저작권에서도 보호의 대상이 되는 것은 소재의 선택과 배열이라고 하는 추상적인 아이디어 자체가 아니라 소재의 선택과 배열에 대한 구체적인 표현 형식이다.

결국 소재를 달리한다 해도 편집저작물에 대한 저작권을 침해할 수 있는 것이다. 그러나 소재를 선택하거나 배열할 때 달리 방법이 없는 경우에는 그것이 편집저작물로 인정될 가능성 자체가 희박하다. 예컨대, 회사 상품의 사진 등이 실린 카탈로그에서 소재가 전혀 다른 카탈로그의 경우 편집저작권 침해로 보기 어렵다.

저작권 침해에 대한
친고죄와 비친고죄

―

저작권 침해범죄는 친고죄?

얼마 전 어느 출판사 대표가 난감하다는 표정을 감추지 못한 채 상담을 요청해 왔다. 어느 대학 앞에서 복사집을 운영하는 사람이 자사 발행 교재를 무단 복제해서 팔다가 걸렸는데, 복사집 주인의 사정이 딱한 데다 진정으로 용서를 비는 것 같아 저자와 함께 그 죄를 묻지 않겠다고 약속을 했다고 한다. 그런데 저작권 보호단체에서 다른 무단복제물과 함께 자기 출판사 발행물까지 포함시켜 이를 증거로 복사집 주인을 고발했고, 권리자가 용서하겠다는데 왜 제3자가 고발 운운하느냐고 항변하고 있다는 내용이었다.

현행 저작권법 제140조에서는 저작권 침해범죄에 대한 친고죄 및 비친고죄 여부를 규정하고 있다. 먼저 친고죄란 "범죄의 피해자나 그 밖의 법률에 정한 사람의 고소가 있어야 공소를 제기할 수 있는 범죄"를 말하며, 강간죄·강제추행죄·모욕죄 등이 대표적이다. 다시 말하면, 형사상의 범죄는 형사소송법 규정에 따라 검사만이 공소의 제기 즉, 형사소추할 수 있는데, 피해자 등의 고소가 없으면 공소를 제기할 수 없는 범죄를 가리켜 친고죄라고 한다. 이러한 친고죄는 극히 개인적인 사권(私權)에 있어서 그 침해에 대한 형사책임 추궁의 여부는 피해자인 권리자의 판단에 맡기는 것이 적당하다는 취지에서 만들어진 것이라고 할 수 있다. 따라서 저작권 관련 침해에 있어서도 개인적 권리와 밀접한 것들은 친고죄로 규정하고 있으며, 친고죄의 공소시효는 "범인을 알게 된 날로부터 6개월"이며 고소를 일단 취소한 경우에는 다시 고소할 수 없다. 따라서 저작재산권자, 저작인격권자, 배타적 발행권자, 출판권자, 데이터베이스제작자, 저작인접권자, 복제권자 및 저작자 등이 저작권법에 의해 보호를 받는 권리자로서 침해에 따른 고소권자가 될 수 있다. 그리고 공동저작물이나 공동실연인 경우에는 그 권리의 침해에 대해 각자가 단독으로 고소할 수 있으며, 고소의 시효나 취소 또한 각자에게 별도로 적용된다. 아울러 피해자가 사망한 경우에는 그의 배우자 · 직계혈족 · 형제자매가 고소할 수 있다.

비친고죄 영역의 확대

한편, 저작권 관련 침해죄 중에서 비친고죄에 해당하는 것도 있다.

먼저 "영리를 목적으로 또는 상습적으로" ① "복제, 공연, 공중송신, 전시, 배포, 대여, 2차적저작물작성 등의 방법으로 저작재산권을 침해한 경우", ② "데이터베이스제작자의 권리를 복제 · 배포 · 방송 또는 전송의 방법으로 침해한 경우", ③ "침해행위로 보는 행위를 한 경우"에는 비친고죄에 해당하므로 제3자에 의한 고발이 가능하다. 인터넷 등 디지털 테크놀로지가 만연한 오늘날 저작권 침해가 대규모로 반복적으로 이루어질 수 있고 그 결과 산업적 피해가 심각해질 것으로 예상되지만, 친고죄 규정에 따라 저작자인 '개인'이 그 침해 사실을 일일이 알아서 대응하기에는 한계가 있으며 시간 및 비용이 많이 들기 때문에 영리를 목적으로 또는 상습적으로 저작재산권 등을 침해하는 경우에는 비친고죄를 적용하게 된 것이다. 기존 법과는 달리 비친고죄 대상 범위를 "영리를 위하여 상습적인(영리 and 상습)" 저작권 침해에서 "영리 목적 또는 상습적인 경우(영리 or 상습)"로 확대하고 있다는 점에 주의해야 한다.

따라서 앞의 예에서 등장한 복사집 주인은 비록 저작권자와 출판권자가 용서한다 해도 제3자에 의한 고발이 가능하며, 결국 법적 판단에 따라 처벌을 받을 수밖에 없다.

그 밖의 비친고죄 유형

다음과 같은 경우에도 비친고죄에 해당한다.

① 각종 저작권 관련 등록을 거짓으로 한 경우
② '복제 · 전송자에 관한 정보 제공의 청구'와 관련하여 해당 정보를 청구 목적 이외의 용도로 사용한 경우
③ '기술적 보호조치의 무력화 금지' 중 정당한 권한 없이 고의 또는 과실로 기술적 보호조치를 제거 · 변경하거나 우회하는 등의 방법으로 무력화한 경우, 그리고 정당한 권한 없이 장치, 제품 또는 부품을 제조, 수입, 배포, 전송, 판매, 대여, 공중에 대한 청약, 판매나 대여를 위한 광고, 또는 유통을 목적으로 보관 또는 소지하거나, 서비스를 제공한 경우
④ '권리관리정보의 제거 · 변경 등의 금지' 중 정당한 권한 없이 저작권법에 따라 보호되는 권리의 침해를 유발 또는 은닉한다는 사실을 알거나 과실로 알지 못하고 권리관리정보를 고의로 제거 · 변경하거나 거짓으로 부가하는 행위, 권리관리정보가 정당한 권한 없이 제거 또는 변경되었다는 사실을 알면서 그 권리관리정보를 배포하거나 배포할 목적으로 수입하는 행위, 권리관리정보가 정당한 권한 없이 제거 · 변경되거나 거짓으로 부가된 사실을 알면서 해당 저작물 등의 원본이나 그 복제물을 배포 · 공연 또는 공중송신하거나 배포를 목적으로 수입하는 행위 등을 한 경우
⑤ '암호화된 방송신호의 무력화 등의 금지' 중 암호화된 방송신호를 방송사업자의 허락 없이 복호화하는 데에 주로 사용될 것을 알거나 과실로 알지 못하고, 그러한 목적을 가진 장치 · 제품 · 주요부품 또는 프로

그램 등 유·무형의 조치를 제조·조립·변경·수입·수출·판매·임대하거나 그 밖의 방법으로 전달하는 행위를 한 경우

⑥ '라벨 위조 등의 금지'를 위반하여 저작물 등의 라벨을 불법복제물이나 그 문서 또는 포장에 부착·동봉 또는 첨부하기 위하여 위조하거나 그러한 사실을 알면서 배포 또는 배포할 목적으로 소지하는 행위를 했거나, 저작물 등의 권리자나 권리자의 동의를 받은 자로부터 허락을 받아 제작한 라벨을 그 허락 범위를 넘어 배포하거나 그러한 사실을 알면서 다시 배포 또는 다시 배포할 목적으로 소지하는 행위를 했거나, "저작물 등의 적법한 복제물과 함께 배포되는 문서 또는 포장을 불법복제물에 사용하기 위하여 위조하거나 그러한 사실을 알면서 위조된 문서 또는 포장을 배포하거나 배포할 목적으로 소지하는 행위를 한 경우

⑦ '방송 전 신호의 송신 금지'를 위반하여 공중이 직접 수신하도록 할 목적의 경우를 제외하고 정당한 권한 없이 방송사업자에게로 송신되는 신호를 제3자에게 송신한 경우

⑧ 저작자가 아닌 사람을 저작자로 하여 실명(實名) 또는 이명(異名)을 표시한 다음에 그 저작물을 공표한 경우

⑨ 실연자 아닌 자를 실연자로 하여 실명 또는 이명을 표시하여 실연을 공연 또는 공중송신하거나 복제물을 배포한 경우

⑩ 저작자의 사망 후에 그의 명예를 훼손하는 방법으로 저작물을 이용한 경우

⑪ '암호화된 방송신호의 무력화 등의 금지' 중 "암호화된 방송신호가 방송사업자의 허락 없이 복호화된 것임을 알면서 그러한 신호를 수신하여 청취 또는 시청하거나 다른 사람에게 공중송신하는 행위"를 한 경우

이처럼 2007년에 저작권법이 전부개정된 이후 비친고죄 부분을 대폭 확대하고 있으므로 이용자들에게는 각별한 주의가 요망된다. 아울러 저작권 침해에 해당하지 않는 '공정이용'에 대한 관심이 높아지고 있어 이를 어떻게 조화시킬 것인가 하는 점이 향후 시급한 과제가 아닐까 싶다.

번역자의 권리와 등록 및 ⓒ표시의 효력, 그리고 검인지 첨부의 문제

번역자의 권리

프랑스에서 출간된 동화 번역을 맡은 번역가의 질문을 받은 적이 있다. 국내의 모 출판사에서 그 작품에 대해 한국어판 라이선스를 획득해서 번역을 의뢰해 왔는데, 이럴 경우 번역작가에게도 저작권이 생기는지 알고 싶다는 내용이었다.

현행 저작권법 제5조에 따르면 "원저작물을 번역 · 편곡 · 변형 · 각색 · 영상제작 그 밖의 방법으로 작성한 창작물"을 가리켜 '2차적저작물'이라고 하며, 이는 "독자적인 저작물"로서 보호된다. 이렇듯 여러 가지 방법에 의해 원저작물을 토대로 작성된 2차적저작물을 작성하는 경우 원저작물 저작자의 허락 여부와는 관계없이 일단 작성된 2차적저작물은 저작권법에 따라 보호되는 것이다. 그러나 그것이 원저작물 저작자의 권리를 침해해도 좋다는 뜻은 아니다. 원저작자의 허락 여부와는 관계없이 2차적저작물의 작성자에게 부여되는 권리가 있기는 하지만, 그것이 원저작자의 권리를 침해했다면 그에 따르는 책임 역시 별도로 발생한다.

결국, 2차적저작물을 작성한 사람이 그에 따른 권리를 정당하게 행사하기 위해서는 먼저 원저작자의 허락을 받는 것이 가장 안전한 절차라고 하겠다. 번역의 경우를 예로 든다면, 저작물의 번역권 자체가 저작권의 구성요소이기 때문에 번역하기 위해서는 적절한 경로를 통해 원저작자로부터 허락을 받아야 하는 것이며, 그렇지 않을 경우에 그에 따른 원저작자의 권리 침해 문제가 별도로 제기될 수 있다는 점에 주의해야 한다.

번역 의뢰에 따른 주의사항

그렇다면 번역을 의뢰하는 출판사에서는 어떤 점에 주의해야 할까. 출판사 소속 직원으로서의 번역자가 아닌 외주 번역을 통해 원고를 만드는 경우 계약서를 어떻게 작성해야 하는지, 원고료 지급방식으로 할지 아니면 인세 지급방식으로 할지 등 주의해야 할 점은 무엇일까?

먼저, 번역이란 2차적저작물 작성행위로서 원저작자의 권리와는 별도로 생성되는 또 다른 저작권을 파생시킨다. 따라서 외국의 원저작자와 계약하는 것과는 별도로 번역작가와도 계약해야 하는 것은 당연한 일이다. 또한 번역자가 외주 번역업체의 소속직원인지 아니면 별도의 개인 번역작가인지에 따라 계약 주체가 달라진다는 점에도 주의해야 한다. 번역업체 직원이라면 업체와 계약해야 하고, 개인이라면 그 번역작가와 직접 계약해야 하기 때문이다.

또, 원고료 지급방식이라는 것이 '매절'을 뜻한다면 이는 저작권법으로 인정되지 않으므로 '저작재산권 양도계약'이나 '저작권사용료(인세) 지급' 방식의 계약으로 분명하게 처리하는 게 좋다. 설령 저작재산권 양도계약이라고 하더라도 저작인격권은 여전히 번역하는 사람에게 있으므로 성명표시권, 동일성유지권에 유의해서 출판물에 번역자(또는 번역업체)의 이름을 생략하는 일이 없도록 하고, 번역원고를 인수한 이후 내용을 고치는 일에 대해서도 합의하에 진행해야 한다.

등록의 효력

언젠가 전통사찰을 비롯한 각종 문화재를 찍은 사진이 많이 들어간 역사책을 만들고 있다는 작가 겸 편집자로부터 상담요청이 들어온 적이 있었다. "워낙 고생을 많이 하며 찍은 사진들이다 보니 책에 실린 것들을 다른 사람이 함부로 복제하지 못하게 하고 싶다"면서, 등록하면 보호를 받을 수 있다던데 등록의 효력은 무엇인지 알려달라는 내용이었다.

저작자에게는 기본적으로 저작권이 주어진다. 이러한 저작권은 저작한 때부터 발생하며 어떠한 절차나 형식의 이행을 필요로 하지 않는다. 다만, 저작자 또는 저작재산권자는 자신의 권리와 관련하여 실명(實名) 또는 이명(異名)을 비롯한 여러 가지 사항을 등록함으로써 향후 권리내용에 대한 추정력을 가질 수 있을 뿐이다. 등록은 한국저작권위원회를 통해 이루어지는데, 이렇게 해서 저작자 또는 저작재산권자로 성명이 등록된 사람은 그 등록저작물의 저작자 또는 저작재산권자로 추정하며, 또한 창작연월일 및 맨 처음 공표연월일이 등록된 저작물은 등록된 연월일에 그 저작물이 창작 또는 맨 처음 공표된 것으로 추정한다.

여기서 주의할 사항은 등록이 곧 저작권의 발생요건이 아니라는 점이며, 이러한 추정의 법률적 효력은 절대적인 것이 아니라서 반대의 증거가 있으면 효력을 잃게 된다. 따라서 자기 작품이 분명하고 그것을 출판까지 하게 된다면 굳이 등록할 필요는 없을 것이다.

©표시의 효력

일선 편집자로부터 들어오는 질문 중에 요사이 출판되는 책마다 판권란에 보면 이른바 '©표시'라는 게 보이는데 이 표시의 뜻과 효력은 어떠한지, 그리고 재쇄의 경우에는 발행년도를 바꾸어 표시해야 하는 건지 궁금하다는 내용이 있었다.

저작권에 관한 사항을 표시하는 동그라미 안의 C 기호는 원래 'copyright' 의 약자로서 저작권이 누구에게 있으며 그 저작물이 최초로 언제 발행되었 는지를 알려주는, 세계저작권협약(UCC)에서 규정하고 있는 회원국끼리의 약속기호이다. 즉, 동그라미 안에 C 표시를 하고 그다음에 저작권자의 성명 을 표시한 다음 맨 마지막으로 최초 발행년도를 표시하는 식이다. 따라서 재쇄(再刷)의 경우 발행년도를 어떻게 표시할까의 문제는 해당 권리의 내용 이 바뀌지 않은 한 초판 발행 시의 년도를 계속 표시하는 것이 맞다. 초판 발 행 시의 년도를 계속 표시해주어야 최초 발행년도 표시라는 원래 취지에 부 합하기 때문이다.

그런데 ⓒ표시는 UCC에서 요구하는 최소한의 방식주의일 뿐 아무런 강제력이 없다. UCC보다 한층 강력한 보호내용을 담고 있는 베른협약과 WTO(세계무역기구) 협약에서는 완전한 무방식주의를 택하고 있기 때문에 ⓒ 표시는 이제 액세서리 이상의 의미를 띠지 않는다. 아마 우리나라가 베른협 약 이전에 UCC에 먼저 가입하는 바람에 당연한 표시인 것처럼 출판계에 알 려진 듯하다. 다시 말해서 보다 정확한 발행일자 혹은 년도 표시는 출판계 약서에 근거하거나 판권상에 기재된 초판 발행날짜, 그리고 한국저작권위 원회에 등록된 발행일 또는 저작권 취득일 등으로 증명하면 되는 것이다.

검인지 첩부의 문제

출판계에서 최근에는 많이 사라진 관행이라고 할 수 있는 '검인지 첩부' 문제로 말썽을 겪고 있는 출판사 대표로부터 "검인지 첩부는 누가 이행해야 하는 것인지, 또한 저작자에게 인지 첩부를 요구할 수 있는 권리가 있는 것 인지, 그리고 이 요구를 출판사 측에서 수용해야 할 의무가 있는 것인지" 궁 금하다는 내용의 질문이 들어온 적이 있다.

현행 저작권법에 따르면 저작자로부터 출판을 허락받은 사람, 즉 출판권 자에게는 '저작권자(복제권자) 표지의 의무'가 있다. 구체적으로 저작권법 시행령에 따르면, 외국인의 저작물일 경우에는 복제권자의 성명 및 맨 처음 발행년도를 표지해야 하며, 우리나라 국민의 저작물일 경우에는 복제권자의 성명 및 맨 처음 발행년도의 표지와 함께 복제권자의 검인(檢印)을 붙여야 하고, 출판권자가 복제권의 양도를 받은 경우에는 그 취지를 표지해야 한다.

한편, 복제권자 표지의 의무와 관련하여 가장 논란이 되고 있는 것은 국내 복제권자의 검인첩부(檢印貼付)의 문제이다. 즉, 검인지를 붙여야 하는가, 붙이지 않아도 되는가 하는 문제인데, 이는 저작자와 출판자의 입장에 따라 각기 다른 견해를 나타낼 수 있다. 출판자에게는 서로의 불신을 조장하는 행위이며 작업상의 번거로움만을 가중시키는 행위로 인식되는 반면에 저작자로서는 자기 저작물이 얼마나 출판되었는지 확인할 수 있는 유일한 수단이라는 점을 내세워 유용한 제도라는 견해를 나타낼 수도 있을 것이다. 이에 저작권법에서는 특약에 의한 합의가 있으면 복제권자 표지는 물론 검인첩부도 생략할 수 있도록 규정하고 있다.

대학교재 무단복제,
근절대책은 무엇인가?

대학가의 새 학기가 시작될 때마다 우리 학술출판계는 고질적인 무단복제 때문에 몸살을 앓고 있다. 급기야 '위기상황'을 넘어 아예 '출판중단'이 불가피하다는 선언을 한 적도 있었지만 별 효험이 없는 듯하다. 실제로 캠퍼스에서는 기업화한 복사업체를 통해 대량으로 무단복제가 성행함으로써 교재로 쓰이는 학술도서들이 전혀 팔리지 않는 양상을 보이고 있다. 어느 대학의 경우 수강생이 200여 명인 강좌에서 정작 교재는 단 한 권밖에 팔리지 않았다는 믿기 힘든 일까지 벌어지고 있다. 엄연히 '저작권'이라는 권리가 존재하며, 이를 어겼을 때에는 민·형사상 책임을 져야 한다고 법으로 명시되어 있는 나라에서 일어나는 일이라고 하기엔 후안무치하기 이를 데 없는 일이 아닐 수 없다.

중·고교 시절에 흔히 볼 수 있었던 교실 풍경 하나. 선생님은 짤따랗지만 강력한 파워를 자랑하는 사랑의 매를 휘두르며 교과서를 가져오지 않은 아이들을 혼내곤 했다. 그때마다 터져 나왔던 선생님의 일갈은 "전쟁터에 나가는 군인들이 총을 잃어버리면 어떻게 되겠나?"는 것이었다. 전쟁터에서 적을 공격하고 자기 목숨을 지키는 가장 중요한 무기로서의 '총'과 수업에 참여한 학생들이 지참해야 할 '교과서'를 동일시함으로써 그것이 얼마나 중요한 존재인지 일깨워주었던 것이다. 그렇다면 무단복제한 복사본 교재는 과연 어떤 존재일까? 군대로 치면 아마도 총은 총이되 플라스틱으로 그럴듯하게 만들어진 장난감 총을 나눠주었다고나 할까. 아무리 방아쇠를 당긴들 적을 물리치기는커녕 자기 목숨도 지켜주지 못하는 무용지물이라는 점에서 장난감 총은 실제 전쟁터와 전혀 어울리지 않는 물건임이 틀림없다.

그럼에도 우리 대학가에서 무단복제가 횡행하는 까닭은 무엇인가? 가장 큰 책임은 일차적으로 교·강사들에게 있다. 적절한 교재를 선정하는 것은 물론 그것이 해당 교과목 학습에 있어 주된 수단이라면 당연히 학생들이 정당한 절차를 거쳐 구입한 정본교재를 지참하도록 지도해야 하고, 그렇지 않은 학생들을 엄격하게 관리 감독해야 마땅하다. 그러나 실제에 있어서는 정본이 복제본으로 둔갑하기 일쑤다. 교·강사의 입장에서 보면 '교재를 강매한다'는 민원의 대상이 되거나 '너무 비싸다'는 원성을 듣는 등 여러 가지 이유로 귀찮은 일들이 생기다 보니 무단복제 행위를 알면서도 모른 척하게 되는 것으로 보인다.

필자의 경우에는 매 학기 첫 시간에 교재의 중요성을 강조하고, 만일 정본 교재를 지참하지 않는 경우 출석을 인정하지 않는다는 점을 분명하게 밝힌다. 만일 교수의 처사에 불만이 있는 사람은 수강정정 기간에 다른 교과목으로 바꾸어 수강할 것을 권유한다. 결과는 어떨까? 10여 년 이상 지켜본 바로는 수강생 수가 줄어든다거나 그로 인해 또 다른 문제가 발생하는 등의 부작용은 전혀 느낄 수 없었다. 물론 무조건 또는 강압적으로 교재 지참을 종용하는 것은 절대 안 될 일이다. 왜 교재가 중요하며 무단복제를 하면 안 되는지, 학습 윤리 차원에서 학생들을 설득해야만 가능한 일이다.

우리는 이제 누가 가르쳐주지 않아도 남의 물건을 훔치면 안 된다는 사실을 잘 알고 있다. 아무리 배가 고파도 밥값이 없으면 식당에서 밥을 먹을 수 없다는 점도 잘 알고 있다. 만일 남의 물건을 함부로 훔치거나 식당에서 밥을 먹고 밥값을 내지 않게 되면 처벌을 받게 된다. 저작권도 마찬가지다. 저작물을 창작하는 사람들은 나름대로 힘든 과정을 거쳐 다른 사람들에게 감동을 주는 결과물을 세상에 내놓게 된다. 열심히 일해서 번 돈으로 집을 사고 땅을 사서 재산으로 삼는 것처럼 저작물 또한 누군가의 노력에 의한 재산이 될 수 있는 것이다.

물질이 육체를 지켜주는 영양분이라면 저작물은 우리 정신을 올바르게 안정시키는 마음의 양식이다. 책을 무단복제하는 행위는 분명히 비윤리적일 뿐만 아니라 범죄행위이며, 그런 일이 대학가에서 버젓이 일어나는 나라는 여러모로 후진국임이 틀림없다. 교수자라면 나날이 그 중요성이 부각되고 있는 지식재산권, 특히 저작권의 보호야말로 지식인임을 자처하는 모든 이들의 '양심'을 위해 반드시 지켜져야 할 권리임을 학생들이 깨달을 수 있도록 거듭 일깨워주어야 한다.

무엇이 대한민국을 행복하게 만드는가?

우리 출판계를 대변하는 말 중 으뜸은 역시 "단군 이래 최대의 불황"이라는 말이다. 이 말이 요즘엔 더욱 실감 난다. 오죽하면 전철에서 책을 읽는 사람을 찾아다니는 이색 취미까지 등장했을까. 책을 포함해서 지식과 정보를 주는 매체들은 시대의 흐름에 따라 변천해 왔다. 인쇄매체에서 볼 수 있는 것처럼 전통적인 저작물은 주로 글자, 숫자, 기호 등에 의해 이루어진 상징적인 내용을 담고 있었다면, 다음 단계로는 소리나 영상의 상징을 담고 있는 것이 아니라 아예 그 자체를 담고 있는 저작물로서 음반이나 영상저작물이 등장했다. 그리고 이제 디지털 기술에 기반한 '가상공간'에 들어 있는 저작물이 대세를 이루고 있는 중이다.

이러한 디지털 혁명의 긍정적인 측면은 사용자의 위상이 강화된다는 점, 정보의 독점을 막고 중앙집권적인 체제의 붕괴를 가져오며 이로써 다원주의가 확산된다는 점에 있다. 디지털 혁명은 사용자의 정보 개입과 정보 활용을 활성화함으로써 개인 사용자를 단순한 정보 소비자가 아니라 정보 발신자 및 정보 생산자의 지위로 끌어올리는 커뮤니케이션의 일대 변혁을 가져왔다. 이는 기존의 일방적이었던 형태에서 쌍방향적이고 동시적인 커뮤니케이션 패러다임으로의 전환을 의미하는 것이기도 하다. 이에 따라 정보의 분산화와 탈중심화가 일어나고, 민주적인 정보체제가 확립될 가능성이 커지게 되었다는 점은 긍정적인 현상이 아닐 수 없다.

반대로, 디지털 혁명이 몰고 온 부정적인 측면은 산업간 융합과정에서 거대 매체기업의 독점이 이루어져 전 지구적 차원에서 독점적 지배가 가속화하고 있다는 점에 있다. 그리하여 다국적 기업의 영향력이 한층 강화되고 기존의 정보 종속을 더욱 심화시키는 결과를 가져오고 있는 중이다. 바로 이 때문에 선진국들은 국가기반시설의 구축에 앞장서는 한편, 사업자끼리의 경쟁을 확대하고, 나아가 국민의 이용 증진을 위해 관련법규를 재검토하고 불필요한 규제를 철폐하는 등 고심하고 있다. 그러나 매체의 발전 속도에 비추어 볼 때 법적 · 제도적 장치의 정비는 더디게 진행되고 있는 것이 현실이다.

현재를 포함한 미래에는 정보의 부족이 문제가 아니라 그 많은 정보 중 정확하고 진실한 정보를 선택하는 능력, 정보를 정리하고 분석하여 시각을 제공하는 것, 즉 관련정보를 해석하고 개개인의 상황에 관심을 갖고 이에 맞게 분석하여 서비스하는 것이 중요하다. 이러한 상황에서 정보의 가치는 희소성을 바탕으로 한 소유에서 나오는 것이 아니라 인간의 행동, 서비스, 관계 등에서 나온다. 이렇게 디지털 환경에서는 전통적인 의미에서의 정보 생산 과정뿐만 아니라 정보의 서비스, 분배, 수용, 사용 및 전달 등의 과정에서의 독창성을 포함하는 가치창조 방법이 강조된다. 아무리 디지털 세상이 정교해진다고 해도 투박한 책 읽기를 강조하는 것은 바로 그 가치창조 방법 중 최고봉이 독서이기 때문이다.

결국 행복한 대한민국을 미래상으로 삼으려면 책 읽는 사람이 늘어나야 한다. 나아가 책을 많이 읽는 사람이 지도자가 되는 세상을 만들어야 한다. 학교와 기업 모두 독서를 모든 평가의 기초로 삼고, 책을 통해 진로를 모색하는 분위기를 진작시켜 주어야 한다. 읽고 쓰는 사람이 살아가는 데 전혀 불편함이 없는 사회 구조를 정착시켜야 한다. 아는 만큼 보이고 읽은 만큼 행복해지는 사회야말로 행복한 대한민국의 필수 요건이기 때문이다.

2015년 늦은 봄
세명대 인문학관 연구실에서 김기태

1부

검열은 국가권력에 의해서만 이루어지는가? 〈출판살롱〉, 《춤》(2015년 2월호)

그림책 베스트셀러 유감 〈출판살롱〉, 《춤》(2015년 3월호)

2부

「사랑이 깊으면 외로움도 깊어라」와 「봉인」의 유사성에 관하여 〈전문가 의견서〉(2005. 11.)

서평 전문지 《출판저널》을 말한다 《출판저널》(2008년 9월호)

국립디지털도서관, '준공'보다는 '개관'이 중요하다 《기획회의》241호(한국출판마케팅연구소, 2009. 2.)

대학출판부의 변신, 어떻게 볼 것인가? 〈시론〉, 《출판연구》(한국출판연구소, 2009)

노인의 삶의 질을 향상하는 공공도서관 서비스 방안 《국회도서관보》(국회도서관, 2010년 8월호)

중국에 대한 저작권 수출 전략과 유의사항 (한국문학번역원 웹진(www.klti.or.kr), 2010. 9.)

중국 출판산업의 특성과 저작권 계약 시 주의사항 (한국문학번역원 웹진(www.klti.or.kr), 2010. 11.)

한 · 미자유무역협정(FTA)에 따른 저작권 수출전략과 쟁점 (한국문학번역원 웹진 (www.klti.or.kr),
　　　2011.1.)

「덕혜옹주」 표절 아니다 《기획회의》283호(한국출판마케팅연구소, 2010. 11.)

법정 스님이 남긴 메시지 〈시론〉, 《출판연구》(한국출판연구소, 2010)

온라인 출판의 국내외 현황과 전망 《저작권문화》(한국저작권위원회, 2010년 4월호)

진짜 같은 가짜 혹은 가짜 같은 진짜 구별하기 강수돌 외, 「지난 10년, 놓쳐서는 안 될 아까운 책」
　　　(부키, 2011)

과거와 현재를 통해 미래를 내다보다 강경석 외, 「아까운 책 2012」(부키, 2012)

공지영 「의자놀이」를 통해 본 올바른 인용의 원칙과 출처 표시 《출판저널》(2012년 9월호)

한국 전자책 산업의 현황과 전망 《한국서림(韓國書林)》창간호(한국출판문화산업진흥원, 2014)

3부

저작권, 창작의 활성제인가 범법의 덫인가? 「29개의 키워드로 읽는 한국문화의 지형도」(한국출판마케
　　　팅연구소, 2007)

판면권 신설이 필요한 이유 《기획회의》218호(한국출판마케팅연구소, 2008. 2.)

저작권, 법보다 사람 〈문화의 길〉, 《국민일보》(2009. 3. 25.)

저작물의 공정이용과 공유 〈문화비평〉, 《교수신문》(2009. 5. 18.)

디지털 콘텐츠와 저작권 《기획회의》252호(한국출판마케팅연구소, 2009. 7.)

저작물 공정이용의 참뜻 〈문화비평〉, 《교수신문》(2010. 9. 13.)

신탁관리단체 불공정 약관의 문제점과 개선방안 《기획회의》292호(한국출판마케팅연구소, 2011. 3.)

저작권의 오용과 남용을 경계한다 《교수신문》(2011. 5. 23.)

시사보도의 창작성에 대한 판단 기준 《출판저널》(2012년 2월호)

배타적발행권과 출판권은 어떻게 다른가? 《출판저널》(2012년 4월호)

보호받는 편집저작물이란 무엇인가? 《출판저널》(2012년 8월호)

저작권 침해에 대한 친고죄와 비친고죄 《출판저널》(2012년 10월호)

번역자의 권리와 등록 및 ⓒ표시의 효력, 그리고 검인지 첩부의 문제 《출판저널》(2012년 11월호)

대학교재 무단복제, 근절대책은 무엇인가? 〈전문가 진단〉,《교수신문》(2014. 9. 22.)